ADIESTRAMIENTO CANINO COGNITIVO-EMOCIONAL
Fundamentos y aplicación

Carlos Alfonso López García

Director Nacional de Adiestramiento,
Investigación y Formación de C & R Educan

ADIESTRAMIENTO CANINO COGNITIVO-EMOCIONAL
Fundamentos y aplicación

DÍAZ DE SANTOS

Ediciones Díaz de Santos, S. A.
Doña Juana I de Castilla, 22 (Urb. Quinta de los Molinos)
28027 Madrid (España)

E-mail: ediciones@diazdesantos.es
Internet://http:www.diazdesantos.es/ediciones

ISBN: 84-7978-629-9
Depósito legal: SE-2066-2006 U.E.

Diseño de cubierta: A. Calvete
Fotocomposición: Fernández Ciudad, S. L.
Printed by Publidisa

Printed in Spain - Impreso en España

EQUIPO DE DESARROLLO DEL TRABAJO COGNITIVO-EMOCIONAL

Hemos incluido en este libro el listado del equipo que ha desarrollado este sistema. Son quienes han hecho el esfuerzo de estudio e investigación que ha permitido llegar al modelo de adiestramiento cognitivo-emocional, los «padres de la criatura». Los teléfonos de algunos no aparecen por su expreso deseo de no recibir llamadas. El resto está a disposición de los lectores para consultas sobre adiestramiento cognitivo-emocional. Igualmente, si algún lector desea conocer al adiestrador de este sistema más cercano a su lugar de residencia puede consultarnos, pues la totalidad de adiestradores cognitivo-emocionales se han formado en nuestras escuelas (ya son más de cien en toda España) y podremos indicarle cómo contactar con uno de ellos, evitando la picaresca que ya está surgiendo alrededor de este nuevo sistema de adiestramiento canino.

IGNACIO ALARCÓN PERAL, C&R EDUCAN (SEVILLA): 661 247 605.

RAIMÓN GABARRÓ MARÍN, C&R EDUCAN (GIRONA): 609 725 895.

JUAN FELIX MARTÍNEZ BERMEJO, CAÑAEJA (SEVILLA): 666 575 057.

JOSE ANTONIO GOMEZ PALAU, C&R EDUCAN (VALENCIA): 639 264 191.

GORKA FERNADEZ GARCÍA, ZAUNK (BIZKAIA): 667 418 844.

CARLOS ALFONSO LÓPEZ GARCÍA, C&R EDUCAN (MADRID) 670 520 638.

MARIA JOSÉ HERRERO MARTÍN, C&R EDUCAN (MADRID).

JAVIER MORAL MATEY, C&R EDUCAN (MADRID).

MÓNICA KERN GOMEZ, C&R (MADRID).

ÍNDICE

Capítulo 1
¿CÓMO SURGE EL ADIESTRAMIENTO COGNITIVO-EMOCIONAL?

Capítulo 2
ETOLOGÍA Y PSICOLOGÍA DEL PERRO

Capítulo 3
MOTIVACIÓN Y EMOCIÓN

Capítulo 4
ADIESTRAMIENTO COGNITIVO

Capítulo 5
EL CACHORRO, GENERALIDADES Y FORMACIÓN

Capítulo 6
EL TRABAJO DE OLFATO

Capítulo 7
ADIESTRAMIENTO CON COLLAR ELÉCTRICO
Y CON CLICKER

Capítulo 8
ADIESTRAMIENTO COGNITIVO-EMOCIONAL
DE PROTECCIÓN DEPORTIVA

Capítulo 9
CORRECCIÓN DE CONDUCTAS INADECUADAS

AGRADECIMIENTOS

Mucha gente ha sido necesaria para llevar a cabo, no sólo este libro, sino el desarrollo teórico y práctico del trabajo que en él se presenta. Para ellos es todo mi agradecimiento:

En primer lugar a María José Herrero, si no fuera la primera los demás me retirarían la palabra. Es quien más ha trabajado y la más rigurosa de todo el equipo que ha desarrollado el adiestramiento cognitivo-emocional.

Mis amigos Ignacio Alarcón, Raimón Gabarró, Juan Félix Martínez, Javier Moral y José Antonio Gómez, que han formado el equipo de investigación, empleando su tiempo y prestando sus perros de competición deportiva (quien no compita no puede entender lo generoso del gesto) para experimentar este sistema de trabajo. Y perdón por los fallos.

A Gorka Fernández por atreverse a aplicar el sistema cognitivo-emocional en perros de rescate frente a todas las posturas conservadoras.

A Enrique Higuera por acogerme en Inglaterra y hacérmelo pasar tan bien.

A Bruce Jhonston y a Helmut Raiser por el modelo de compromiso y seriedad en el desarrollo de su trabajo.

A Juan José de la Hoz y Juan José Dortá que aparte de enseñarme mucho me hacen sentir en casa cuando voy a Estados Unidos.

A Enrique García por darme la oportunidad de decir que he aprendido con el mejor figurante del mundo.

A todos los usuarios de nuestros perros de asistencia.

A mis perros de trabajo/experimentación, han sido el banco de pruebas de la aplicabilidad de cada desarrollo teórico. En especial «Ibo».

Y a mi amigo Sergio, que hubiera escrito un libro mucho mejor que este si no hubiera muerto en un accidente absurdo. Sigue siendo la persona con más capacidad para adiestrar que he conocido nunca.

Gracias.

Carlos Alfonso López García

INTRODUCCIÓN

El adiestramiento de perros es una profesión que tiene una coyuntura muy especial. Tradicionalmente ha estado en manos de personas que si bien eran competentes a nivel técnico carecían de la mínima formación teórica para comprender el porqué de lo que hacían. Así durante mucho tiempo la preparación de los adiestradores consistía en el aprendizaje de un conjunto de técnicas oscuramente ilustradas por unos conceptos vagos, realmente un conjunto de lugares comunes sin actualización ni visión crítica.

Por esto el adiestrador que crecía como tal debía hacerlo mezclando ensayo y error con grandes dosis de intuición, parecía que adiestrar requería una «capacidad natural» de algún tipo. Todo lo que no es analizado desde criterios científicos da esta impresión. En realidad sólo sucedía que no se le daban herramientas de crecimiento al novato.

Esto cambia (al menos para la mayoría de los adiestradores) a partir del desarrollo de técnicas basadas en los entonces pujantes estudios de psicología conductista y etología. El cambio de un trabajo intuitivo a uno que se apoya sobre consistentes conceptos de las dos especialidades que estudian a nivel profundo la conducta genera un salto cualitativo que permite el avance del adiestramiento, abarcando cada vez más y más campos o especialidades (perros antidroga, perros guía de ciego, de rescate, de asistencia a discapacitados....) con resultados cada vez mejores.

Pero tanto la psicología como la etología han seguido investigando y con ello avanzando y muchas de las teorías que se usaron para este desarrollo han sido sustituidas por otras más precisas, algunas revolucionarias y otras que simplemente suponen un avance con respecto a las que conocíamos.

Sin embargo el adiestramiento no aprovechó ninguno de estos cambios, mantuvo intactas las técnicas que se habían construido sobre la psicología conductista de Skinner[1] y la etología de Lorenz (principalmente). Esto sorprende a primera vista pero no sucede porque sí, existen motivos para explicarlo: en primer lugar podemos aludir a la tradicional pereza del gremio para el estudio de la teoría que sustenta su trabajo; también, por supuesto, la falta de canales directos para recoger la última información, pues el adiestramiento, pese a este uso de la psicología de la conducta y la etología, no mantiene nexos permanentes de unión con estas especialidades, con lo que la información tiene que esperar a individuos concretos que se formen y busquen de manera autónoma estos datos (¡y su aplicabilidad!). Pero sobre todo por una causa de tanto peso que resulta suficiente explicación por sí misma: que no era necesario para conseguir resultados excelentes en el adiestramiento. Efectivamente con las técnicas derivadas del conductismo skineriano y la etología de Lorenz se puede adiestrar perfectamente a un perro para la mayoría de las especialidades del adiestramiento y como obviamente esta es una profesión donde lo que se necesita son resultados prácticos no había motivo para avanzar. No se sustituye lo que funciona perfectamente.

Pero existe una especialidad donde la necesidad de refuerzos (sean positivos o negativos) de forma continua y el aprendizaje mecánico de acciones empiezan a ser insuficientes. Esta especialidad es la del perro de asistencia a discapacitados físicos. Así como en otros tipos de adiestramiento se puede entrenar y corregir o premiar al perro de forma habitual, en el perro de asistencia esto no sucede, ¿cómo premia o castiga una persona tetrapléjica o cómo se mecaniza una acción que debe ser diferente según el entorno, incluso necesitándose que el perro «desobedezca» a su propietario, como sucede con la gestión del tráfico en un perro guía?. El adiestramiento de perros de asistencia tiene una coyuntura que hace insuficientes las bases teóricas hasta ahora usadas, pues si pueden ser suficientes (y sólo suficientes) para la formación del perro, fallan en su mantenimiento: perros que trabajan diariamente sin refuerzos, que pese a equivocarse no pueden ser corregidos por el usuario y que deben desobedecer a su jefe de manada habitualmente si las condiciones así lo

---

[1] El conductismo surge a comienzos del siglo XX de manos de Watson y Thorndike, pero adquiere su máximo desarrollo con el enfoque radical de Skinner que afirma que el concepto de mente es innecesario.

aconsejan. Por ello todas las escuelas de perro de asistencia del mundo tienen que hacer continuos repasos, buscar modos de que el adiestramiento no vaya desmontándose con este tipo de uso, formas imaginativas para reforzar o castigar que puedan ser aplicadas por el usuario...

En este entorno unos pocos volvemos la mirada hacia quienes antes nos ayudaron: la psicología y la etología, y ¡sorpresa! encontramos que se han desarrollado nuevos conceptos que, una vez adaptados, nos van a permitir adiestrar a un perro minimizando la dependencia de refuerzos, enseñarle a tomar decisiones en lugar de actuar de forma mecánica y en general mejorar nuestros resultados de tal modo que bien podemos considerarlo una revolución.

El adiestramiento cognitivo-emocional es el resultado de este trabajo.

Por estas circunstancias el adiestramiento cognitivo-emocional inicialmente se usa en perros de asistencia, la especialidad que realmente lo necesita, pero viendo los resultados algunos decidimos aplicar estos principios a todos los tipos de adiestramiento.

Este libro pretende explicar de una forma clara y precisa tanto lo que es el adiestramiento cognitivo-emocional como la forma de aplicarlo al adiestramiento de cualquier especialidad, por ello tiene dos partes bien diferenciadas:

— Una parte conceptual, reducida a lo mínimo posible pero necesaria para comprender un trabajo completamente nuevo y diferente. En una forma de adiestramiento donde el perro debe entender lo que hace es imprescindible que el adiestrador también sepa perfectamente qué procesos está manejando y no se limite a realizar una técnica por repetición o imitación. En este trabajo no hay buenos adiestradores sino aquellos que comprenden lo que hacen, por qué lo hacen y cómo deben hacerlo. En adiestramiento cognitivo-emocional no hay lugar para la imitación, sin comprensión de los conceptos no hay avance posible.

— Una parte técnica, el cómo se hace. Se explica cómo «usar» el adiestramiento cognitivo-emocional de forma que sea aplicable a infinidad de acciones dentro de las diferentes especialidades del adiestramiento. No es un recetario con «trucos» de cómo sentar a un perro o enseñarle a no subírsenos al llegar a casa. Busca que el lector sepa hacer adiestramiento cognitivo-emocional diseñando su propio trabajo.

Estas dos secciones están expuestas con formatos diferentes, de libro tradicional la primera y de manual autoexplicativo la segunda. Al presentarlas de esa manera se consigue la posibilidad de explicaciones bien desarrolladas e interconectadas en la parte conceptual, y un instrumento cómodo y fácil de manejo y consulta en la parte técnica, lo que era muy importante en un trabajo que es muy diferente a lo conocido.

Algunas explicaciones pueden redundar en algunas partes del libro; esto es intencionado y su objeto es dar la mayor cantidad de perspectivas posibles al lector. La revisión de los conceptos fundamentales a lo largo del volumen facilita la comprensión y aplicación de dichos conceptos.

Pese a una aparente aridez inicial podemos asegurar que el libro ni es arduo ni complejo, sólo es la introducción de una nomenclatura nueva lo que puede resultar difícil, pero una vez se maneje el breve glosario del adiestramiento cognitivo-emocional su lectura resulta accesible y clara.

Espero que los lectores disfruten descubriendo y, aún mejor, aplicando el adiestramiento cognitivo-emocional tanto como hemos disfrutado nosotros desarrollándolo, que se unan a este trabajo y lo hagan avanzar para que todos, cada día, podamos adiestrar un poco mejor. Mucha suerte.

¿Cómo surge el adiestramiento cognitivo-emocional?

En el ámbito del perro de asistencia existen unas necesidades diferentes de las de otras especialidades del adiestramiento: minimizar refuerzos, comprensión del perro de las situaciones para adaptar su conducta, posibilidad de desobedecer a su guía sin afectar la relación jerárquica... La dificultad en el adiestramiento de perro de asistencia no está en la enseñanza de acciones sino en la funcionalidad posterior del perro bajo esta problemática. La mayoría de las soluciones que se iban tomando no eran sino «parches» ingeniosamente diseñados desde la perspectiva conductista, al fin y al cabo la única disponible.

Pero en GDBA (Guide Dogs for the Blind Association), la asociación de perros guía del Reino Unido, Bruce Johnston, psicólogo, asesor de adiestramiento de esta entidad y usuario él mismo de perroguía escribe dos libros *The Skilful Mind of the Guide Dog*, Lennard 1990, y *Harnesing thought,* Lennard 1995, en los que desarrolla la primera aproximación al adiestramiento del perro-guía con criterios de psicología cognitiva y esboza algunos de los principios técnicos de este tipo de adiestramiento. El trabajo de Johnston es recibido con polémica en su asociación pues el inmovilismo de muchos adiestradores que no quieren abandonar su sistema tradicional y se sienten inseguros con un trabajo nuevo choca con el entusiasmo de otros por adoptar y aplicar estos principios. El trabajo de Johnston será recogido, continuado y desarrollado más fuera del Reino Unido que en él, nadie es profeta en su tierra.

El adiestramiento cognitivo emocional surge inicialmente en el ámbito del perro de asistencia. En la fotografía Ken Mizukubo, tetrapléjico, con «Fibi» su perra de ayuda. Perro preparado y entregado por C&R EDUCAN.

Los que «recogemos el testigo» del trabajo de Johnston vemos en el adiestramiento cognitivo la posibilidad de un avance en el adiestramiento equivalente al que hubo al adoptar la psicología conductista y la primera etología, esto es: no un avance de grado sino de categoría. Una revolución.

Al iniciar los trabajos prácticos vemos mejoras espectaculares en los perros de asistencia, los mantenimientos se reducen drásticamente, los perros son más fiables que nunca y los tiempos de entrenamiento para cualificar un perro disminuyen hasta en un cincuenta por ciento, ¡y eso realizando un trabajo más eficaz! Estamos entusiasmados y decidimos aplicar el trabajo cognitivo a otros tipos de adiestramiento. Decepción: en problemas de agresividad y ansiedades así como en el adiestramiento de perros de protección, ya sea deportiva o funcional, el trabajo puramente cognitivo falla, no hay claridad en los perros y las conductas deseables no aparecen, los perros se vuelven lo peor que un adiestrador puede desear: impredecibles. Algo sucede, algunos de los que habían empezado con este sistema vuelven a los tradicionales por la necesidad de resultados, dejan a un lado el trabajo cognitivo como algo interesante pero sólo útil para algunas cosas concretas, una buena idea que no salió tan bien como se esperaba.

Sin embargo otros no podemos renunciar a los avances que hemos visto e iniciamos un trabajo de investigación que nos lleva a contactar con centros de gestión de la inteligencia y otras entidades relacionadas hasta que damos con el *quid* de la cuestión. La conducta no se determina sólo por los procesos intelectivos que aprendemos, además de la cognición existe otra coordenada fundamental en la conducta: la emoción. Esto ya estaba claramente apuntado por Bruce Johnston en su primer libro, que dedica un capítulo a este tema, pero, si bien en perro de asistencia el trabajo emocional se centra en construir una relación de confianza del perro con su adiestrador, con su trabajo y posteriormente con el usuario al que se empareja para que se sienta capaz de tomar decisiones y desarrollar estrategias funcionales en el desarrollo de su labor, la formación, el aprendizaje, se basa en la coordenada cognitiva pues no deben aparecer emociones a niveles excesivamente altos. A mayor nivel de emoción mayor influencia de esta en la conducta, por eso no nos salían las cuentas en agresividades y ansiedades; son conductas fuertemente emocionales y por ello la respuesta cognitiva se distorsionaba o era sustituida por la respuesta emocional. En trabajos de obediencia o de acciones de asistencia los perros trabajan en un nivel de emoción relativamente bajo, controlable, el diseño de técnicas puramente cognitivas era funcional pero en trabajos en áreas que evocan fuertes emociones había que tocar principalmente esta coordenada. Tardamos tres años en rediseñar el trabajo para incluir la gestión emocional y que fuera aplicable en todas las especialidades del adiestramiento.

COORDENADAS DEL ADIESTRAMIENTO COGNITIVO-EMOCIONAL

Como se puede deducir de lo expuesto anteriormente existen tres coordenadas a conocer y manejar para realizar adiestramiento cognitivo-emocional:

— Etología cognitiva.

— Psicología cognitiva.

— Gestión emocional.

Vamos a desarrollar un poco más estos tres puntos para saber la utilidad de cada uno de ellos y su importancia en adiestramiento.

Etología cognitiva

Así como Konrand Lorenz es el padre de la etología clásica[2] alrededor de los años treinta, Donald Griffin lo es de la etología cognitiva a finales de los setenta. La primera estudia el comportamiento de los animales desde el punto de vista adaptativo, la segunda estudia la mente animal desde el mismo punto de vista. Esto es lo mismo que intentó años atrás la psicología comparada con un enorme fracaso por la falta de seriedad de la metodología aplicada.

Actualmente están demostrados múltiples procesos cognitivos internos en los animales y hasta los neoconductistas más radicales lo reconocen (aunque les conceden menor relevancia en la conducta): solución de problemas, formación de conceptos, expectativa, intención, toma de decisiones...[3] Estos procesos no son los mismos en cada especie y nosotros debemos conocer aquellos propios del perro pues su conjunto va a formar, comparándolo con un ordenador, el sistema operativo del perro, indicándonos qué es y qué no es posible enseñar a un perro, por ejemplo, no se puede enseñar a un perro a apreciar el arte pero sí es posible enseñarle a decidir una línea de actuación, incluso realizando acciones no conocidas previamente, para guiar de un sitio a otro a un usuario cie-

---

[2] El término «etología» lo acuña Saint-Hilaire en 1854.
[3] Ver *La mente y el comportamiento animal: ensayos en etología cognitiva* editado por el Fondo de Cultura de México, y que recoge las ponencias del ciclo de conferencias de Etología cognitiva que organizó en 1992 el Grupo Interdisciplinar en Ciencia Cognitiva de la Universidad Autónoma de México. En este libro se ofrecen experimentos concluyentes a este respecto.

go pues sabemos que sí posee los procesos internos de toma de decisiones y solución de problemas, así como la capacidad de entender conceptos concretos[4].

También existen una serie de conductas preprogramadas o instintivas que el perro no necesita aprender y que aparecen como respuesta a determinadas situaciones. Normalmente estas respuestas están asociadas al sistema regulatorio (procesos de búsqueda de equilibrio emocional y motivacional) y obviamente debemos conocer estas respuestas que vienen «de serie» en el perro para aprovecharlas y actuar consecuentemente a ellas. Como veremos después muchas de estas respuestas se pueden, si no cambiar, sí adaptar a nuestras necesidades, por ejemplo, podemos aprovechar la conducta natural de caza del perro para que nos traiga un objeto.

Una visión del adiestramiento que no tenga en cuenta estos procesos internos que de forma natural aparecen en el perro no puede avanzar muy lejos.

Psicología cognitiva

En los años veinte la psicología conductista (también llamada asociacionista) se perfila como la escuela dominante en esta ciencia. Este auge dura hasta los sesenta donde surge la psicología cognitiva para llevar a cabo un relevo espectacular que permitirá avanzar la inteligencia artificial, los sistemas expertos de ordenador, las bases educativas de todo el mundo y en general el concepto de aprendizaje y toda disciplina que se le asocie. Al igual que la psicología conductista en su momento tiene un enorme éxito por su aplicabilidad, casi inmediata, a la solución de problemas que hasta entonces eran irresolubles.

La psicología cognitiva ve el aprendizaje como la creación de un software de respuesta a situaciones basado en las posibilidades cognitivas del aprendiz (su sistema operativo, su etología cognitiva). El aprendizaje para la psicología cognitiva se basa en el diseño de estructuras mentales interconectadas y que forman un conjunto unitario, la base del aprendizaje es aprender normas comunes y no acumular datos concretos, pues el aprendizaje que tiene como soporte la memoria está limitado por la cantidad de datos que puede contener, mientras que el aprendizaje de normas comunes de respuesta permite con un mínimo memorístico re-

---

[4] Investigaciones modélicas sobre la formación de conceptos en los animales son los de Premack en chimpancés (1976) y Herrstein, Loveland y Cable en palomas (1976).

solver gran cantidad de situaciones. Por ejemplo, si enseñamos a un perro-guía que debe buscar el centro de la acera para circular emplearemos
menos memoria que si le mecanizamos la forma de cada ruta a realizar
en su trabajo cotidiano y cada posible obstáculo, que son prácticamente
innumerables. Con sólo dos normas generales —los obstáculos se rodean
y volver al centro de la acera tras hacerlo— el perro podrá solucionar la
mayoría de situaciones de este tipo que se enfrente.

Como vemos, otro punto fundamental de la psicología cognitiva es
que aprender no es mecanizar sino comprender[5] y la comprensión sólo
se logra de forma interna comparando y relacionando los datos nuevos
con las normas conocidas y/o estableciendo nuevas relaciones entre
ellas. En el ejemplo anterior el perro debe relacionar la norma de cir-
culación por el centro de la acera con la de rodear obstáculos.

Al haber esta necesidad de elaboración interna de la información el
aprendizaje cognitivo en sus fases iniciales es largo, desigual entre diferentes individuos y evoluciona de diferente forma hasta llegar a la comprensión. Esto puede asustarnos al principio pues no podemos observar
este proceso, pero afortunadamente tenemos instrumentos para facili-
tarlo y evaluarlo.

Entre otras existe una importante ventaja en el aprendizaje cognitivo;
puede ser autosatisfactorio, el mero hecho de aprender es el premio
del aprendizaje, eliminando la dependencia de refuerzos externos. Esto
pasa con cualquier cosa que se plantea como un problema, si, por ejemplo, en casa se nos rompe un grifo y nos ponemos a arreglarlo nosotros
mismos, el mero hecho de arreglarlo nos causa satisfacción por ser «ma-
nitas», mientras que no conseguirlo nos hace sentir mal, torpes... Esto sucede independientemente de tener o no agua, que sería el refuerzo externo a nuestra conducta. Igualmente si un perro ve, por ejemplo, un
problema en localizar un objeto, el encontrarlo será un refuerzo en sí
mismo independientemente de que además le premiemos con comida,
juego o cariño.

---

[5] El genial Seymour Papert, matemático, desarrollador del lenguaje LOGO de programación, inventor de los primeros ratones para ordenador (el los llamó tortugas), principal experto en Inteligencia Artificial en su momento, autor entre otros libros de *Desa-
fío a la mente*, 1980 y *La máquina de los niños, replantearse la educación en la era de los
ordenadores*, 1993, dijo : «Los conductistas son muy amigos de utilizar el término "teoría
del aprendizaje" para referirse a los fundamentos de su modelo, pero aquello de lo que
están hablando no es "aprendizaje", entendido como aquello que hace el aprendiz, sino
"instrucción", entendido como aquello que el profesor hace con su alumno».

TABLA 1.1
DIFERENCIAS ENTRE APRENDIZAJE CONDUCTISTA Y COGNITIVO
(tomado de Andre y Phye, 1986)[6]

APRENDIZAJE CONDUCTISTA	APRENDIZAJE COGNITIVO
El aprendiz es pasivo y dependiente del ambiente.	El aprendiz es activo y con dominio del ambiente.
El aprendizaje ocurre debido a las asociaciones entre estímulo y respuesta.	El aprendizaje sucede porque el aprendiz trata activamente de comprender el ambiente.
El conocimiento es la adquisición de nuevas asociaciones.	El conocimiento es un cuerpo organizado de estructuras mentales y procedimientos de acción.
El aprendizaje es la adquisición de nuevas asociaciones.	El aprendizaje son cambios en la estructura mental del aprendiz originados por las operaciones mentales que realiza.
El conocimiento previo influye en el nuevo aprendizaje básicamente mediante procesos indirectos con la transferencia positiva y negativa debido a la semejanza de estímulos entre situaciones.	El aprendizaje se basa en el uso del conocimiento previo con el fin de comprender nuevas situaciones y modificar las estructuras de este conocimiento previo con el fin de interpretar las nuevas situaciones
No se permite la argumentación sobre las actividades de la mente.	La argumentación sobre las actividades mentales es el elemento central de la psicología cognitiva.
Existe una fuerte tradición experimental. Las teorías sólo pueden ser verificadas a través de la experimentación.	Existe tradición experimental, pero se puede realizar investigación basada en la observación, la experimentación y el análisis lógico.
La educación consiste en el arreglo de estímulos de manera que ocurran las asociaciones deseadas.	La educación consiste en permitir y promover la exploración mental activa de los ambientes complejos.

Explicar conceptos a personas es fácil, tenemos el lenguaje como elemento de comunicación precisamente para eso, pero ¿cómo explica-

---

[6] Este cuadro se puede encontrar en *Cognición y aprendizaje: fundamentos psicológicos,* de Aníbal Puente Ferrerías, editorial Pirámide, pág. 278. Este es un libro de báse para el conocimiento general de la teoría cognitiva.

mos a un perro un concepto? Aquí es donde vamos a aprovechar el aprendizaje conductista, vamos a aprovechar los paradigmas experimentales operantes[7] —recompensa, escape, evitación, castigo positivo, castigo negativo— no como formas de enseñanza, técnicas finales de adiestramiento, sino como lenguaje de programación para introducir conceptos, software, en el perro.

Esto parece complejo pero no lo es, veamos un ejemplo: si yo enseño al perro un trozo de comida apetitosa y lo llevo un poco sobre su cabeza y hacia atrás a la vez que indico SIENTA, al sentarse le doy la comida y actúo de igual forma diez veces; es probable que a la undécima el perro al oír SIENTA se siente. En diez repeticiones le he enseñado a sentarse; ahora actúo de forma equivalente pero llevo la comida al suelo entre las patas delanteras del perro y digo TUMBADO, las primeras veces se sienta, que es lo que acaba de aprender, pero en otras diez repeticiones ya se tumba al oír el comando TUMBADO. En veinte repeticiones le he enseñado dos acciones aplicando el paradigma de recompensa, este es un aprendizaje conductista. Si cogemos otro perro y le hacemos sentarse siguiendo la comida con la misma técnica pero sin usar comando y sólo lo repetimos dos veces antes de pasar al tumbado, que también realizamos sólo dos veces, y después otras dos veces le guiamos con la comida para que ande al paso y otras dos para que salte un obstáculo; tenemos que el perro en ocho repeticiones no ha aprendido ninguna acción concreta pero sí un esquema: que siguiendo la comida con el cuerpo la consigue, cuando nos pongamos a enseñarle acciones concretas veremos que las aprende más rápido (hasta con un 65% menos de repeticiones), esto es porque del mismo esquema —seguir la comida con el cuerpo— saca la solución a muchas situaciones y no tiene que iniciar un proceso nuevo de aprendizaje con cada acción, lo que además ocuparía mucho más espacio de memoria, de disco duro. El segundo caso es un aprendizaje cognitivo. Aquí vemos cómo usando el paradigma de recompensa hemos explicado al perro un concepto para que genere un esquema sobre él. La apariencia de trabajo es parecida pero lo que buscamos es radicalmente diferente.

Mucha gente es remisa a aceptar que los perros piensan, pues consideran esta una capacidad exclusivamente humana y esto les hace cerrarse ante el trabajo cognitivo. En realidad los conductistas ponían mucho más cerca las dos especies pues su modelo de aprendizaje humano era básicamente el mismo que para los animales. El mismo Skinner dice

---

[7] El condicionamiento operante es lo mismo que el condicionamiento instrumental.

en su artículo «Cómo enseñar a los animales»[8] que el proceso se puede hacer con niños, pero recomienda empezar con sujetos de experimentación menos valiosos: perros, gatos o pájaros. La psicología cognitiva reconoce pensamiento a los animales pero establece que piensan de forma distinta a nosotros, nuestros esquemas mentales son sustancialmente distintos. Tenemos sistemas operativos diferentes. Además: el pensamiento animal está demostrado, quien no lo crea es libre también de pensar que la tierra es plana y el sol gira a su alrededor.

La gestión emocional

Aunque Darwin ya hablaba de la importancia de las emociones en la conducta de los animales, al imponerse la psicología conductista se cierran las puertas al estudio de cualquier proceso interno y por ello inobservable, y deja de estudiarse la influencia de las emociones en aprendizaje y conducta.

La revolución cognitiva, que cada vez más se centra en procesos intelectivos, tampoco le da un carácter relevante hasta que varios de los iniciadores de dicha revolución empiezan a preguntarse por qué la psicología cognitiva es cada vez más aplicable a programación informática y no avanza igualmente en su aplicación clínica. En esta coyuntura surge la voz de Jerome Bruner, uno de los padres de la psicología cognitiva, para decir que han dejado atrás al hombre porque este no es solamente sus procesos cognitivos, su pensamiento; también existe una dimensión emocional que le determina (y que es aún más importante en los animales) [9].

La emoción forma la parte principal del sistema regulatorio del perro junto con la motivación; ambas son procesos involuntarios (no podemos elegir no tener miedo o hambre) destinados a la supervivencia y autodefensa del perro (finalidad del sistema regulatorio). En realidad la cognición es una «habilidad» de algunos organismos que está en función de este sistema regulatorio: el pensamiento es una de las herramientas de las que nos valemos para llegar a esa supervivencia, autodefensa y, en general, homeostasis del organismo que son el objetivo del sistema regulatorio.

La definición de «emoción» resulta compleja y de hecho muchos autores no se muestran de acuerdo sobre su significado exacto. Según la de-

---

[8] Número 185 de *Scientific American*, páginas 26 a 29, edición americana. En este artículo se explica cómo usar el *clicker* que ahora parece una novedad entre los adiestradores conductistas. El artículo es de 1951.

[9] *Actos de significado: más allá de la revolución cognitiva*, Jerome Bruner 1991, Madrid, Editorial Alianza.

finición de Goleman, «es un sentimiento involuntario y los estados biológicos, los estados psicológicos y el tipo de tendencias a la acción que lo caracterizan». Esta es la definición que manejaremos en este libro por su sencillez y aplicabilidad.

Actualmente se sigue debatiendo si existen unas emociones básicas (y cuáles serían) que compongan al mezclarse todo el arco emocional o si existen múltiples emociones distintas. Esta polémica nos es indiferente desde el punto de vista práctico pues lo que nos importa es cómo tratar con una determinada emoción, dándonos igual si esta es «pura» o resulta de combinar otras dos o tres emociones. Por ello nos limitamos a remitir a quien quiera avanzar en este tema a la bibliografía sobre emoción que se anexa al final del libro.

Donde sí parece haber un cierto consenso es en la utilidad de las emociones: predisponen o dirigen la conducta de forma espontánea en momentos comprometidos para el organismo donde la respuesta cognitiva resultaría ineficaz por lentitud o por insuficiencia de datos. Pongamos un ejemplo que aclare esto: si despertamos de noche, en nuestra casa, por el sonido brusco de alguien entrando por la ventana no nos paramos a analizar fríamente la situación: «¿Esperaba a alguien a las cuatro de la mañana?, ¿cuál de mis amigos consideraría esto gracioso?». Lo que hacemos es sentir miedo y el miedo le dice a nuestra cognición: no hagas una lista, primero corre y ponte en seguridad (o golpea al intruso). En este caso la cognición es un proceso lento para dar una respuesta útil a nuestro problema, pues si el intruso realmente es una amenaza, cuando concluyamos qué hacer ya será demasiado tarde. Otro ejemplo es la conducta amorosa. Cuando nos enamoramos no tenemos todos los datos de la persona elegida, y si le preguntáramos a la cognición: «¿Es la persona adecuada?», esta nos respondería: «Lo siento no tengo datos suficientes para decidirme». En este caso la emoción toma las riendas y rellena esos huecos que le faltan a la cognición para concluir. La cognición es como un programa de ordenador donde si falta uno de los datos requeridos por la aplicación esta no puede continuar trabajando.

La dificultad de trabajar con emociones está en dos puntos concretos, que son involuntarias y que la conducta que generan no se rige por las mismas leyes que la conducta generada por actos cognitivos, por esto vamos a hablar no de aprendizaje emocional sino de gestión emocional, pues los procesos emocionales no van a aparecer a nuestra voluntad y su forma de expresión tampoco va a ser la que deseemos (puedo enseñar a un perro a asociar casi cualquier conducta a, por ejemplo, el comando SIENTA: sentarse, traerme un objeto, ponerse a dos patas..., pero ante una situación de miedo intenso sólo puedo programar conductas de agresión hacia la causa del miedo o de huida, alejamiento, de esta). Necesitamos saber cómo manejar niveles de emoción que perturban el pensamiento «frío», la cognición más aséptica.

Esta última coordenada del adiestramiento nos va a permitir influir en dichas conductas emocionales: agresión, miedo, ansiedad, alegría, estrés... La ignorancia de técnicas de gestión emocional y el uso de técnicas conductistas o cognitivas en estas situaciones sólo nos dará resultados parciales, incompletos y que fácilmente desaparecen al subir el nivel emocional por encima de aquel en que hemos entrenado al perro.

Las emociones tienen una serie de conductas preprogramadas de actuación que no se enseñan, vienen «de serie» con cada especie. El miedo, por ejemplo, nos deja el rostro blanco y frío, esto es una respuesta fisiológica: nuestra sangre baja a las piernas para preparar nuestra huida, también sentimos un displacer interno muy fuerte, una sensación desagradable. Analizado a la vista de la anterior definición de emoción vemos que el miedo efectivamente es un sentimiento involuntario caracterizado por un estado biológico —sangre concentrada en los miembros inferiores, temblor...—, un estado psicológico —displacer, incomodidad— y unas tendencias a la acción propias —huida o agresión—. Por ello en situaciones fuertemente emocionales no podemos recurrir a las normas cognitivas que le hayamos dado al perro, su sistema de seguridad se activará y desconectará a la cognición. Pero sí podemos, teniendo en cuenta lo anterior, programar una conducta de huida que nos convenga, por ejemplo: un perro con miedo a las detonaciones puede ser enseñado a huir hacia su dueño (que aprovechará para atarlo) en lugar de hacerlo sin control, con el consiguiente riesgo de atropello o pérdida. En esa circunstancia intentar que ejecute una conducta aprendida que no dé salida a la emoción es inviable. Debemos tener en cuenta estas conductas preprogramadas (también llamadas instintivas) para desarrollar trabajo en niveles emocionales altos, conocer hasta qué punto se pueden modelar para adecuarlas a nuestros objetivos; algunas son muy fijas en su manifestación, otras son muy variables.

El otro punto a tener en cuenta en gestión emocional es que el control cognitivo no se pierde de golpe, se va perdiendo según aumenta la intensidad de la emoción. Podremos actuar más o menos según esto, veremos cómo se segmenta una emoción en base a la intensidad y qué trabajos y objetivos se pueden llevar a cabo en cada uno de esos segmentos. A veces nos puede interesar subir o bajar el nivel emocional durante las sesiones para estructurar una conducta u otra en el perro; siguiendo el ejemplo anterior, si el perro recibe justo a su lado una fuerte detonación no podemos canalizar su huida hacia el dueño, pues el nivel emocional es máximo y no recibe prácticamente ninguna información, pero podemos detonar a una distancia del perro donde aparezca miedo y ganas de huir pero a menor nivel, y colocar al dueño en el camino de huida para que cuando llegue el perro lo coja y lo lleve a la seguridad (si la conducta que programemos no lleva al perro finalmente a la seguridad no será de huida, no dará salida a la emoción presente y no aparecerá cuando dicha emoción aparezca a máximo nivel). Repitiendo esto varias veces, el perro adapta su conducta de huida preprogramada a la forma de huir más eficaz: ir hacia el dueño, de forma que ante una detonación cercana terminará huyendo, como pretendíamos, hacia su dueño.

Esto tiene otra consecuencia interesante: si a través de las conductas emocionales que diseñemos el perro encuentra solución a la emoción que siente empezará a tener seguridad en que puede resolver la situación emocional (huir, si se llega a la seguridad, es una solución al miedo) y con ello empezará a tolerar niveles progresivamente más altos de emoción, lo contrario que sucede cuando su conducta no le está solucionando el problema: que pierde el control cognitivo ante estímulos emocionales cada vez más leves. Así el trabajo emocional para una respuesta de miedo combina el responder a ese miedo de la forma *posible* más conveniente con la disminución de miedo por la seguridad que damos al perro de poder solucionarlo con su conducta.

Las emociones no se muestran «puras» sino que en un momento concreto hay un número n de emociones con niveles puntuales. Esto se denomina estado emocional y debemos tenerlo en cuenta a la hora de planificar el trabajo.

2

Etología y psicología del perro

Para conocer cómo funciona el pensamiento del perro y cómo trabajar con él necesitamos conocer los procesos internos que es capaz de efectuar, las características específicas de conducta que aporta y cómo aprende. El objeto de este capítulo es aportar la información mínima necesaria para poder iniciar un trabajo razonado de adiestramiento. Por supuesto el conocimiento profundo de la estructura del pensamiento de una especie requeriría por sí mismo un libro propio, debe entenderse que lo presentado a continuación es un esbozo de una serie de procesos complejos e interrelacionados cuyo estudio profundo excede el objeto de este libro.

ETOLOGÍA DEL PERRO, CARACTERÍSTICAS DE LA ESPECIE

Todas las especies se definen en base a unos parámetros que la encuadran, aquí sólo vamos a tomar en consideración aquellos referidos a la conducta y aprendizaje.

A efectos prácticos el perro *(Canis familiaris)* es una etoespecie[1] diferenciada lo suficiente para ser objeto de estudio por sí misma. Pese a ello para muchos ejemplos y simplificaciones explicativas utilizaremos su referente salvaje más cercano: el lobo *(Canis lupus)*. La mayoría de las pautas sociales de ambas especies son idénticas y existe una amplia docu-

---

[1] Posee pautas de conducta propias y características.

mentación sobre la conducta del lobo, mientras que no hay prácticamente ningún estudio serio con respecto al perro. Esto nos lleva a usar los datos que tenemos del lobo para establecer paralelismos con el perro que son bastante aproximados.

Aún cuando usemos al lobo como referencia frecuente debemos recordar que existen diferencias con el perro (por ejemplo la neotenia canina o la timidez lobuna) para no perder la perspectiva e identificar ambas especies como una sola, no es comparable la capacidad de aprendizaje del perro con la del lobo: el perro es muy superior en esto, además el perro es mucho más moldeable en sus conductas instintivas que el lobo.

La capacidad de aprendizaje del perro es muy superior a la del lobo. En la fotografía «Bandit» lleva un paquete de pañuelos de papel al oír estornudar a su adiestradora y usuaria, Elsebeth Sexton, monitora de Florida Dogs for the Deaf People, durante el Primer Seminario de Perros Señal para Discapacitados Auditivos que se impartió en España (organizado por C&R EDUCAN).

CARACTERÍSTICAS DE LA ESPECIE

Altricial

Los individuos nacen en un estado de desarrollo sensorial y motor atrasado con respecto al ejemplar adulto. El cachorro necesita un periodo largo para alcanzar las capacidades del adulto, siendo la diferencia con respecto al adulto de categoría y no de grado.

Lo contrario a esto son las especies precociales que nacen como un adulto en miniatura. En las especies precociales la diferencia de capacidades y morfología del cachorro con respecto al adulto es de grado pero no de categoría.

Para verlo en un ejemplo compararemos los cachorros de una especie altricial, el perro, con el de una especie precocial, el caballo. El cachorro de perro no es físicamente igual al adulto mientras que el potro desde que nace parece un caballo; el perro al nacer no puede ver, oír y no digamos andar, en cambio el caballo nace e inmediatamente se pone de pie y anda, esto ilustra la diferencia de capacidades: en el caballo es de grado, anda pero más lento que el adulto; en el perro es de categoría: el adulto oye, ve y se mueve; el cachorro no.

El cachorro de perro necesita una evolución desde su forma y capacidades infantiles hasta la forma y capacidades adultos, el potro sólo una progresión.

De todo lo anterior es fácil deducir que las especies altriciales tienen infancias prolongadas, además suelen tener patrones de conducta instintivos (preprogramados) más moldeables que los de especies precociales, de hecho una de las ventajas de las infancias largas es tener una mayor capacidad de aprendizaje.

Social

El perro vive de forma colaborativa y permanente con otros individuos de su especie, esto nos es muy útil pues posee la capacidad de trabajar en equipo, lo que para el adiestramiento cognitivo-emocional es fundamental porque va a ser posible que se plantee realizar acciones no sólo para conseguir un beneficio propio (como postula el conductismo) sino también para su manada, en este caso su guía.

En el lobo la representación de esquemas sociales se demuestra en la conducta social de caza. Analizando esta conducta vemos que hay lobos

El perro tiene capacidad para trabajar de forma colaborativa con el hombre. En la fotografía José Antonio Gómez con «Hello de Parayas».

que se dedican en exclusiva a la fase de acoso de la presa sin llegar nunca a ser directamente los que le dan muerte. Además muchos de estos lobos «acosadores» son animales con una posición jerárquica baja que les lleva a comer en las últimas posiciones. Según el esquema más conductista, al no existir un refuerzo positivo, estos lobos deberían progresivamente abandonar la conducta social de caza que no les reporta una satisfacción directa. Vemos, en cambio, que la conducta no sólo no disminuye sino que tiende a aumentar. La explicación está en la representación mental del lobo de la cacería como un todo y no un mero encadenamiento de refuerzos positivos.

Existen tres distancias de relación que determinan la conducta de un perro con sus congéneres :

Distancia de atención social: Espacio alrededor del perro en que mantiene su atención al grupo y puede variar su conducta por influencia de este. Es la mayor distancia a la que puede influir en el perro otro miembro o miembros de la manada. Esta distancia varía según las circunstancias; si toda la manada está en un radio de unos metros el perro la restringe a ese área, ampliándola según aumenta la separación. Obviamente el máximo posible es la distancia a la que los sentidos ya no pueden percibir las señales de los otros individuos. También es fácil ver que a mayor distancia los mensajes pueden ser menos sutiles, no es posible establecer un diálogo fluido con alguien que casi no te oye. Esta distancia es usada en acciones colaborativas y para recibir señales de interés de otros miembros del grupo, como puedan ser las de peligro. Normalmente en esta distancia no enseñaremos nuevas acciones sino que, o bien solicitaremos las ya conocidas o moldearemos las instintivas.

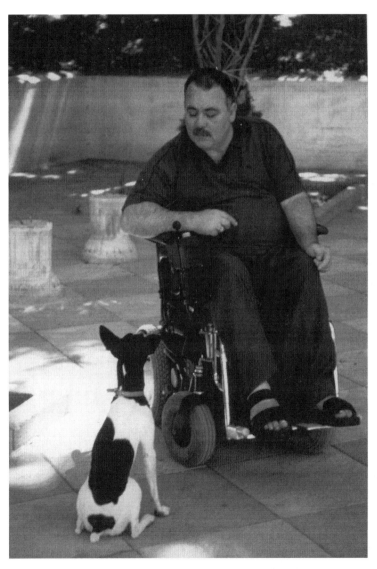

En la distancia individual se establece una interacción social directa entre individuos. Juan Sevilla, parapléjico, con su perro de asistencia «Harris», ratonero-bodeguero andaluz preparado por C&R EDUCAN.

Distancia individual: cercanía necesaria para interacciones sociales directas entre individuos. Podríamos decir que al tocarse dos distancias individuales se establece un diálogo entre los dos perros. Esta es la distancia donde normalmente se enseña a un perro, permite el intercambio de información con una recepción muy precisa.

Distancia crítica: cercanía necesaria para que el perro se sienta agredido en situaciones que pueden comprometer su seguridad. Tenemos que tener en cuenta que al entrar en esta distancia en el perro aparecen estados emocionales negativos que pueden ser asociados al adiestramiento. Algunos autores desglosan la distancia crítica en dos:

1. *Distancia de conflicto:* en situaciones de interacción específica (dominancia, posesión de recursos...). La ejecución de los ejercicios en esta distancia, si no tenemos cuidado, puede ser excesivamente lenta y sumisa, pues esa es la forma de actuar de un perro al entrar en la distancia de conflicto con un superior jerárquico.

2. *Distancia de seguridad:* en situaciones consecuentes al entorno (barrancos, obstáculos...). Aunque igualmente el perro va a tener una reacción negativa al entrar en esta distancia podemos aprovecharla para que evite situaciones determinadas, desde no comer en la calle a evitar obstáculos un perro-guía. La forma de trabajar en esta distancia es ampliándola hasta que llegue a la extensión que nos interesa, para hacerlo debemos forzar al perro a entrar en ella más de lo que normalmente haría. Pongamos un ejemplo: para enseñar a un perro-guía a evitar una farola vamos directamente hacia ella, a una cierta distancia el perro se aparta sin un nivel de preocupación alto, es lo que también hacemos nosotros, pero si le obligamos a continuar hacia el obstáculo, el perro sube su alarma e intenta activamente cambiar su trayectoria; cuanto más cerca del obstáculo le llevemos antes de dejar que lo evite más subirá su nivel de alerta y en posteriores experiencias intentará evitar el obstáculo desde más lejos, pues lo percibe como más peligroso. Cuando la distancia desde la que intenta evitarlo engloba al usuario ya está conseguido el trabajo.

Las distancias de atención social, individual y crítica son variables de un perro a otro, de una situación a otra y pueden ser modificadas por el adiestramiento.

Territorial

El grupo social canino de forma natural ocupa una superficie de límites relativamente precisos y marcados de distintos modos (orina, rascado...) en los que construyen su madriguera y pasan los periodos de reposo. Este territorio es defendido por el grupo de intrusiones, por ello existe una potencialidad de agresión territorial en los perros, que la selección de las razas ha disminuido en unas y aumentado en otras. Debemos saber que esta agresión aumenta de nivel y es más segura en el perro cuanto más pequeño es el territorio a guardar. También debemos saber que diferentes individuos necesitan diferentes tiempos de permanencia en un lugar para iniciar una conducta territorial, si bien este tiempo también disminuye en la medida en que el lugar a guardar se hace más pequeño.

A veces se confunde este territorio con el *home-range* (territorio de caza), mucho más amplio, y que no es defendido de extraños; de hecho es común que varios grupos con territorios propios solapen sus *homes-ranges*.

El *home-range* es el espacio vital para encontrar los recursos alimenticios y por ello será más grande cuanto más escaseen las presas y más numeroso sea el grupo. Los límites no son precisos y varían según lo hacen los recursos y necesidades.

El territorio siempre se haya dentro del *home-range*.

Jerárquico

La sociedad canina está basada en relaciones de dominancia-sumisión entre sus miembros, sin embargo este análisis es demasiado simple y básico para explicar las relaciones sociales en los cánidos.

Existen múltiples factores de influencia sobre esta relación base. A veces la presencia de un perro influye en las relaciones de otros dos inclinando el eje de dominancia en uno u otro sentido. De hecho puede pasar que A domine a B, B domine a C y C domine a A.

En las hembras la jerarquía es menos estable al existir más factores de influencia, como su ciclo hormonal, estar preñada, ser pareja del macho dominante...

La dominancia tiene una función base: primar el acceso a recursos a los individuos más aptos, recursos son: comida, agua, lugares de descanso, acceso a individuos favoritos, posibilidad de reproducirse...

Pero la dominancia también tiene una serie de normas que no pueden cambiarse y que debemos respetar al ejercer de dominantes con nuestro perro.

La primera es que el acceso a recursos sólo esta limitado cuando el dominante está cerca de dicho recurso siendo lícito acceder a él si no está presente, por ello no es correcto prohibir por autoridad, por ejemplo, al perro que se suba al sofá, pues entenderá que no ha de subirse cuando estemos presentes pero que puede hacerlo si no estamos. Esto ha de entrenarse de otra manera para ser funcional.

La dominancia disminuye con la distancia, esto debemos tenerlo en cuenta para trabajar con el perro; si trabajamos con el perro cerca facilitaremos que asuma la autoridad del guía, si trabajamos de continuo alejados del perro la autoridad disminuirá. Esto se puede aprovechar en el primer caso para conseguir autoridad en un perro que no obedece y en el segundo para recuperar perros excesivamente sumisos.

Existen dos formas de aprovechar la jerarquía del perro en el adiestramiento:

El castigo directo o jerárquico: es un tipo concreto de castigo que no cumple exactamente las premisas del paradigma de castigo conductista pues al estar conectado directamente a una pauta específica tiene una serie de procesos de gestión y respuesta preprogramados. Llamamos castigo directo o jerárquico a aquel castigo aplicado directamente por el guía, generalmente acompañado de una actitud de reproche. Este tipo de castigo aumenta la sumisión del perro y consolida el papel del guía como dominante sobre el perro. El abuso de este tipo de castigo rompe la relación entre el perro y su guía (tiranización del perro). Actúa dentro de la jerarquía del perro hasta conseguir el estado de sumisión. Aplicamos el esquema social del perro para que nos obedezca (el elemento dominante de la manada obliga al sumiso a hacer algo). Se debe utilizar para castigar desobediencias, nunca para enseñar ni para corregir errores.

Si abusamos o exageramos el castigo romperemos la relación con el animal. La sumisión, como decíamos, ralentiza los movimientos y disminuye la iniciativa del individuo. El dominante es el que debe decidir estrategias de actuación para la manada, por ello si tenemos al perro muy sometido no conseguiremos que pruebe nuevas estrategias para solucionar situaciones de trabajo en equipo.

Exigencia: el concepto y desarrollo de exigencia en adiestramiento cognitivo-emocional por parte del adiestrador español Raimón Gabarró Marín es un avance fundamental para conseguir estabilizar las mejoras progresivas de velocidad y precisión en el adiestramiento, que antes evolucionaban muy lentamente. La siguiente exposición está basada en su trabajo que ha cedido para la elaboración de este libro y del que debe ser considerado algo más que colaborador.

Raimón Gabarró adiestrando a «Kron de Canolid».

La exigencia es la aplicación del guía de la autoridad jerárquica para conseguir que el perro realice una conducta o secuencia de conductas conocidas por el perro y ya realizadas por obediencia[2] con el máximo de las capacidades físicas y psíquicas del perro en ese momento, consiguiendo así mejor ejecución de la que el perro por sí mismo tendría.

La exigencia corrige la desatención del perro, su imprecisión y/o lentitud en la ejecución del ejercicio sin recurrir a estímulos que generen dependencia (positivos o negativos) y que dan a estos parámetros —velocidad y precisión— una variación muy fuerte al retirar dichos estímulos.

Exigir a un perro nos permitirá conseguir:

_____

[2] Ver más adelante «etapas y fases técnicas del adiestramiento cognitivo», Capítulo 4.

- Aumentar su estado de alerta durante el tiempo de exigencia.

- Aumentar su atención a nuestras indicaciones.

- Aumentar progresivamente el tiempo que el perro puede mantener alto su nivel de atención.

- Aumentar la activación general del perro, con lo que aumentamos la velocidad de ejecución de la acción y el compromiso interno del perro para llevarla a cabo.

- Disminuir la atención sobre estímulos irrelevantes para el trabajo.

- Consolidar nuestra relación jerárquica dominante sin generar actitudes de sumisión (luego veremos que esto cambia si sobreexigimos).

- Diferenciar contextos de trabajo, determinando diferentes parámetros en cada uno de ellos[3].

- Generar una motivación endógena para realizar correcta y velozmente el trabajo.

La forma de aplicar la exigencia es dar una corrección seca, fría y rápida que el perro ha de interpretar como hecha por el guía y que debe siempre dar al perro opción de responder realizando correctamente la acción por sí mismo, esto es, sin que el guía, al exigir, lleve al perro a la posición o conducta solicitada.

La exigencia, al contrario que el castigo jerárquico, no debe implicar enfado, ni siquiera con la voz, ni actitudes directamente dominantes. La corrección debe asociarse a la autoridad ya conseguida pero no ser un ejercicio de dominancia para aumentar esta, es más un recordatorio del jefe a su empleado de que no se «despiste» durante la ejecución de sus funciones.

La exigencia se aplica a la desatención o ejecución indolente de una acción, el castigo jerárquico se aplica a la desobediencia.

Al aplicar la exigencia es normal que el perro inicialmente desestabilice su conducta, mostrándose inquieto; si el trabajo es correcto el perro buscará realizar el ejercicio ajustando o acelerando su ejecución con respecto a la realizada antes de ser exigido. Si el perro muestra actitudes sumisas y su atención está en el guía más que en el ejercicio la exigencia es incorrecta.

---

[3] Ver más adelante «enseñanza de esquemas y procedimientos», pág. 96.

Exigencia mantenida: podemos aumentar el tiempo que exigimos a un perro encadenando acciones exigidas o alargándolas. Denominamos a esto exigencia mantenida.

La exigencia mantenida aprovecha todas las ventajas de la exigencia para dar al perro la capacidad de trabajar al máximo durante el equivalente a su «jornada laboral» sin necesidad de más refuerzos ni confirmaciones. Esto es muy práctico en adiestramiento deportivo, donde se pide un nivel máximo de trabajo durante el desarrollo completo de la prueba.

Durante la exigencia mantenida no tiene objeto felicitar al perro ni premiarle pues desconectaríamos su estado de alerta, empeorando la ejecución de la acción siguiente a dicha felicitación; solo el guía puede decidir el principio y el final de la exigencia mantenida. Debemos esperar a terminar la secuencia determinada para felicitar y liberar como final y confirmación del trabajo.

Para mantener la exigencia debemos ser progresivos evitando que el perro se sienta sobreexigido y empeore su conducta.

Nivel de exigencia: determinar el nivel de exigencia aplicable a cada perro en cada momento es trabajo del guía y debe tener en cuenta varios factores:

- Relación con el guía: cuanto mejor sea más se le puede exigir al perro, lo ideal es que el perro viva con su guía para tener tiempo en común fuera del contexto del trabajo, que se deje guiar y asuma que el guía es su superior jerárquico.

- Posibilidades físicas: no todos los perros pueden actuar con igual velocidad y precisión, debemos tener esto en cuenta para no pedir a nuestro perro más de lo que puede hacer; si aún esto es insuficiente para nuestro objetivo el perro es inadecuado para la labor que deseamos. También un mismo perro variará sus posibilidades en determinadas circunstancias: calor, largos viajes, cansancio...

- Posibilidades psíquicas: el perro, al contrario que nosotros, es un animal más físico que mental y si exigimos una alta concentración demasiado tiempo se agotará psíquicamente y no podrá mantener dicho nivel de concentración (como nos sucede cuando estudiamos muchas horas y finalmente ya no recibimos información pese a seguir ante los libros). En ese estado es inútil y contraproducente seguir exigiendo al perro, es mejor dejar el trabajo o llevarlo a acciones fáciles para el perro.

- Nivel cotidiano de exigencia: La capacidad de responder a la exigencia se entrena, el nivel de exigencia mantenida dependerá de lo que estemos pidiendo en el día a día. No podemos pedir, por ejemplo, un mismo nivel de exigencia mantenida a un perro cuando entrenamos con él a diario que cuando ese mismo perro ha estado varios meses sin trabajar.

- Calidad del trabajo: Cuanto mejor haya sido la formación del perro más responderá a la exigencia mejorando la ejecución del ejercicio al ser exigido. Por el contrario, si el aprendizaje no ha sido claro, el perro dudará e incluso se bloqueará ante la exigencia.

Sobreexigencia: existe un umbral más allá del cual no es lícito ni posible seguir exigiéndole a un perro. Sobrepasar este umbral implica:

- Deterioro de la relación entre el perro y su guía.

- Pérdida de confianza del perro en su capacidad para llevar a cabo el trabajo solicitado y, si se repite frecuentemente, el trabajo en general.

- Pérdida de confianza en el guía dejando este de ser un guía y jefe para el perro, quedando sólo como jefe.

- Aparición de conductas sumisas: lentitud, actitud medrosa frente al guía...

Si mantenemos la sobreexigencia tendremos sobrecargas psíquicas, agotamiento, conducta inestable y pueden aparecer conductas de introspección, indefensión o huida como autodefensa del perro.

Depredador colaborativo

El perro es un predador que caza en conjunto con su manada, esto es importante para el adiestramiento porque implica:

1. Desarrollo de estrategias para un fin, como por ejemplo separar una presa del grupo donde se integra para darle caza más fácilmente.

2. Posibilidad de interactuar con el perro durante la secuencia de caza para darle indicaciones, lo que permite, por ejemplo, el adiestramiento de perros de pastoreo que reproducen la caza en manada, siendo la manada el pastor como dominante que dirige la caza, y el perro como sumiso que la persigue y acosa.

3. Capacidad de trabajo en equipo y de ser premiado con metas genéricas (como se explicó antes).

El perro tiene una secuencia instintiva o preprogramada de caza que se activa en la situación adecuada. Esta secuencia es de las más aprovechadas en adiestramiento de todo tipo porque es muy moldeable y podemos variar su forma significativamente. La manera de moldear la conducta de caza, como muchas otras, es a través del juego: auténtico «banco de pruebas» del perro (particularmente el cachorro) para adecuar sus conductas instintivas a las necesidades concretas de su situación.

La secuencia de caza en el perro es la siguiente:

- Acecho: el perro se agazapa y ralentiza sus movimientos para acercarse sin ser percibido a su presa. El desarrollo mediante la selección del hombre de esta característica ha dado lugar a los perros de muestra que mantienen esta posición de acecho durante largo tiempo.

- Persecución: al llegar a una posición ventajosa o al punto donde no podría avanzar más sin ser percibido, el perro rompe a correr hacia

José Antonio Gómez enseñando a «Saly», propiedad de María del Carmen Vilata, a cobrar un objeto.

su presa. Esto lo hemos aprovechado en adiestramiento desde para traer objetos hasta en los canódromos.

- Mordedura: el mordisco del perro para sujetar a su presa cuando le da alcance es una de las partes de la conducta de caza que ha sido objeto de más selección por parte del hombre. Esta selección ha tenido dos caminos casi opuestos:

  Cobro: mordisco suave seleccionado en perros de caza para traer la pieza sin estropearla, también se usa en perros de asistencia a discapacitados que deben llevar o recoger objetos delicados para su usuario.

  Presa: mordisco fuerte y fijo seleccionado en perros destinados a labores de protección. Es frecuente en adiestradores de esta especialidad nombrar el instinto de caza como instinto de presa.

- Sacudir: tras morder el perro sacude a su presa para matarla, esto se aprovecha en adiestramiento de protección como forma de combate del perro con el figurante durante la mordida.

- Transportar: una vez abatida la presa el perro cierra el ciclo de la conducta de caza llevándosela a un sitio tranquilo donde comerla. Esta fase es muy importante y aprovechable en adiestramiento porque es donde el perro encuentra la satisfacción del instinto de caza; en adiestramiento se usa para confirmar o premiar (no es lo mismo una cosa que otra pese a que algunos adiestradores lo confunden) una acción correcta del perro dejándole llevarse su juguete o la manga de ataque a su lugar de descanso.

Neotenia

La domesticación ha seleccionado en el perro la permanencia de conductas juveniles durante toda la vida del animal; podemos decir que el perro no llega a ser un adulto completo. Esto facilita que acepte nuestra dominancia y que tenga una mayor capacidad de aprendizaje. Muchas de las razas seleccionadas para trabajos de protección son fuertemente dominantes y si no fueran a la vez neoténicas serían prácticamente imposibles de trabajar.

El grado de neotenia varía con las razas e individuos, es importante tenerlo en cuenta a la hora de enfrentar según qué problemas de adiestramiento, por ejemplo, para corregir a un perro dominante que sea neoténico podemos usar (aunque no sea lo más recomendable) técnicas

Ignacio José Alarcón con el cachorro «Eiko de Malaespina», criado por él.

de dominancia directa, pero si es de una raza poco neoténica (como la mayoría de los perros nórdicos, por ejemplo), esto puede terminar en una fuerte agresión del perro hacia nosotros.

Capacidad de relación intersubjetiva con el hombre

Uno de los avances principales en adiestramiento cognitivo-emocional es el desarrollo y análisis por parte del adiestrador español Ignacio José Alarcón Peral de la relación intersubjetiva entre perro y adiestrador.

El perro es capaz de aplicar sus normas sociales al hombre integrándolo como parte de su manada, y esta capacidad permite que nuestra relación con el perro sea de compañeros, esto es, que el perro nos reconozca como un sujeto con el que se puede intercambiar información, no sólo recibirla. Esto posibilita que establezcamos lo que se denomina una relación intersubjetiva con él.

La relación intersubjetiva implica compartir contenidos de una mente con algún otro sujeto[4]. La intersubjetividad es una compleja experiencia cognitivo-afectiva en la que la comunicación aparece como un proceso de traducción mutua, no sólo del contenido informativo del mensaje sino de su sentido para el otro, de aquellas variables que determinan el mensaje sin ser puramente informativas, como la intención que tenía el emisor al dar la información, emociones que muestra durante la transmisión de información.

La intersubjetividad está formada por dos procesos relacionados:

1. Interafectividad o intersubjetividad primaria: Es el reconocimiento de estados afectivos en otro, es lo primero que aparece en los cachorros de la mayoría de las especies, incluyendo los bebés humanos. Primero empieza a reconocer a la madre como otro sujeto y reciben y transmiten las emociones presentes: alegría, enfado, miedo..., no sólo como expresión propia sino esperando iniciar una comunicación. La interafectividad se mantiene siempre como telón de fondo de otros procesos de intercambio de estados mentales y es nítidamente recibida, afectando a la interpretación del mensaje. Nuestro perro igualmente puede transmitirnos o recibir de nosotros crispación, alegría, desgana... durante el adiestramiento, y esto va a cambiar las respuestas en cada caso.

2. Intersubjetividad secundaria: Es la comunicación de estados mentales relacionados con cosas externas a los comunicantes. La información, las expectativas y todo proceso que implica algo ajeno a los comunicantes, cuando damos instrucciones para realizar un acto futuro o referida a acciones pasadas, así como cuando la comunicación se refiere a terceros. Es importante aquí no reducir la intersubjetividad secundaria a transmisión de datos; un mismo mensaje puede significar diferentes cosas según el tono que usemos, nuestra expresión e incluso el contexto donde se emite el mensaje. Esto sucede igualmente con nuestros perros.

En la comunicación intersubjetiva los datos del mensaje pueden ser claros pero los procesos asociados no ser bien reconocidos por el receptor:

---

[4] Stern, 1985.

El perro puede recibir y transmitir emociones en la relación con su guía. En la fotografía, Javier Cebolla, afectado de ataxia, y «Luna», su perra de asistencia. «Luna», además de otras habilidades, busca ayuda para su usuario cuando se cae de la silla (preparada por C & R EDUCAN).

por no hacer una correcta interpretación, por no conocer bien al emisor (este proceso se ajusta con la experiencia) o por no prestar atención. La comunicación intersubjetiva es un proceso de traducción y no de lectura: siempre existirán deformaciones entre lo que se desea emitir y lo que el receptor interpreta, se debe afinar al máximo esta destreza de traducción para progresivamente poder enviar y recibir mensajes mucho más sutiles, así conseguiremos una mejor comunicación con nuestro perro.

En el adiestramiento tradicional el adiestrador tiene en buena medida una relación con el perro objetiva, limitándose a someterle a una serie de estímulos positivos y/o negativos para que este construya conducta. En el adiestramiento cognitivo-emocional es fundamental conseguir y trabajar desde una relación intersubjetiva que va a permitir comunicaciones emocionales e intencionales que permitan transmitir seguridad, apoyo..., así como recibir las dudas, emociones e intenciones del perro para aprovecharlo en el adiestramiento y posteriormente en la ejecución de su labor. Es fácil deducir que para el adiestramiento cognitivo-emocional es tremendamente beneficioso convivir con el perro para mejorar con el contacto continuado la relación intersubjetiva, contrariamente a otros sistemas que prefieren minimizar el contacto con el perro para evitar que realice malas asociaciones y conseguir que desee trabajar durante las sesiones programadas.

Un perro que entra en una situación nueva durante el adiestramiento podrá consultar a su adiestrador, y este transmitirle confianza consiguiendo que se atreva a intentar solucionar el problema. Con un aprendizaje puramente operante no se puede ni transmitir esta confianza, ni dar al perro opción de probar soluciones no aprendidas previamente. La relación intersubjetiva y la capacidad de delegar en el perro algunas decisiones son básicas para el adiestramiento cognitivo-emocional.

Un ejemplo concreto se vio en uno de los primeros perros que se examinaron del Reglamento Canino Internacional, RCI, (una modalidad de adiestramiento deportivo) habiendo sido entrenado de forma cognitivo-emocional. El perro tenía que trepar una empalizada y traer, por el mismo camino, un objeto arrojado por su guía. En la vuelta con el objeto el perro se encontró dudando si seguir el mismo camino o saltar en lugar de la empalizada otro aparato de salto que estaba al lado. Este es un problema que suele aparecer en el ejercicio, los perros adiestrados de forma clásica ante esta duda siguen uno de los dos caminos rápidamente esperando que su ejecución haya sido correcta, en muchos casos con el miedo de estar equivocándose. El perro de este ejemplo lo que hizo fue pararse entre ambos aparatos de salto con el objeto en la boca y mirar al guía esperando su ayuda, el guía hizo un leve gesto con la cabeza en la dirección correcta y el perro rápidamente tomó el camino que se le indicaba. Ese perro y ese guía jamás habían entrenado gestos para indicar al perro por dónde ir, no existía experiencia previa del perro con esa indicación, pero una afinada relación intersubjetiva hizo que el perro, al dudar, consultase, y le permitió deducir lo que significaba aquella inclinación de cabeza de su guía y atreverse a probar suerte.

José Antonio Gómez buscando transmitir tranquilidad al perro «Hello de Parayas» mientras le enseña el ejercicio de *apport*.

PSICOLOGÍA DEL PERRO, PROCESOS DE APRENDIZAJE

Aprendizaje

Es el desarrollo o cambios que tienen los esquemas mentales y consecuentemente el comportamiento del animal como resultado de experiencias y destinado a mejorar sus condiciones de supervivencia o bienestar. El perro tiene una infancia larga lo que implica gran capacidad de aprendizaje, además la neotenia mantiene alta esta capacidad toda la vida del perro.

Existen dos situaciones en que el perro varía su conducta, aparentemente por interacción con el ambiente, no siendo realmente así y no constituyendo aprendizaje:

1. Los cambios de comportamiento como consecuencia de la maduración de estructuras físicas necesarias para realizar ese comportamiento concreto. El ejemplo más claro está en los cambios conductuales del macho al alcanzar la madurez a consecuencia de la actividad hormonal.

2. Conductas que tienen un origen instintivo pero que requieren un proceso de entrenamiento para perfeccionarse y llegar a ser totalmente funcionales. Un ejemplo muy conocido y estudiado en etología es la conducta del alimoche de usar piedras para romper huevos y comer su contenido.

Vamos a ver los procesos de aprendizaje del perro agrupados desde los más simples hasta los más complejos.

Procesos básicos

Son formas de aprendizaje preasociativo que suelen ser confundidos con procesos de condicionamiento clásico.

Habituación:

Disminución o pérdida de una respuesta conductual como resultado de la exposición repetida a un estímulo desencadenante que carece de consecuencias para el animal.

Sensibilización:

Aumento de una respuesta conductual como resultado de la exposición repetida a un estímulo que tiene consecuencias para el animal.

Generalización:

Una respuesta a un estímulo es elicitada por un estímulo similar. Cuanto más parecido es el estímulo al estímulo original más semejante es la respuesta a la respuesta original.

Discriminación:

Capacidad para percibir diferencias entre estímulos similares respondiendo de forma diferente en cada caso.

Extinción:

Desaparición de una respuesta aprendida cuando el estímulo que la controla se presenta repetidamente sin refuerzos.

Recuperación espontánea:

Reaparición de una respuesta aprendida después de haber sido extinguida.

Imprinting (impronta):

Es el proceso de aprendizaje que se da aproximadamente entre las cinco y ocho semanas de vida del cachorro por el cual reconoce a su especie, y si tiene contacto con el hombre a este como intraespecífico. Un *imprinting* deficiente puede ser muy difícil de corregir y generalmente el animal siempre mostrará suspicacia hacia la especie con la que no ha sido improntada (salvo que sea la suya, lo que tiene mejor solución).

Indefensión aprendida:

Es la certidumbre de que nada de lo que se haga mejorará la situación. Se puede enseñar a un perro sometiéndole a un estímulo negativo sin darle posibilidad de gestionarlo, la aparición y cese del estímulo serán totalmente independientes de la conducta que muestre el perro. Después de un determinado número de sesiones el perro adoptará una actitud postrada y miedosa, incluso presentando micción/defecación, ante la aparición del estímulo aversivo. La imposibilidad de hacer nada para evitarlo hace que el perro reaccione a su aparición minimizando su actividad a la espera del final del estímulo, mostrando por ello incapacidad de aprender una conducta. La indefensión suele llevar a un déficit motivacional y cognitivo que inhibe la actividad teniendo efectos postrantes. Los intentos de variar su respuesta tienden a generar inicialmente un empeoramiento del estado emocional. Las situaciones prolongadas de indefensión, ya sean continuas o intermitentes, tienden a generar depresión reactiva y problemas de aprendizaje, recibiendo la información del entorno con prevención y siendo mucho más fácil que aprenda a mostrar indefensión ante nuevas situaciones.

Procesos de condicionamiento

Son formas de aprendizaje que asocian conductas con estímulos externos al organismo.

Los procesos de condicionamiento son determinantes en el aprendizaje pero no lo explican completamente. Existen dos tipos de condicionamiento:

a) *Condicionamiento clásico:*

Un estímulo neutro se acompaña de un estímulo incondicionado que provoca una respuesta incondicionada. Si se repite varias veces, al presentar sólo el estímulo neutro se producirá la respuesta que elicitaba el estímulo incondicionado, pasándose a llamar respuesta condicionada, y al estímulo neutro estímulo condicionado. Su descubrimiento por parte del fisiólogo Ivan Pavlov dio lugar a la reflexología.

El condicionamiento clásico asocia conductas involuntarias (reflejas): salivación, dilatación de la pupila... y emociones.

b) *Condicionamiento operante o instrumental:*

Cuando un comportamiento va seguido o antecedido por un hecho positivo o negativo, la realización de esa conducta puede variar. Existen cinco paradigmas que explican las formas de aprendizaje operante también llamado conductista:

- *Premio:* estímulo positivo *tras* una conducta, la aumenta.

- *Escape:* estímulo negativo *hasta* que se produce la conducta, la aumenta.

- *Evitación:* estímulo negativo *si* no se realiza una conducta, la aumenta.

- *Castigo por supresión o negativo:* estímulo positivo *hasta* que se produce la conducta, la disminuye.

- *Castigo positivo:* estímulo negativo *tras* una conducta, la inhibe.

El condicionamiento operante asocia conductas voluntarias: ir a un lugar, sentarse, ladrar...

Aplicación de los paradigmas de condicionamiento operante al adiestramiento canino

Para llevar a cabo un adiestramiento cognitivo-emocional es fundamental e imprescindible conocer y manejar los diferentes tipos de condicionamiento operante, pues no sólo constituyen una de las más importantes formas de aprendizaje del perro sino que además, y muy especialmente, es un completo lenguaje de programación que nos permite comunicarnos con el perro y transmitirle no únicamente información sino conceptos, esquemas y otros recursos necesarios para desarrollar el adiestramiento cognitivo-emocional.

Premio o recompensa

El perro al realizar una acción conveniente recibe un estímulo positivo (denominado reforzador positivo) o premio: comida, juego, relación o consecución de una meta. Tendremos un trabajo alegre y predisposición a trabajar, pero para que el trabajo sea serio y real necesitamos mucho tiempo de entreno (fuerte condicionamiento) y aun así el perro no actuará si encuentra algo más estimulante.

Raimón Gabarró premiando a «Laila de Alvaraziz», cachorro de cuatro meses.

Aplicamos estímulos positivos al perro tras la aparición de la conducta deseada. Aumenta la aparición de la conducta. El perro actúa en estado de esperanza. Usamos cuatro tipos de premio:

- Juego con pelota o algún tipo de mordedor: instinto de caza. Excita al perro. En las primeras fases del adiestramiento esta excitación lo puede sacar del trabajo. Se usa para animar al perro.

- Comida: concentra al perro amortiguando la percepción de los otros estímulos exteriores. Se usa para fijar la atención del perro en el trabajo. Muy útil en fases iniciales.

- Relación: consolida la relación perro guía y el vínculo jerárquico entre ambos mejorando la actitud en el trabajo. Mantiene al perro en el trabajo mientras los otros refuerzos lo sacan de él. Es modulable, sirve tanto para activar al perro como para tranquilizarle según nos mostremos de activos o relajados. Para premiar de esta forma hemos de tener ya consolidada una relación positiva con el perro.

- Realización de actividades favoritas: cualquier actividad favorita, aquellas que el perro realiza de forma espontánea y positiva, puede utilizarse como recompensa. Para ello basta con solicitar la acción que queremos reforzar antes de la actividad favorita. Este premio debe usarse para recompensar acciones ya conocidas no para enseñar nuevas. Si iniciamos el aprendizaje recompensando con actividades favoritas el perro aprenderá a concentrarse en su meta recibiendo peor nuestras indicaciones. Es muy práctico para mejorar la actitud del perro ante ejercicios que por algún motivo le generan aprensión.

Escape

Aplicamos (desvinculado del guía) estímulos negativos (denominados reforzadores negativos, pues refuerzan la conducta) al perro hasta que realiza la conducta solicitada. Aumenta la aparición de la conducta deseada. El perro actúa en estado de estrés.

Da como resultado trabajos muy precisos y con mucha actitud. Es muy difícil de aplicar correctamente y hay perros que no lo toleran, afectando fuertemente a su estado emocional.

Generan mucho estrés en el perro y no resultan prácticos para trabajos en los que sea fácil que el perro encuentre otras formas de cesar el estímulo (por ejemplo, escaparse).

Con este trabajo si lo deseamos podemos introducir el comando después de haber enseñado la acción (evitando así que si surge algún problema quede asociado al comando).

El perro no tiene una buena relación con el trabajo.

Evitación

Ante una señal del guía el perro realiza una conducta para evitar la aparición de un estímulo aversivo y escapar de un estado emocional negativo. La evitación implica generación de expectativas y anticipación por parte del perro, por ello el trabajo de evitación tiene fuertes componentes cognitivos[5]. El trabajo de evitación permite conseguir una ejecución rápida y precisa. Para un buen trabajo de evitación debemos tener en cuenta lo siguiente:

- El perro no debe asociar el estímulo aversivo al guía, si lo hace generará un estado emocional negativo siempre que este aparezca.

- Para condicionar una conducta por evitación la intensidad del estímulo negativo en las fases iniciales debe ser baja, intensidades demasiado altas producen un exceso de respuestas competitivas[6] que trastornan el aprendizaje.

- Contrariamente a otros tipos de condicionamiento las acciones entrenadas por evitación mejoran cuanto más tiempo pasa entre la señal y el estímulo negativo (hasta un límite).

- El trabajo de evitación es más eficaz y la respuesta más rápida cuando aumenta el lapso entre sesiones de trabajo hasta llegar a un límite a partir del cual la respuesta se ralentiza y empeora.

Castigo por supresión o negativo

Consiste en cesar un estímulo positivo presente cuando el perro no actúa como deseamos produciendo con ello una disminución de la conducta castigada.

En muchas ocasiones es imposible trabajar eliminando el estímulo positivo, siendo usual esta limitación en el adiestramiento. Por suerte el cas-

---

[5] Teoría de los dos factores de Mowrer.
[6] Cuando el perro intenta dar simultáneamente varias respuestas diferentes para solucionar un mismo problema.

tigo por supresión tiene variantes cuya aplicación es más cómoda y práctica:

- Aislamiento o *time out:* es la forma más usual y fácil de aplicar, cuando el perro se encuentra en una situación positiva y realiza la conducta indeseable le sacamos de dicha situación, normalmente guardándole en la jaula o perrera[7]. Bien aplicado y en perros sensibles es sumamente útil no sólo para corregir el trabajo del perro, sino para interesarle en este sin afectar en absoluto (todo lo contrario) la relación con el guía.

Este procedimiento tiene resultados más rápidos y mejores que otras formas de castigo.

- Saciación: muchos estímulos son positivos sólo hasta cierto nivel pero una vez rebasado este empiezan a negativizarse. Cuando el perro realiza la acción indebida podemos subir la intensidad del estímulo positivo hasta que pase a ser negativo. Ir a bailar puede ser muy divertido pero si te obligan a hacerlo durante horas y horas llega a resultar insoportable.

Castigo positivo

El castigo positivo es lo que coloquialmente conocemos como castigo: consiste en aplicar un estímulo negativo (denominado también punitivo) al perro después de que realiza una acción indebida. El castigo reduce la aparición de la conducta castigada.

La constancia en el empleo del castigo positivo es más importante que al aplicar otras formas de condicionamiento operante; un uso irregular (castigar unas veces sí y otras no) hace que el castigo pierda su eficacia.

El perro debe asociar el castigo a la acción realizada. El resultado es un condicionamiento aversivo en que el perro elude la circunstancia en que es castigado (por ejemplo, rechazo de alimento). La aplicación del castigo positivo será más eficaz cuanto más sorprendente y repentina resulte.

El trabajo resulta menos preciso que en el escape o la evitación (el perro encuentra márgenes de tolerancia) y con menor actitud.

---

[7] En perros que no disfrutan trabajando (exceso de castigo, trabajo en escape) el terminar la sesión puede resultar un refuerzo y debe usarse como tal cesando la sesión cuando realice correctamente algún ejercicio (por ejemplo: *apport* forzado).

Principio de encadenamiento

El principio de encadenamiento del condicionamiento instrumental postula que las conductas complejas no se aprenden de una sola vez sino progresivamente por aproximaciones sucesivas. Cuando no aparece una determinada conducta podemos moldearla reforzando aquella conducta más parecida a la que deseamos de entre las que el perro muestra, para después reforzar conductas progresivamente más cercanas a la buscada hasta que esta aparece. Se usa como iniciación en perros tozudos, para evitar imprimir autoridad en órdenes de sumisión como el TUMBADO o para alcanzar objetivos difíciles de entender por el perro.

El encadenamiento también nos permite unir varias conductas en una secuencia compleja donde realizar cada conducta de la secuencia es un estímulo discriminativo, una señal, para iniciar la siguiente y un refuerzo de la anterior. Esto es particularmente interesante para enseñar al perro largas secuencias de trabajo que deben realizarse de seguido y, en su aplicación práctica, no pueden ser reforzadas en cada parte. Un ejemplo sería un perro de asistencia que tuviera que abrir un cajón, coger un objeto del cajón, cerrarlo, llevarle el objeto al usuario y entregárselo. En vida cotidiana sólo podríamos dar un premio al final de la secuencia pero si hemos encadenado cada acción el perro reforzará la acción de abrir el cajón al coger el objeto que a la vez es la señal de que debe cerrar el cajón, cerrar el cajón refuerza haber cogido el objeto y es la señal de llevar el objeto al usuario, llevar el objeto al usuario es la señal de que debe dárselo (normalmente asociado también a un comando) y refuerza haber cerrado el cajón, dar el objeto al usuario refuerza todo el trabajo anterior al ser premiado por el usuario. Toda la secuencia permite al perro acceder al reforzador primario que es el premio que le damos, por eso ir ejecutándola correctamente va dándole al perro refuerzos secundarios al «ver» que consigue llegar al paso final.

Procesos cognitivos

Conocer los procesos cognitivos del perro es una valiosa herramienta de trabajo pero de uso difícil debido a que no son directamente observables como sucede en los procesos de condicionamiento; los procesos cognitivos deben ser inferidos. El conocer cómo y por qué nuestras acciones varían la conducta del perro es imprescindible para saber variar el uso de estos recursos en los diferentes casos, evitando el nefasto método de la prueba y el error que sólo sirve para acumular inseguridades en el perro. La capacidad de analizar el perro concreto, el trabajo concreto,

«Bandit» despertando a Elsebeth Sexton al sonar el despertador durante el Seminario de Perros de Señal para Sordos organizado por C & R EDUCAN.

el entorno concreto y determinar el uso de unos recursos concretos acelera y mejora el resultado final así como la capacidad del profesional para confiar en sí mismo.

Generación de expectativas

Generar y alargar expectativas es un recurso poco conocido de adiestramiento, pero bien utilizado resulta muy eficaz para mejorar el rendimiento del perro y trabajar problemas de conducta.

La expectativa es la previsión que muestra el perro sobre la tarea que va a demandársele en base a experiencias previas similares. La expectativa tiene una serie de efectos positivos (la mayoría) y negativos para el perro:

- Positivos:

    a) Reduce el ámbito de atención por lo que...

    b) ...Facilita la concentración

Generación de expectativas de premio. Raimón Gabarró mueve las manos como si fuera a sacar un premio, lo que mantiene atenta a «Laila de Alvaraziz».

   c) Sostiene la atención

   d) Alerta al perro de que puede producirse algo de su interés

   e) Mantiene o aumenta la confianza

- Negativos (generalmente al frustrarse la expectativa):

   a) Dificultad para reorientar la atención

   b) Lentitud en iniciar una conducta no prevista

   c) Mala recepción de estímulos no previstos

Podemos aumentar progresivamente el tiempo que el perro permanece expectante, con esto se alarga también el tiempo desde que el perro realiza una acción hasta que un premio o castigo influyen en dicha acción.

Alargando mucho la expectativa del perro —esto se logra dándole leves indicios de que su previsión es correcta (por ejemplo, si espera comida por sentarse acercando la mano al bolsillo)— la concentración tiende a languidecer, usándose este proceso para gestionar problemas relacionados con la ansiedad o el estrés (¡ojo, una frustración brusca de una expectativa genera más estrés y suele ser el origen de muchos problemas de ansiedad por separación!).

También sirve para evitar la atención del perro a estímulos que no deseamos que reciba.

La posibilidad de generar expectativas en el perro nos permitirá hacer buenos trabajos de guía o movilidad donde el perro debe evaluar las situaciones, en general suele facilitar la proactividad.

Problemas derivados de una fuerte expectativa son la dificultad de concentrar al perro en otro trabajo y puede distorsionar su percepción de nuestras señales. En adiestramiento deportivo es habitual oír cómo los competidores han sacado bajas puntuaciones en la disciplina de obediencia porque el perro «creía que iba a hacer a defensa».

Jerarquía de la percepción: fondo y figura

Continuamente estamos sometidos, nosotros y también los perros, a un bombardeo de estímulos que tenemos que diferenciar y jerarquizar, sin hacerlo nos sería imposible procesar tanta información. Existen diferentes escuelas que diferencian múltiples planos de atención y grados en la percepción de los estímulos. Nosotros por comodidad vamos a analizar la percepción del perro reduciéndola a dos únicos planos[8]: Figuras sobre las que concentra la atención y fondos que percibe de forma atenuada.

La figura es definida y tiene entidad, el fondo es difuso y sólo tiene presencia.

La figura se asocia más fácilmente con estímulos que el fondo y tiene mayor relevancia en aprendizaje y conducta.

Variar las relaciones de fondo y figura modifica la relación del perro con su entorno.

Si podemos elegir qué percibirá el perro como figura facilitaremos y aumentaremos su atención sobre elementos de interés para el adiestramiento (obstáculos, bordillos...).

Por el contrario, relegando al fondo las figuras indeseables (las que producen en el perro una respuesta exagerada o inadecuada) evitaremos que se altere su conducta (por ejemplo, impidiendo que un perro guía note un suculento pastel caído en la calle evitamos la distracción de la labor de guía).

Las dos formas de relegar al fondo una figura indeseable son la generación de expectativas en otra figura a la que no se puede atender simultáneamente y generando ruido ambiental para impedir la concentración del perro en la figura indeseable.

Denominamos ruido ambiental a todo estímulo perteneciente al fondo que afecte a la atención en las figuras sin ser una de ellas.

La técnica más fácil de generar ruido en el adiestramiento es una larga sucesión sin ritmo fijo de tirones secos muy pequeños con un collar de ahogo. Estos tironcitos (que no deben tener un efecto de castigo) dificultan enormemente la concentración del perro.

Utilizando estas técnicas es posible eludir situaciones conflictivas y habituar al perro a figuras indeseables con gran practicidad en la mejora de la concentración y la corrección de fobias y otras conductas emocionales (agresividad, alegría descontrolada...).

---

[8] Teniendo en cuenta que esto es una convención que adoptamos por el carácter práctico del libro y no entendiendo en modo alguno que defendemos u opinamos que esta sea la división real de la atención del perro.

Intención

La intención es la disposición voluntaria a tomar determinado rumbo de acción. Es posible premiar o castigar intenciones para influir la conducta del perro, si bien resulta muy difícil percibir y valorar la intención.

El momento de trabajar (ya sea premiando o castigando) sobre una intención es cuando esta indica un posible cambio de estrategia del perro.

La intención parece un proceso más difícil de reconocer sobre el papel de lo que lo es en la práctica. Todo el que ha tenido un perro, no digo ya quien lo haya adiestrado, sabe reconocer múltiples intenciones, normalmente hacia rumbos de acción relevantes en ese perro: la intención de escaparse de un perro fuguista, la de agredir en perros agresivos, la de «robar» un juguete...

Para mejorar nuestra capacidad de reconocer intenciones en nuestro perro es importante tener una buena relación intersubjetiva para que nos sea cada vez más fácil reconocer sus señales.

Un ejemplo de castigo de la intención podría ser un perro que trabaja RCI, en este reglamento deportivo existe un ejercicio donde el perro ha de ladrar al hombre de ataque o figurante sin tocarle. Si tenemos un perro que hace este ejercicio impecablemente y un día muestra intención de «picar»[9] podemos castigarle, pues hay una disposición voluntaria de cambiar su rumbo de acción correcto a otro incorrecto. El perro todavía no ha hecho nada que esté mal, pero está procesando la posibilidad de hacerlo, y el castigo corta esa iniciativa. Desde un punto de vista estrictamente conductista esto no puede funcionar pues castigamos al perro mientras aún actúa correctamente, sin embargo hasta el adiestrador más conductista conoce de forma intuitiva esta realidad y ha actuado de forma equivalente en más de una ocasión.

El aprovechamiento de la intención en adiestramiento no es nuevo pero hasta ahora, al hacerse de forma intuitiva, estaba muy limitado y dependía en gran medida de la experiencia y sensibilidad del adiestrador. Ahora, al saber cuál es el proceso que buscamos y tratar activamente de reconocerlo, necesitaremos una cantidad de experiencia menor para conseguirlo y podremos aplicarlo en más ocasiones que si es una especie de conocimiento inconsciente que no sabemos muy bien cómo o por qué funciona.

---

[9] Coloquialmente se llama «picar» a la acción del perro de dar pequeños mordiscos a la manga de protección.

Solución de problemas

La solución de problemas es el proceso cognitivo que busca cambiar una situación no deseada a otra deseada cuando no existe una forma evidente de hacerlo. Este proceso cognitivo es autosatisfactorio y el encontrar la solución (o una solución) a un problema genera una sensación de bienestar y satisfacción independientemente de los beneficios obtenidos por ello. Es el principio en que se basan los pasatiempos para las personas o los juguetes interactivos de los perros.

El proceso de solución de problemas es interno, implica usar los datos que el perro tiene en su memoria de forma innovadora con intención de obtener la meta deseada.

La forma de solucionar un problema variará según las capacidades del perro, su formación previa y la costumbre de solucionar problemas que tenga. Un perro menos inteligente pero con una mayor cantidad de datos puede solucionar un problema tan rápido o más que otro de mayor capacidad pero que no disponga de los mismos datos. En el proceso de solución de problemas podemos suplir las limitaciones en un punto con mejoras de los otros, por ello desde un principio debemos plantearnos el adiestramiento como un entrenamiento global de inteligencia, adquisición de conocimientos y aplicación de destrezas.

Los niveles de motivación y emoción afectarán a la capacidad de solucionar problemas; niveles muy altos en estos parámetros implican respuestas impulsivas, incapacidad para analizar correctamente la información e incapacidad también para diseñar estrategias de solución. Por el contrario, niveles demasiado bajos harán que no exista incentivo para buscar solución y no activarán el proceso de interés endógeno en la búsqueda de solución.

Lo más adecuado es mantener al perro en niveles motivacionales y emocionales medios, medio-altos cuando trabajemos solución de problemas.

Podemos plantear la solución de problemas en el perro como un procedimiento TOTE[10] *(Test-Operate-Test-Exit)*, donde el perro primero evalúa la situación para ver las diferencias entre la situación de inicio y la deseada *(Test)*, después aplica un operador *(Operate)*, que puede ser una

---

[10] La estrategia TOTE fue desarrollada por Miller, Galanter y Pribram en su trabajo *Plans and structure of behavior*, New York: Holt, y facilitó el desarrollo posterior de Nevell y Simon de la estrategia medios-fines para solucionar problemas. Herbert Simon obtuvo el premio Nobel en 1978.

acción o varias encadenadas, y luego evalúa nuevamente la situación *(Test)* para ver si con su acción ha conseguido llegar a la situación adecuada; si lo ha conseguido *(Exit)* el problema está resuelto, si no es así aplica otro operador y evalúa de nuevo hasta alcanzar la solución. Tomando este modelo de solución de problemas, la confirmación y el NO informativo pueden ser indicadores de haber solucionado o no el problema cuando esta solución no resulta explícita. Por ejemplo, si un perro quiere conseguir coger comida de un mueble alto fácilmente verá si las estrategias que emplee son efectivas: si consigue la comida el operador aplicado ha solucionado el problema, si no la consigue debe aplicar otro operador. Pero si queremos enseñar a un perro a permanecer quieto, ¿cómo sabe el perro cuándo ha resuelto el problema exactamente? Aquí los indicadores de solución deben ser dados por el guía: para ello bastará con confirmar, premiando si es preciso, cuando acierte y usar el NO informativo cuando falle. El NO informativo es fundamental en el trabajo cognitivo; es una indicación de actuación incorrecta que no debe ser castigante ni mostrar enfado del guía.

El sistema TOTE ha sido empleado meticulosamente por Bruce Johnston para analizar la forma de aprender destrezas de guía en perros-guía.

Para la solución de problemas existen dos planteamientos mentales:

Planteamiento reproductivo: El perro aplica a un problema nuevo procedimientos de solución que ya tiene, modificándolos, uniendo varios o aplicándolos sólo parcialmente. Un ejemplo de esto podría ser un perro-guía que aprende a rodear obstáculos verticales (señales de tráfico, árboles...) y al encontrarse un gran charco en su labor de guía aplica este procedimiento y lo rodea. El planteamiento reproductivo es el que más usaremos en adiestramiento pues normalmente nos importará tanto o más que el perro solucione de una forma determinada el problema como el hecho de que lo solucione o no. En el ejemplo anterior una solución no reproductiva sería saltar sobre el charco, soluciona el problema de pasar el charco sin pisarlo, pero no es aplicable a la labor de guía pues arrastraría y tiraría a su usuario al hacerlo.

Planteamiento productivo: El perro deduce una solución nueva ante un problema nuevo. Lo usaremos principalmente para potenciar la inteligencia y entrenar la capacidad de solucionar problemas, aquí no nos importa qué solución dé el perro sino el hecho de que solucione. El pensamiento productivo (y el aprendizaje de conceptos) en animales se entiende claramente en el comando «haz algo nuevo» que se enseña frecuentemente en el adiestramiento de cetáceos; ante dicho comando el cetáceo debe ejecutar una acción nueva no conocida previamente. Este trabajo también se ha llevado a cabo en perros.

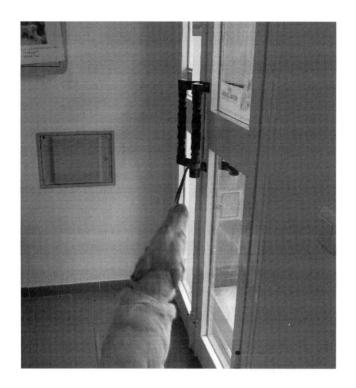

Ver pie de fotos en página siguiente.

El proceso normal que se enseña para abrir una puerta a un perro de asistencia es usando un tirador como hace «Ula», adiestrada por Juan Félix Martínez, pero si la puerta está entreabierta el perro puede optar por una solución creativa más fácil, como hace «Nano», adiestrado por Victoria Álvaro. Lo importante es solucionar el problema.

Influencia de la experiencia en la solución de problemas

Existen una serie de fenómenos psicológicos que explican cómo las experiencias previas del perro afectan a su forma de solucionar problemas. El principal es la habituación: al trabajar mucho un determinado tipo de problema se acumula experiencia en solucionar ese tipo de problema de una forma determinada. El perro aplica automáticamente la estrategia que ya conoce, aunque existan otras más fáciles o adecuadas.

Un ejemplo sería un perro de rescate que habitualmente use el olfato para localizar a las víctimas, podría darse el caso de que un día teniendo una víctima a la vista no utilizara este recurso, más fácil y económico, y siguiera venteando hasta localizar su olor.

La habituación permite solucionar un problema más rápidamente pero dificulta o imposibilita descubrir formas alternativas de solución.

Cuando un proceso se automatiza completamente el problema deja de serlo, esto sucede con la práctica exitosa continuada, y en muchos casos es necesario para la funcionalidad del adiestramiento (por ejemplo, perros de asistencia). El perro controla la situación entrenada, tiene seguridad en poder resolverla y procedimientos establecidos para hacerlo. Ha adquirido la categoría de experto en ese área.

Fijeza funcional

En perros no acostumbrados a resolver problemas y particularmente en los sometidos a adiestramientos con técnicas puramente conductistas aparece frecuentemente la incapacidad de usar sus habilidades en tareas que no sean las habituales. Un perro-guía enseñado mecánicamente a rodear objetos puede no plantearse ante un charco utilizar esa acción porque está fijada a los objetos-tipo del entreno (farolas, árboles...). La forma de evitar esto es no mecanizando acciones sino buscando la comprensión de dichas acciones, enseñando al perro conceptos.

Discernimiento

En contra de la idea conductista de que los problemas se resuelven por ensayo y error se sabe hoy que existe una reestructuración interna y reflexiva de los elementos del problema. No es un aprendizaje súbito sino el encaje mental de piezas necesario para dar una solución al problema donde el perro da una solución creativa y aparentemente no deducible con la información que tiene.

Incubación

Frecuentemente sucede que un perro, frente a un problema que no puede solucionar, empiece a repetir una y otra vez una respuesta incorrecta pese a que le indiquemos que se equivoca. Esto es debido a que, ante el estrés de la situación y al no encontrar respuestas nuevas, el perro entra en un pensamiento circular. Si esto pasa se bloquean las capacidades del perro para dar una nueva solución y se produce un fuerte agotamiento mental.

Debemos abandonar el trabajo o realizar ejercicios diferentes, fáciles y positivos.

Al enfrentar de nuevo al perro con el problema puede sorprendernos encontrando una solución correcta con facilidad: esto es lo que se denomina incubación.

No se sabe muy bien cómo funciona la incubación, pero parece deberse a la actividad cerebral durante el descanso y a la interrupción del pensamiento circular.

Toma de decisiones

Tomar decisiones es un proceso cognitivo en el que no sólo pesa el conocimiento del problema o situación en que el perro haya de decidir. Existen varios factores que influirán en qué decisión tomar.

El primero, como ya indicábamos antes, es la capacidad del perro de solucionar el problema o situación planteado; de no poder llegar a una solución puede bloquearse o intentar reducir el problema dándonos una respuesta a otro problema que conozca y haya sabido resolver.

Lo segundo que influye de forma determinante a la hora de tomar una decisión es la lógica práctica.

La lógica práctica es el compendio de las normas de actuación[11] que el perro ha inferido de su interacción con el entorno pero que no han sido probadas de forma genérica, esto es: que no han sido probadas para todos los casos posibles. Estas normas no son enteramente fiables sino probables, pudiendo ser incorrectas en determinados casos. Pero son muy importantes a la hora de tomar decisiones. Por ejemplo: todos los que viven en una ciudad saben, por lógica práctica, que se debe cerrar el coche al dejarlo estacionado. Es frecuente que quienes tienen esta norma de lógica práctica sigan cerrando el coche cuando aparcan dentro de una casa de campo aunque sea un sitio totalmente seguro; un análisis de la situación nos mostraría que esto es una pérdida de tiempo, pero ni siquiera pensamos en ello, la lógica práctica nos hace cerrarlo. La norma de cerrar siempre el coche es útil en la mayoría de los casos pero no en todos.

En el perro sucede lo mismo y estas normas van a ser fundamentales en las decisiones que tome. La utilidad de la lógica práctica es diseñar una norma de actuación allí donde no existe la posibilidad de hacer un análisis silogístico completo.

Cuando las normas de la lógica práctica se hacen rígidas e inmutables se convierten en prejuicios que limitan la actuación del perro. Por ejemplo: si un perro ha tenido malas experiencias con personas que llevan ga-

---

[11] Estas normas de actuación de la lógica práctica se llaman «heurísticos».

bardina la lógica práctica le dirá que al encontrar a alguien con gabardina debe enfocar la atención en la posibilidad de que esa persona le
agreda, pero si en un tiempo razonable la persona no muestra indicios
de ser peligrosa el nivel de alerta del perro ha de disminuir, debe poder
recibir esa información de la falta de peligrosidad de la persona. Si esto
no sucede y el perro mantiene la atención a las señales de peligro la lógica práctica ha pasado a ser un prejuicio, hemos pasado de una norma
útil para la seguridad del perro, ojo a la gente con gabardina: puede ser
peligrosa, a una actitud cerrada, toda la gente con gabardina siempre es
peligrosa. El que una norma de lógica práctica devenga en prejuicio
dependerá de la calidad y cantidad de las experiencias del perro, de la actuación del guía fomentando o no las normas de lógica práctica que el
perro vaya formándose y de la sensibilidad del perro para que el número
y/o intensidad de las vivencias le afecte.

El tercer factor fundamental en la toma de decisiones es la capacidad
del perro de afrontar el fracaso, existen perros que se ven tan afectados
por el fracaso que prefieren no intentar solucionar un problema, aunque
sea fácil. Normalmente el miedo al fracaso se da por dos motivos: el perro se ve enfrentado a demasiados problemas que no consigue resolver:
hemos dicho que solucionar un problema es autosatisfactorio, pero
como contrapartida no solucionarlo genera una insatisfacción endógena.
Si damos al perro demasiados problemas irresolubles esta insatisfacción
generará displacer ante la idea de trabajar e irá inhibiendo la actuación
del perro. Cuando enfrentamos a un perro con un problema debe poder
superarlo en la gran mayoría de las ocasiones, esto le volverá proactivo e
interesado en el proceso de aprendizaje.

El otro motivo por el que un perro adquiere miedo al fracaso es por
la relación con su guía: si este es demasiado autoritario o castiga al perro
por equivocarse (los errores se corrigen, sólo la desobediencia se castiga),
el perro puede considerar que no es conveniente aventurar una determinada conducta que no es perfectamente conocida y correcta. La autoridad puede emplearse (en un perro ya formado) para exigir al perro
que no abandone la búsqueda de una solución[12], pero no para que solucione, si el perro entiende esto último el miedo al fracaso bloqueará su
capacidad de actuación.

Por supuesto las emociones y motivaciones muy fuertes pueden hacer
que el perro varíe la decisión que tomaría en un estado más sereno.

---

[12] Por supuesto mientras le sea posible, si entra en acciones circulares o se agota el perro no debe continuar.

Formación de conceptos

Un concepto es el conjunto imprescindible de características o atributos de un objeto o fenómeno para pertenecer a una misma categoría de clasificación.

Por ejemplo, si un animal es vertebrado, vive bajo el agua, nada y respira por branquias es un pez.

El concepto PEZ está definido por esas características: animal, vertebrado, vive bajo el agua, nada y respira por branquias.

Los conceptos nos permiten, usando una pequeña capacidad de memoria, entender y dar respuesta a gran variedad de fenómenos y situaciones sin tener que memorizar las características individuales de cada uno de ellos.

Si nos presentan a un animal y conocemos el concepto PEZ podremos clasificarlo correctamente aunque las apariencias no sean claras: un delfín parece un pez pero al no cumplir la premisa de respirar por branquias sabemos que no lo es. Por el contrario, un caballito de mar aparentemente no es un pez pero cumple todos los requisitos del concepto y sabemos por esto que efectivamente lo es. Si tuviéramos que conocer todas y cada una de las especies marinas para saber si son o no peces nuestra capacidad de memoria se vería abrumada. Los conceptos son el conjunto mínimo de requisitos para pertenecer a una categoría determinada y son herramientas de análisis al encontrarnos en situaciones nuevas o comprometidas.

Antes poníamos el ejemplo del perro-guía que enseñado a rodear obstáculos verticales usaba este conocimiento para rodear un charco. El perro está aprendiendo el concepto de obstáculo: algo que imposibilita o dificulta continuar el recorrido de guía establecido. Si desde el principio buscamos enseñarle este concepto y el procedimiento a seguir ante un obstáculo nos ahorraremos tener que enseñarle uno por uno todos los obstáculos que pueda encontrar, lo que además es prácticamente imposible. Si el perro comprende el concepto OBSTÁCULO lo aplicará ante aquellas situaciones que cubran las características de obstáculo, aún cuando nunca haya visto el obstáculo concreto que se le presente.

Existen dos fases en la formación de conceptos:

1. Fase de adquisición del concepto: La base de la adquisición de conceptos es la discriminación de esas características necesarias de entre todas las características que muestra un objeto, fenómeno

o situación. Para ello mostramos al perro objetos o situaciones diferentes pero pertenecientes al concepto que queremos enseñar,confirmándole cuando actúa de acuerdo al concepto común, esto se simultanea con la presentación de objetos o situaciones similares al concepto que deseamos enseñar pero que no cumplen una o más de las características necesarias para pertenecer al concepto: si actúa como si perteneciesen al concepto le informamos que se ha equivocado, bien mediante la no confirmación, bien mediante el NO informativo.

Por ejemplo, dos conceptos diferentes pero similares que debe aprender el perro de asistencia a parapléjicos: recoger cualquier objeto que se le cae al dueño y traer un objeto determinado asociado a un comando, como el teléfono.

En el primer caso usamos el comando COGE, por ejemplo. Los atributos del concepto de COGE para el perro deben ser: buscar cerca de su usuario un objeto cualquiera en el suelo, cogerlo con la boca, llevarlo hasta él y entregárselo.

En el segundo caso el comando TELÉFONO tiene como atributos: buscar en un sitio determinado (donde el usuario tenga el teléfono habitualmente) un objeto determinado (el teléfono), cogerlo con la boca, llevárselo y entregarlo.

Cuando enseñamos COGE dejamos caer varios objetos y le pedimos al perro que los traiga, si lo hace le confirmamos y premiamos. Para que distinga que son objetos que están en el suelo y cercanos a su usuario de vez en cuando ponemos uno de los objetos que ya ha traído en una mesa cercana y dejamos caer uno nuevo y desconocido, si el perro intenta coger el de la mesa le indicamos que se equivoca con un NO informativo, así aprende que la cercanía al usuario y estar en el suelo son atributos necesarios del concepto COGE.

Cuando enseñamos TELÉFONO en cambio colocamos siempre el teléfono en su sitio y podemos interponer en su camino otros objetos que habitualmente traiga indicándole su actuación incorrecta si los coge; también pondremos objetos equívocos en el lugar donde esta situado el teléfono, si los coge actuaremos de la forma explicada anteriormente. El perro aprenderá que las características del concepto TELÉFONO son un sitio concreto, un objeto concreto, cogerlo con la boca y llevar y entregarlo a su usuario, discriminándolo de otros objetos que cumplan algunas de estas características (por ejemplo, estar en la mesita del teléfono) pero no todas.

Para aprender el concepto «apport» se enseña al perro a discriminarlo y elegirlo entre varios objetos apetecibles. En la fotografía «Ibo V. Dichterviertel», RCI II. Guía: Carlos Alfonso López.

2. Fase de aplicación o evaluación del concepto: Ponemos al perro en una situación que debe resolver aplicando el concepto enseñado, el objeto es evaluar la comprensión de dicho concepto, intentamos probar si conoce cada uno de los atributos necesarios. Si los conoce, lo que demuestra resolviendo las situaciones que presenta el adiestrador, el concepto está aprendido.

El problema de la evaluación del aprendizaje de conceptos es que la selección de situaciones está en manos del adiestrador y puede que el perro haya realizado un aprendizaje incorrecto pero que no lo percibamos porque las situaciones que planteemos no muestren el problema. El adiestrador debe inferir el aprendizaje del concepto de lo que el perro muestre en las situaciones de evaluación pues realmente no «ve» la comprensión del concepto, la deduce de la conducta adoptada por el perro. Es fácil que nuestra planificación de situaciones deje de evaluar alguno de los atributos del concepto, por tanto la destreza del adiestrador estará en saber definir y exponer al perro a situaciones de evaluación donde aparezcan todas y cada una de las características que forman el concepto.

Un ejemplo de esta dificultad sucedió al empezar a aplicar el adiestramiento cognitivo-emocional al adiestramiento deportivo; varios adiestradores diseñamos una nueva forma de enseñar el ejercicio de JUNTO donde el perro debe andar al lado izquierdo del guía, a su paso, muy cerca y atento a él. Al principio nuestros resultados eran impresionantes; no se necesitaba mantenimiento ni estímulos externos positivos o negativos para mantener la eficacia del ejercicio. Empezamos a evaluar el aprendizaje del concepto y todo parecía correcto hasta que hicimos que una persona se pusiera al lado del perro y le ofreciera de forma entusiasta su juguete preferido; el perro, para evitar la tentación, se cambió al lado derecho del guía interponiendo así a este entre él (el perro) y el tentador, aparte de este cambio de lado el perro siguió ejecutando perfectamente el ejercicio: había aprendido todos los atributos del JUNTO excepto que el lado correcto era sólo el izquierdo. Este ejemplo no sólo ilustra la dificultad de enseñar y evaluar la comprensión de conceptos sino también, y muy especialmente, los nuevos problemas que derivan del adiestramiento cognitivo-emocional. Este problema no se hubiera dado con un entrenamiento conductista, pero probablemente tampoco el perro hubiera mantenido su conducta de JUNTO durante meses sin usar collar ni correa de ningún tipo, ni juguetes o premios de comida.

Inteligencia

La inteligencia del perro es su capacidad de recibir y utilizar información para llegar a conclusiones así como de gestionar sus emociones de forma útil para su interacción con el entorno.

La inteligencia en el perro tiene dos dimensiones: la cognitiva y la emocional. Analizaremos cada una de estas dimensiones por separado:

Inteligencia cognitiva: es la capacidad del perro de conectar informaciones para llegar a conclusiones correctas. Cuantos menos datos necesite para concluir y más lejanos sean estos, tanto entre sí como del núcleo del problema, más inteligencia cognitiva tendrá el perro.

Podríamos comparar la inteligencia cognitiva a la habilidad para resolver puzzles: primero se tiene que conocer cómo encajan las piezas (es-

Uno de los posibles escalones para que el perro comprenda el concepto de JUNTO: al despistarse el perro, el guía se escapa en lugar de ayudarle a corregirse mediante una correa. Perro: «Duna de Malaespina», RCI I, guía: Javier Moral.

quemas, conceptos...), cuantas menos piezas necesita alguien para ver la figura del puzzle más inteligente es. También es importante si esas piezas son cercanas o no entre sí y si forman parte del núcleo de la figura, por ejemplo: si tenemos la torre Eiffel no es lo mismo ver la figura final con cuatro piezas de la cúspide de la torre que además encajen entre sí, que teniendo cuatro piezas, una de cada esquina del puzzle y con trozos de cielo y suelo representados en ellas.

Inteligencia emocional: la dimensión emocional de la inteligencia ha sido obviada hasta hace muy poco. Hoy se sabe que la emoción es necesaria para la existencia misma de la inteligencia útil (la que es adaptativa y nos permite integrarnos en nuestro entorno y aprovechar sus posibilidades), de hecho este es uno de los principales problemas para los investigadores de IA[13]. La neurofisiología ha demostrado concluyentemente cómo el proceso de toma de decisiones se deteriora cuando se lesiona la parte del cerebro que controla la emoción pese a continuar intactas las capacidades cognitivas del sujeto[14].

La capacidad de gestionar cargas emocionales durante el desarrollo de una actividad, especialmente de una actividad que requiera el uso de la inteligencia cognitiva, determina la inteligencia emocional. No debemos equivocarnos y suponer que gestionar es resistir esas cargas sin que afecten a nuestro pensamiento, esa es una visión exclusivamente cognitiva de la inteligencia donde el más inteligente es el que menos intensamente siente y es capaz de actuar con la frialdad de un ordenador, una especie de Mr. Spock. La gestión emocional implica integrar y aprovechar la emoción para ayudarnos a concluir correctamente si esto es posible, y si no lo es convivir con ella (la emoción) variando o retrasando su expresión a la forma y momento oportunos.

Siguiendo el ejemplo del puzzle supongamos que tenemos un grupo de personas capaces de ver la figura final de un puzzle de mil piezas con una media de ocho piezas relativamente alejadas entre sí. Esta es una media ciertamente extraordinaria. Supongamos que les proponemos lo siguiente: si resuelven un puzzle de mil piezas con menos de dieciséis piezas recibirán el doble de su sueldo anual, si no lo resuelven con esas dieciséis piezas perderán su empleo. Aquí la dimensión emocional de la inteligencia cobra protagonismo ya desde el planteamiento ante el reto;

---

[13] Inteligencia artificial.
[14] En este sentido es modélico el trabajo de Antonio Damasio, universidad de Iowa, sobre el deterioro del proceso de toma de decisiones en pacientes con las conexiones entre la amígdala y el lóbulo prefrontal lesionadas. Córtex prefrontal: Antonio Damasio, *Descarte's Error: Emotion, Reason and the Human Brain.* Nueva York, Grosset/Putman, 1994.

se puede plantear en positivo: tengo un margen del 100% de piezas sobre mi media por lo que esta es una ocasión de ganar un buen dinero. O
en negativo: me estoy jugando mi futuro y el de mi familia en un juego
donde siempre puedo fallar.

El factor emoción es determinante, estadísticamente veríamos que el
grupo que lo ve en positivo mejoraría su media de solución, la emoción
ha sido un acicate que mejora su inteligencia. El grupo que lo ve en negativo empeorará su media e incluso en algunos casos no conseguirán resolver, la emoción ha sido un obstáculo, un freno que ha empeorado su
inteligencia.

Existiría un tercer grupo formado por elementos de ambos grupos
que usará la estrategia de abstraerse de la emoción para solucionar lo
más fríamente posible el problema; este grupo se mantendrá más cercano a su media en la medida que consiga posponer la respuesta emocional. Esta estrategia se muestra más ineficaz cuanto mayor nivel emocional
(sea en positivo o en negativo) exista, y llegado determinado nivel de
emoción es inaplicable.

Esta dimensión emocional de la inteligencia de los vertebrados superiores es particularmente importante para el adiestramiento donde el perro va a encontrarse en diferentes entornos emocionales y, en determinados casos, con altos niveles de emoción.

3

Motivación y emoción

MOTIVACIÓN

Dos son las fuerzas que mueven la actuación del perro; el impulso[1], (empuje del instinto) que son las ganas de hacer algo, y la meta (incentivo u objetivo instintivo), que es la atracción hacia algo. La suma de estas dos fuerzas constituye la motivación (junto a la emoción forma el sistema regulatorio del perro).

El impulso empuja al perro mientras que la meta tira de él.

El impulso es interno y la meta externa.

Para que el perro actúe, la motivación hacia una conducta en concreto tiene que ser más fuerte que cualquier otra motivación presente en ese momento.

Si tenemos un valor muy alto de impulso podemos tener un valor bajo de meta y al revés. Si ambos valores son muy altos es probable que la conducta sea exagerada y descontrolada en fases de práctica; para el aprendizaje eso resulta inhibitorio.

El trabajo con valores medios de impulso y meta es el que produce más aprendizaje, pero posteriormente, para lograr rapidez y precisión, debemos trabajar con al menos uno de los parámetros alto.

_____

[1] El impulso es la manifestación externa de la pulsión (carga instintiva) que es un estado latente. Podríamos decir que la pulsión es la energía potencial del perro y el impulso la energía cinética.

Para entender estos conceptos pondremos un ejemplo:

Una persona con mucha hambre comerá casi cualquier cosa disponible, incluso pan duro; sin embargo, si esa persona ha comido recientemente tendrá poca hambre y será necesario presentarle algo muy apetitoso (un pastel) para que decida comer, y desde luego no lo hará si le ofrecemos el pan duro.

En este ejemplo el hambre es el impulso y la comida que se ofrece la meta.

MULTIFACTORIALIDAD DE LA CONDUCTA

La conducta concreta que un perro muestra en un momento determinado es el resultado de sumar todas las motivaciones que tiene en dicho momento. Ser conscientes de que la conducta del perro es multifactorial nos es útil para:

1. En el plano teórico, evitar reduccionismos al planificar o analizar un trabajo, teniendo en cuenta motivaciones del perro ajenas al adiestramiento (por ejemplo: perras en celo). Aunque por simplificarlo digamos que el perro actúa por comida, juego, autoridad... sabemos que esa es solo la motivación predominante en ese momento.

2. En el plano práctico podemos trabajar no solo aumentando la motivación sobre la que buscamos resultados (como se hace habitualmente) sino disminuyendo otras motivaciones presentes que desvían la conducta del perro.

   Por ejemplo, al enseñar con comida a un perro en el parque donde habitualmente sale se necesita una comida muy apetitosa, pues el perro busca a sus amigos y está muy motivado para jugar con ellos. Si no disponemos de esa comida apetitosa o el perro tiene una dieta restringida por motivos veterinarios, puede bastar llevarle a un sitio aburrido para, al disminuir la motivación al juego, dirigir su conducta con simple pienso.

   Igualmente, al trabajar estímulos negativos cerca del coche o de la casa del perro la motivación de refugiarse en ellos suele ser fuerte. En vez de aumentar el estímulo podemos poner el coche fuera de la vista del perro o ir a un sitio alejado de su casa.

El análisis multifactorial nos ayuda a simplificar la solución de problemas y a evitar el uso continuo de niveles muy altos de motivación que terminan generando dependencia en el perro.

GESTIÓN AVANZADA DE LA MOTIVACIÓN

La forma más obvia de usar la motivación es generar impulsos y ofrecer metas a los perros durante su adiestramiento, esto puede hacerse en positivo, por ejemplo ofrecer un juguete, o en negativo, por ejemplo condicionamiento de escape con collar eléctrico. Esta forma de aprovechamiento de la motivación será la base de muchos procesos de adiestramiento pero puede ser complementada por formas más avanzada de gestionar la motivación.

La gestión avanzada de la motivación en el perro se hace mediante presiones y canalizaciones de la misma:

- *Canalizaciones:* canalizar es recoger el caudal de motivación presente en el perro y orientarlo eficazmente, encauzarlo. La motivación puede ser positiva o negativa. Usamos las ganas de hacer del perro como «combustible», creamos o aprovechamos una motivación presente para, a partir de la conducta natural que el perro daría como respuesta a esa motivación, modelar y dar empuje a una acción que nos conviene. Existen dos tipos:

  - *Gradual:* damos una salida progresiva a la motivación con lo que obtenemos una ejecución muy concentrada durante un periodo relativamente largo de tiempo, como en el ejercicio de JUNTO en RCI.

  - *Total:* vaciamos bruscamente todo el empuje de la motivación acumulado en el perro. Como es el caso del ejercicio de llamada o envío hacia delante.

- *Presión de la motivación:* de forma natural el perro, al llegar a un cierto nivel de motivación, actúa para darle salida; si impedimos que al llegar a ese nivel pueda actuar y seguimos «cargándole» de impulso conseguiremos un nivel especialmente alto de motivación que, al ser liberado, nos permitirá una conducta mas rápida, entusiasta y espectacular de la que el perro de forma natural aportaría. La forma de hacerlo es mediante presiones de la carga motivacional. Veremos que un trabajo es de presión de la motivación cuando mantiene o aumenta las ganas de expresar (empuje) la motivación que manejamos.

Estas presiones pueden ser de dos tipos:

- *Presión pasiva:* la presión pasiva comprime la motivación que estamos usando impidiendo su salida pero manteniendo su carga, lo que genera mayor impulso al liberarla. Las medidas de presión

Canalización gradual de la emoción para modelar la conducta de desvestir a un disca-
pacitado. «Ula» con su adiestrador Juan Félix Martínez.

Canalización gradual de la emoción para modelar la conducta de desvestir a un disca-
pacitado. «Ula» con su adiestrador Juan Félix Martínez.

pasiva son acciones que van en contra de la dirección de la conducta motivada del perro, que le impiden actuar como desea *pero sin afectar las ganas de hacerlo*. Si lo que hacemos desconecta o empeora las ganas de hacer del perro no estamos haciendo presión pasiva.

Un ejemplo sería cuando el perro quiere coger su juguete y le ordenamos permanecer sentado. Si no usamos castigo el perro tendrá las mismas ganas de cogerlo pero contenidas por la inmovilidad de la orden, lo que comprime como un muelle la motivación según pasa el tiempo sin poder cogerlo. Al liberar al perro saltará a por el juguete con aún más ganas que al iniciar la orden.

Es muy importante saber que nuestras acciones son de presión pasiva o no según el perro interprete nuestras acciones, no según las acciones determinadas. Por ejemplo, un perro sumiso pero juguetón puede que al ordenarle que se tumbe, en vez de comprimir con presión pasiva esas ganas de jugar, actúe con sumisión agachando las orejas o se desinterese de la pelota al recibir una orden o tirón de collar brusco.

- *Presión activa:* la presión activa es el conjunto de medidas que aumentan el impulso del perro actuando en dirección a la conducta que el perro desea[2] dar. Cuando una conducta está muy motivada casi cualquier carga motivacional que generemos en su dirección de salida será canalizada hacia esa conducta, salvo que el perro haya sido condicionado a responder de otra manera a esa carga concreta o la respuesta natural del perro a la carga sea opuesta a la conducta inicialmente motivada. Se puede entrenar al perro para mejorar la canalización de determinadas cargas emocionales hacia las conductas objeto del adiestramiento; por ejemplo en trabajo de RCI es frecuente enseñar a un perro a reaccionar más rápido estimulando con un collar de púas hacia las conductas deseadas.

Una vez más es la recepción de nuestro trabajo por parte del perro lo que determina que sea o no de presión activa; por ejemplo, si un perro se asusta e inhibe ante el uso del collar de púas no estamos haciendo presión activa sino castigando al perro.

---

[2] El perro puede desear tanto conseguir un premio como apagar un collar eléctrico, debe entenderse el término «desear» en este sentido.

Roger Snollaerts haciendo un trabajo de presión activa con el collar de púas en la fase de vigilancia del figurante de «Ibo V. Dichterviertel», RCI II. Guía: Carlos Alfonso López.

GESTIÓN EMOCIONAL

El perro (como nosotros) determina su conducta en base a dos coordenadas: la gestión del conocimiento (procesos cognitivos) y la gestión emocional (sistema regulatorio).

Al consistir la parte principal del adiestramiento en la enseñanza de acciones y esquemas de acción para su uso en nuestro interés es inevitable tener una visión del perro como centro de proceso de datos «programable» por el adiestrador, lo que hace protagónicos a los procesos cognitivos.

Esta visión es útil para comprender los procesos de entrenamiento y para analizar técnicas de trabajo. Sin embargo, es solo una explicación parcial de cómo y por qué actúa el perro.

La conducta de los perros está influida por sus emociones y según sean estas, modificarán (o incluso anularán) los procesos cognitivos presentes en ese momento. Sabemos que un perro presa del pánico puede ignorar a su guía para huir de la causa del miedo; también conocemos que el perro más dócil puede morder a su dueño al intentar apartarle de una refriega con otro perro. Y, por supuesto, es obvio que una relación afectiva, sana y positiva del perro con su guía mejora el rendimiento del equipo.

Todos estos ejemplos son muestras de la influencia de las emociones en la conducta del perro y en su respuesta al adiestramiento. Es por tanto necesario tener en cuenta ambas coordenadas (emocional y cognitiva) para llevar a cabo un proceso de adiestramiento completo y sólido.

INFLUENCIA DE LA EMOCIÓN EN EL ADIESTRAMIENTO

La influencia emocional en el adiestramiento se divide en dos grandes áreas:

1. Influencia emocional en el aprendizaje

   • Congruencia emocional

     Las emociones actúan como criba de la información recibida por el perro; los estímulos congruentes con el estado emocional son mejor y más hondamente aprendidos. Por el contrario, los estímulos incongruentes con el estado emocional son peor percibidos y aprendidos.

     Por ejemplo, el perro que sale a trabajar alegre y juguetón captará y aprenderá el mínimo gesto del guía para sacar una pelota (lo que puede usarse en nuestro beneficio); por el contrario, el que sale asustado notará menos estos gestos pero reaccionará rápidamente ante cualquier muestra de enfado de su guía.

- Estados emocionales como contexto de aprendizaje

  Las conductas aprendidas en un estado emocional determinado son mejor realizadas en ese mismo estado emocional y tienden a evocarlo. Por el contrario, un estado emocional divergente al del momento del aprendizaje empeora la respuesta.

- Relajar y activar

  Un uso concreto de los estados emocionales es asociar un comando a estados de tranquilidad (SSH...) y otro a estados de excitación positiva (¡ACH!).

  Estos comandos servirán como freno y acelerador del perro durante el trabajo. Por ejemplo, cuando el perro lleva rato trabajando y su actitud decae usamos ¡ACH!, ¡ACH! para reactivarle. Por el contrario, si el perro, tras varias confirmaciones con juego, está sobreexcitado usando SSH... bajamos la excitación consiguiendo que vuelva a concentrarse.

  Para asociar la activación usaremos el comando ¡ACH! cuando juguemos activamente con el perro (pelota, mordedor...).

  Para asociar la relajación acariciaremos al perro con caricias largas y suaves repitiendo el comando SSH... con voz baja y monótona hasta conseguir que se relaje. Este trabajo al principio se puede facilitar realizándolo con el perro cansado.

2. Influencia emocional en la conducta

   Hay varios grados según la intensidad de la emoción. En el siguiente esquema hemos dividido en tramos de influencia una emoción desde su intensidad mínima hasta la máxima. Por supuesto es una simplificación, pues la emoción es un continuo sin segmentos definidos.

PREDISPOSICIÓN EMOCIONAL	INQUIETUD EMOCIONAL	INFLUENCIA EMOCIONAL	DIRECCIÓN EMOCIONAL	RAPTO EMOCIONAL

APARECE
LA EMOCIÓN

1.er Tramo: Predisposición emocional

La emoción aparece a un nivel tan bajo que no es reconocida como tal. En este tramo se asocia el contexto emocional al adiestramiento como un estado de ánimo. Los estados de ánimo son particularmente importantes en las fases iniciales del adiestramiento; al trabajar el perro en estados de ánimo negativos podemos generar una mala predisposición al adiestramiento.

En este tramo la dirección de la conducta (qué hacer) y la forma de la conducta (cómo hacerlo) son controladas por el sistema cognitivo del perro.

2.º Tramo: Inquietud emocional

La emoción es percibida pero resulta fácilmente manejable. En este tramo se trabaja para corregir fobias y enseñar acciones de contracondicionamiento a reacciones emocionales inadecuadas. La dirección de la conducta (qué hacer) y su forma (cómo hacerlo) son controladas por el sistema cognitivo del perro, pero el sistema emocional influye en el cómo hacerlo.

3.er Tramo: Influencia emocional

La emoción es claramente percibida y no puede ser apartada de la actuación del perro influyendo en su conducta. En este tramo se trabaja también para corregir fobias; se exigen los contracondicionamientos enseñados en el tramo anterior para controlar las reacciones emocionales inadecuadas y se enseña a canalizar la emoción en una acción lícita. La dirección de la conducta (qué hacer) está controlada por el sistema cognitivo, la forma de la conducta (cómo hacerlo) está controlada por el sistema emocional.

4.º Tramo: Dirección emocional

La emoción dirige la conducta (qué hacer) y el sistema cognitivo la forma de la conducta (cómo hacerlo). Se canaliza la emoción en la actuación enseñada en el tramo anterior.

5.º Tramo: Rapto emocional

La emoción dirige y determina la conducta (el qué y el cómo hacer). No se puede trabajar con el perro en una situación de rapto emocional excepto imponiendo una conducta tranquilizante adecuada.

La gestión emocional busca preparar al perro para mantener la dirección cognitiva de la conducta ante cargas emocionales progresivamente mayores y, una vez perdida la dirección cognitiva, seguir teniendo la forma de la conducta bajo el control del sistema cognitivo para canalizar la sobrecarga emocional en acciones lícitas, previamente programadas, retrasando así la aparición del rapto emocional (dónde no hay autocontrol y solo podemos imponer un control externo).

En el servicio de protección aparecen conductas fuertemente emocionales. Expresión de la agresión en «Ivet de Malaespina», RCI II. Guía: Manuel Pérez.

Con ello el perro ganará confianza en sí mismo, en nuestra dirección y en el adiestramiento como forma de gestionar sus emociones, aumentando progresivamente las cargas emocionales que pueda gestionar.

La gestión emocional es particularmente interesante para la corrección de fobias, ansiedad y en el adiestramiento de protección.

TRABAJO INTEREMOCIONAL

No solo la conducta expresiva de una emoción puede canalizarse en otra conducta más adecuada (como veíamos en el punto anterior), también es posible —aunque con restricciones— canalizar una emoción en otra diferente.

Esto es lo que sucede en los deportes de riesgo como el *puenting* donde se pasa de un miedo atroz a una alegría exultante o cuando una situación nos asusta y, al descubrir que era inofensiva, nos sentimos avergonzados, también es frecuente que un alumno entre asustado a un examen y si al leerlo conoce todas las respuestas sienta una alegría incontrolable.

Los ejemplos anteriores muestran cómo la intensidad de la primera emoción o emoción origen, es canalizada a la segunda, emoción destino, siendo por tanto proporcional el nivel de la segunda emoción al de la primera.

Es evidente que si podemos canalizar una emoción en otra podremos variar el estado emocional del perro, con los consecuentes beneficios, sobre todo en corrección de conductas y adiestramiento de protección.

Parámetros de la emoción

Aunque diferentes investigadores han determinado diferente número de parámetros en la emoción, parece haber acuerdo general sobre tres que serán los que utilicemos en el trabajo interemocional:

1. Tono hedónico: agradable-desagradable. Normalmente trabajaremos canalizando emociones desagradables a otras agradables, aunque por supuesto puede hacerse a la inversa y también entre emociones de igual tono.

2. Nivel de activación: postración-activación. Los mejores resultados se consiguen pasando de una emoción activa[3] a otra que también lo sea. Es posible pasar de emociones activas a postrantes, y también de postrantes a activas, aunque este último trabajo tiene muchas limitaciones y suele ser necesario unir varios trabajos para llegar a la emoción deseada, por ejemplo: *TRISTEZA → IRA → ALEGRÍA*.

3. Disposición atencional: atención-rechazo. Nos mostrará la dirección de la emoción. El trabajo más usual es siguiendo la dirección que muestre la emoción, si necesitamos cambiarla será necesario concatenar varios trabajos de canalización.

---

[3] Las emociones activas son aquellas cuya carga provoca motivación.

Cómo hacer trabajos interemocionales

Para pasar de una emoción a otra debemos encontrar una acción de transición que las enlace. Las acciones de transición son aquellas comunes o similares en la expresión de ambas emociones (la que queremos canalizar y en la que deseamos hacerlo). Por ejemplo: de la mordida agresiva a la mordida de caza. La mordida es una acción común. Cuanto más similares sean las acciones de transición más carga emocional podremos manejar y mejores resultados obtendremos.

El trabajo se realizará de la siguiente forma:

1. Si la acción de transición es común a las emociones origen y destino generamos la emoción origen en el tramo de influencia emocional. Si la acción de transición sólo es similar en ambas emociones generamos la emoción origen en el tramo de inquietud emocional, esto no es posible en todas las emociones.

2. Propiciamos que el perro realice la acción de transición.

3. Al realizarse la acción de transición variamos el contexto como si estuviera activa la emoción destino. Mantenemos al perro en el nuevo contexto hasta que actúe en concordancia con él, cambiando su estado emocional. Es normal que en las primeras sesiones aparezcan ambas emociones mezcladas; continuamos hasta que la acción de transición active con claridad la emoción destino, y es la emoción destino la que empieza a aparecer mezclada con la de origen al iniciar las sesiones (antes de usar la acción de transición).

4. Subimos la intensidad de la emoción origen al nivel de dirección emocional; directamente si la acción de transición es común, o progresivamente si solo es similar.

Pondremos un ejemplo:

Tenemos un perro con ansiedad por separación que rompe cosas y rasca la puerta de salida al quedar solo, lo primero encuadramos la emoción en base a los tres parámetros que vimos antes.

Tono hedónico: desagradable.

Nivel de activación: activante.

Disposición atencional: atracción hacia objetos y hacia la puerta de salida.

Un trabajo típico de corrección de conducta sería colocar juguetes interactivos en los lugares donde rompe la conducta (en este caso la puerta). Al hacer esto usamos el morder como acción de transición entre la ansiedad y la emoción destino, alegría o interés según responda el perro, aprovechando también la disposición atencional —hacia la puerta— para propiciar que el perro realice la acción de transición; sería más difícil que el perro usara los juguetes interactivos si se encuentran en la habitación más alejada de la puerta. Para rebajar la intensidad de la emoción hasta el lapso en el que deseamos trabajar podemos usar ansiolíticos o cansar al perro antes de las primeras sesiones. El esquema del trabajo realizado sería el siguiente:

4

Adiestramiento cognitivo

Una vez hemos establecido una conexión sana con el perro debemos empezar su proceso de adiestramiento. Para ello contamos con una serie de técnicas y trabajos que irán avanzando desde el esquema básico hasta la acción concreta. Este es un sistema que facilita la seguridad del perro en el adiestramiento y la construcción de una base para el aprendizaje mucho más útil (sobre todo en etapas iniciales) que un sumatorio de ejercicios concretos.

Los esquemas que creemos conveniente generar de forma clara en el perro son los siguientes:

1. *Actitud de trabajo:* El perro desde el principio debe saber que *trabajar es positivo pero obligatorio e inexcusable.* Para ello es necesario que el perro salga a trabajar ya con nuestro liderazgo asumido, no se debe ganar la autoridad cuando se está en la pista con un perro. Seguiremos la norma de nunca exigir lo que no se ha enseñado. Así, el premio aparece para enseñar y fijar acciones pero usamos autoridad para ordenar acciones ya conocidas y prohibir que se interese en cosas ajenas a la clase o que nos intente «robar» su premio.

   Hay dos problemas comunes al iniciar un trabajo; el primero es crear en el perro el concepto de trabajo como «pillaje», esto sucede cuando guiamos al perro siempre en positivo, sacando de golpe su recompensa para que se abalance a «robarla», estos perros luego tienen problemas para entender el trabajo como una obligación y son totalmente dependientes de una situación de engaño del tipo «hay que estar atento porque puede salir la pelota y si no atiendo se me escapa». Puede llevar a adiestramientos deportivos muy lucidos, pero en programas de trabajo funcional (perros guía, comerciales...) no es eficaz.

Correcta actitud de trabajo de «Harris» durante el ejercicio de andar al paso con su usuario. Adiestrado por C & R EDUCAN.

El otro esquema, contrapuesto al pillaje, es el perro tiranizado en el trabajo. Este no se suele dar en perros jóvenes pues la gente que lo aplica prefiere esperar a la madurez del perro para empezar el adiestramiento. Aquí el perro entiende que el trabajo es malo y suele mostrar rechazo a la pista y actitudes de miedo o estrés excesivo. Existen severos castigos simultáneos a la formación y/o fuertes condicionamientos de escape y evitación hacia la acción deseada, normalmente mal hechos y asociados al guía y al contexto general del adiestramiento. Es un trabajo que suele ir a menos con el tiempo y en el que es muy difícil introducir nuevas acciones pues la reacción del perro ante algo nuevo es preocuparse y refugiarse en la respuesta ya conocida. El perro no tiene iniciativa pues salir de lo conocido puede ser peligroso. Existe una excesiva dependencia del guía en este trabajo, con la evidente pérdida de autonomía del perro.

Los perros «pillos» o «esclavos» son dos extremos entre los que está el perro «trabajador» que es el esquema que nosotros deseamos generar en el perro.

2. *Concepto de escalón:* El perro debe entender que puede alcanzar una meta instintiva actuando en dirección divergente a ella. Esto es, si el perro quiere coger comida o una pelota deberá realizar una acción que implique alejarse de la comida o pelota para que luego le permitamos cogerla. Esto es el cimiento del futuro trabajo cognitivo y ayuda al perro a ser proactivo en el trabajo (ver más adelante).

Este escalón permite al perro «entender» el concepto de la acción que le solicitamos en vez de limitarse a mecanizarla como sucede si dicha acción está en la misma dirección de la meta instintiva.

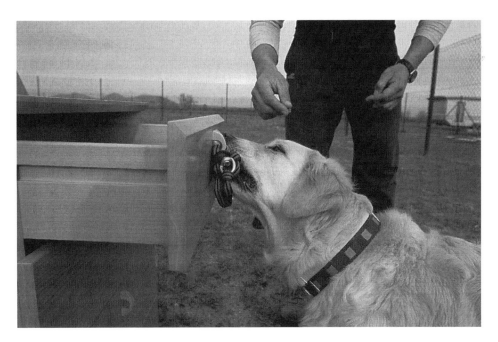

Trabajo de escalón en el ejercicio de abrir cajones; el adiestrador mantiene la comida en la mano a la vista del perro y este debe «alejarse» de la comida realizando el ejercicio para conseguirla. Perro: «Yuca»; adiestrador: Raimón Gabarró.

3. *Proactividad:* Es la capacidad de un perro de implicarse en el trabajo y actuar de forma propositiva buscando la correcta realización de este[1].

---

[1] Lo opuesto a la proactividad es la reactividad: fuerte dependencia de estímulos externos para iniciar y/o mantener un trabajo eficaz.

Para conseguir proactividad en el perro realizaremos las siguientes pautas:

a) Resolución productiva de problemas: pondremos al perro en situaciones nuevas, buscando que actúe de forma no programada para conseguir un premio (comida o juguete). Estas situaciones pueden ser laberintos, comida escondida en cajas que debe ir abriendo o en sitios difíciles a los que deba trepar, etc. Aquí es importante no poner a los perros problemas que no puedan solucionar, ni problemas que puedan implicar daño físico: este trabajo siempre ha de ser en positivo. También es muy importante variar continuamente los problemas a resolver y adecuarlos a la progresión del perro pues, si el trabajo está bien hecho, cada vez necesitará más dificultades para seguir avanzando.

Cuando preparamos una situación de este tipo debemos dar al perro un comando siempre igual que le permita saber que está en situación de actuar libremente, de lo contrario no probará determinadas soluciones que se opongan a su formación general (por ejemplo, es posible que normalmente no le dejemos husmear y abrir cajas en casa). El comando puede ser PROBLEMA, RESUELVE, PIENSA o cualquier otro que decida el adiestrador.

b) Ritmo de trabajo: otro modo de aumentar la proactividad del perro es con acciones sencillas (sentado, andar al paso, tumbado) que enseñaremos y pediremos de forma rápida ofreciendo comida o juego como recompensa. Haremos sesiones cortas y muy rápidas que hagan difícil al perro seguir el ritmo de trabajo incluso dejando en algún momento que lo pierda. Esto mejora la atención al trabajo y la concentración en este. No pasa nada porque el perro en este punto se quede «fuera» a veces perdiéndose del trabajo, pues los errores que no implican desobediencia no son negativos para un programa de adiestramiento (mientras no los premiemos, claro).

c) No crear dependencia de la correa: la correa es un instrumento de innegable practicidad en el adiestramiento por la posibilidad de manejo y control del perro que nos permite; sin embargo, cuando la usamos para suplir nuestros errores y carencias aparecen dos problemas que limitan el trabajo posterior del perro: que el perro necesite de la correa para trabajar y que se apoye en ella para solucionar cualquier problema. El primero de los problemas es el más habitual, incluso entre adiestradores profesionales, se observa en perros que para trabajar suelen necesitar correas muy cortas y ligeras (que el perro no perciba) con las que realizar correcciones. Para evitarlo, en el trabajo del perro en positivo debemos dejarle suelto con frecuencia y puesto que es él quien quiere conseguir el premio, esperar a que actúe correctamente para dárselo. El mejor ejercicio para conseguir esto es el JUNTO, donde nos moveremos rápido y con frecuentes giros para que el perro, si quiere conseguir el premio, tenga que esforzarse en mantener la posición para no quedar fuera.

El segundo problema viene de la excesiva facilidad que proporciona la correa al guía a la hora de corregir un ejercicio «lleván-dole» de un tirón a la posición adecuada. El buen uso de la correa como guía es en fases de aprendizaje. Si la usamos como castigo no debe dar al perro la solución del problema, pues al final el perro se hace reactivo y espera el castigo para que este le lleve a la solu-ción del problema, por ejemplo tirando hacia abajo para tumbarle. Para evitarlo basta con que a la hora de castigar con la correa no lo hagamos en la dirección del ejercicio que le pedimos; por ejemplo, si le pedimos TUMBADO y el perro no lo hace podemos tirar ha-cia arriba de la correa en vez de hacia abajo.

Aparte, mencionar que preferimos sistemas de trabajo donde el uso de la correa sea mínimo, tanto para guiar como para castigar pues consideramos que aunque los sistemas que se apoyan en la correa obtienen resultados más rápidos generan, en su práctica to-talidad, dependencia de la correa en algún grado y con mucha fre-cuencia devienen en trabajos sobreguiados. Por tanto, evitarlo en el perro es prioritario en este sistema de adiestramiento.

d) Uso del aislamiento o *time out:* en sesiones de trabajo en positivo sobre ejercicios ya conocidos por el perro es tremendamente efi-caz para aumentar la implicación del perro en el trabajo inte-rrumpir la sesión cuando el perro comete algún fallo. Puesto que el perro desea continuar en la pista, se preocupa de no equivo-carse para seguir trabajando. Los errores que motiven llevarnos al perro pueden ser casuales o preparados por nosotros pero siempre con acciones bien sabidas por el perro.

e) Trabajo natural de nariz: hacer trabajos de nariz con el perro tiene tres ventajas incuestionables sobre no hacerlos, primero facilita enormemente cualquier trabajo posterior de localización de olo-res, ya sea rastro deportivo, búsqueda de personas en escombros (salvamento), localización de explosivos, etc. En segundo lugar re-fuerza la autonomía y la capacidad de concentración del perro pues durante la búsqueda aprende a abstraerse de otros estímulos y centrarse en el trabajo. Por último, nos permite evaluar nuestra evolución como adiestradores. En la obediencia, sin darnos cuenta, podemos estar ayudando demasiado a nuestro perro, sobreguiándolo (posiciones inconscientes del cuerpo, ayudas de la correa...) en un trabajo de rastro natural esto no es posible. Es casi inevitable «ver» si el perro realmente está o no haciendo el rastreo.

4. *Jerarquía:* El perro ha de entender que su guía está en una posición jerárquicamente superior y por ello tiene una autoridad lícita sobre él. Para conseguir esta autoridad de forma sana y positiva hay que tener en cuenta varios puntos:

- *Convivencia.* La jerarquía solo se da entre elementos de una misma manada, por lo que es imprescindible que el perro haya aceptado al guía como parte de la manada antes de conseguir autoridad sobre él. Muchas veces se crean problemas de relación por intentar ser dominantes sobre perros que acabamos de conocer. Estos perros pasan a tener miedo a su adiestrador y esta respuesta de miedo suele ser interpretada como un exceso de sumisión. Es un error común y muy grave. Siempre debemos dedicar unos días a establecer una relación con el perro. Sabremos que la relación está construida cuando el perro nos reconoce, nos saluda con alegría al vernos e intenta jugar con nosotros.

  Convivir con el perro le permite interactuar con nosotros de muchas formas y con diferentes intensidades emocionales (habrá veces que juguemos con él, otras donde no le prestemos atención, en otras le castigaremos...). La convivencia permite que el perro vea y se integre en la relación social de la familia como uno más, en un puesto con derechos y deberes. Esta normalización es lo más parecido a una manada que podemos ofrecerle a un perro, y si actuamos adecuadamente es la mejor opción de desarrollo social que puede tener.

  Mantener al perro en una perrera de la que solo sale a trabajar y a hacer sus necesidades puede ser necesario por las circunstancias, pero no es lo más conveniente para él. Relacionarse con nosotros solo a través del adiestramiento resulta demasiado bipolar (bueno-malo, permitido-prohibido) lo que impedirá el desarrollo de una relación intersubjetiva sutil, además el adiestramiento como contexto de relación social mantiene una intensidad emocional, tanto en positivo como en negativo, demasiado alta como para permitir que el perro se relaje y sienta cómodo en nuestra

La convivencia con personas permite el desarrollo social del perro y mejora su efectividad. En la fotografía «Puppy» con su usuario Miguel Angel García, parapléjico. Perro adiestrado por C & R EDUCAN.

compañía. En la naturaleza la mayor parte de tiempo en común de la manada corresponde a interacciones tranquilas y situaciones relajadas, y sólo puntualmente hay momentos de fuerte intensidad emocional: caza, conflictos de jerarquía... Quien tenga la idea de que una manada de lobos es un continuo luchar por la dominancia y la supervivencia no sabe lo mucho que se equivoca. Cuanto más reproduzcamos la realidad social del perro tanto mejor y más eficaz será nuestra relación con él. Al fin y al cabo el objeto de las sociedades es mejorar las condiciones de vida de sus integrantes.

- *Coordenadas naturales de la jerarquía.* Ya hemos dicho que el perro no tiene que aprender a ser jerárquico, es parte de su sistema operativo, de su etología; vamos, que viene de serie. Pero viene asociado a unas situaciones determinadas: acceso preferente a recursos[2] por parte del dominante, mayor relevancia en deci-

_____

[2] Originalmente, son recursos aquellas cosas o situaciones cuya obtención facilita la supervivencia, reproducción y bienestar del organismo: comida, agua, lugares de descanso, acceso a parejas fértiles. En el perro doméstico también lo son los juguetes y el acceso a personas favoritas del perro.

siones que afecten a la manada, mayor responsabilidad en la defensa del grupo y en conseguir alimento para este.

La jerarquía se puede usar en otros muchos contextos, pero la forma más fácil de conseguir dominancia es utilizar las situaciones que ya vienen preprogramadas, donde está garantizado que el perro comprenderá el mensaje de nuestra actuación. Un perro puede no tener bien comprendido un comando de obediencia y lo que castiguemos como desobediencia ser una equivocación, con lo que el perro no entiende como dominancia sino como una conducta abusiva nuestro castigo, pero si le echamos de su sitio favorito para sentarnos nosotros está garantizado que recibirá el mensaje.

Podemos hacernos dominantes sobre el perro cuando surjan (¡o provoquemos!) situaciones de acceso a recursos: echarle de su sitio para ponernos nosotros como decíamos antes; quitarle la comida[3]; apartarle cuando esté con alguien a quien quiera y abrazar nosotros a esa persona (según la relación que tengamos con esta persona es conveniente avisarla de nuestras intenciones); provocarle para que nos robe comida mientras comemos para castigarle e impedírselo; quitarle sus juguetes mientras juega... conociendo el concepto veremos como surgen múltiples ocasiones para hacerlo. ¡Ojo no debe hacerse siempre!, es suficiente que sea algo ocasional; tanto más frecuente cuanto más dominante sea el perro. Y es tremendamente eficaz.

• *Transmitir seguridad en nuestra posición dominante.* Los perros tienen muy ritualizada la expresión de la jerarquía, por ello debemos interpretar nuestro papel de dominantes correctamente.

Lo primero es no actuar como histéricos cuando nos enfademos con el perro, eso solo aumentará los conflictos con un perro dominante o amedrentará a un perro sumiso. Hay que tener un aspecto severo y seguro, el autocontrol es fundamental.

En línea con lo anterior debemos minimizar la importancia de las acciones de enfrentamiento del perro, aun cuando nos pongan en un auténtico aprieto. Aunque ganemos un enfrenta-

---

[3] Excepcionalmente, un perro sumiso puede no dejarse arrebatar la comida por el dominante sin detrimento de la relación jerárquica. Esto se amplía en el tema de corrección de conductas inadecuadas, en el punto «agresión por posesión de recursos».

miento si el perro ve que nos ha puesto en apuros nos verá como un rival accesible, es más fácil que lo vuelva a intentar cuando se sienta más fuerte o nos note más débiles. Para evitarlo debemos mantener la calma y dar sensación de manejar la situación durante los enfrentamientos. Técnicas de enfrentamiento muy aparatosas como el *dominance down*[4] que se popularizó hace unos años, no son la mejor manera de afrontar estas situaciones y debe limitarse su uso a tratamiento de perros determinados.

- *Aplicación correcta.* Hacer daño físico al perro es innecesario, la agresión dominante está muy ritualizada y existen correcciones jerárquicas comprensibles por el perro sin ser lesivas en absoluto: zamarrear al perro del pellejo o empujarle bruscamente son recursos más eficaces que pegarle causándole dolor.

Es fundamental usar el castigo jerárquico en base a lo que signifique la acción a castigar dentro del esquema del perro, no del nuestro. Por ejemplo, puede parecernos divertido que mientras comemos un bocadillo el perro nos lo robe de las manos, pero es una acción muy grave dentro del esquema jerárquico del perro: quitarle la comida a un elemento superior de la manada cuando está ya comiendo debe ser castigado. Por el contrario, castigar a un perro que al venir a saludarnos tira y rompe un objeto valioso es injusto por caro e importante que fuera el objeto para nosotros, una acción involuntaria o casual no debe ser castigada. Esta sencilla y evidente norma se descuida con demasiada frecuencia.

- *«Nada es gratis».* Cuando el perro quiera algo interesante: comida, jugar con nosotros, pasear por el parque, le ordenamos que ejecute una acción sencilla (sentarse, dar la pata, etc.) para conseguirlo, así el perro irá viendo que debe obedecernos y que no puede «exigirnos» que hagamos cosas sino al contrario. ¡Ojo! es importante que el perro haga lo que le indicamos, no que actúe de una forma «automática», por ejemplo sentándose nada más ver la comida. Para ello basta con enseñarle más de una acción, y si él usa una de forma «automática», nosotros le pediremos otra diferente.

---

[4] El *dominance down* es una técnica en la que el adiestrador coloca al perro tumbado boca arriba, colocándose a horcajadas sobre él mientras le sujeta la cabeza con las manos cogiendo ambos carrillos para evitar que pueda morder. Esta posición se mantiene hasta que el perro da muestras de sumisión relajando el cuerpo y lamiéndose la nariz.

- *Actuar dentro de los límites de la jerarquía.* La jerarquía en los perros no es una «patente de corso» para que el dominante pueda hacer lo que le venga en gana con el sumiso. Existen unos límites que hemos de conocer y respetar para no caer, aun inconscientemente, en el abuso.

  No es lícito exigir por autoridad acciones que comprometan la seguridad del elemento sumiso, si lo hacemos estamos tiranizando al perro.

  No es lícito causar dolor físico a un elemento que muestra sumisión, esto activaría conductas de autodefensa. De hecho, no es lícito seguir castigando, ni siquiera con la voz, a un perro que se ha sometido, de hacerlo es fácil que aparezca indefensión.

  Caer en estos abusos romperá la posibilidad de una relación sana con el perro, limitará muchas de sus capacidades (iniciativa, toma de decisiones...) empeorando con ello los resultados del adiestramiento y es una falta de ética por parte del adiestrador.

- *Distancia de trabajo.* La autoridad influye en la conducta de forma inversamente proporcional a la distancia entre los individuos que mantienen la relación jerárquica. Cuanto más lejos estén dichos individuos entre sí menos podrá variar el dominante la conducta del sumiso por aplicación de su posición dominante.

  En la manada la autoridad más fuerte se aplica en distancias cortas para dirimir el acceso o posesión de recursos. En distancias largas la autoridad sirve para dar indicaciones (no órdenes estrictas) o decidir líneas de actuación comunes, como sucede durante la caza.

  Lo anterior debe ser tenido en cuenta a la hora de trabajar; si nuestra relación jerárquica flojea en la distancia individual difícilmente nos será de uso en la de atención social.

  Es posible conseguir un grado de autoridad a distancia superior al que se da en la manada de forma natural aplicando castigo jerárquico y posteriormente exigencia en acciones que se produzcan lejos del guía. Para hacerlo es necesario que nuestra posición dominante con el perro sea sana y esté consolidada como premisa imprescindible, pues nos basaremos en que el perro, ante nuestro enfado hacia él, generará una expectativa negativa. Esto puede llevarse a cabo de dos formas:

La primera es asociar castigo jerárquico a distancia, uniendo un estímulo negativo (por ejemplo un collar eléctrico) a una actitud de recriminación del guía, normalmente un NO enfadado. Esto debe hacerse dando primero el NO, que debe afectar al perro, y posteriormente el estímulo negativo. No debe simultanearse para este trabajo el NO con el estímulo negativo: al no esperar el perro un castigo jerárquico a distancia (no existe en la forma natural de relación de la manada) debemos conectar primero en el perro una expectativa sobre la aplicación de autoridad, lo que hacemos usando el NO, expectativa que luego confirmamos con la aplicación del estímulo negativo. Si simultaneamos el estímulo y el NO podemos generar un condicionamiento de evitación al comando NO en lugar de asociarlo a la autoridad.

Concatenar un estímulo negativo a distancia con autoridad puede tener algunos problemas, al no ser «natural» que el guía castigue al perro estando alejado de él (el castigo jerárquico se da en la distancia de conflicto); el estímulo negativo no será igual al que el guía usaría de forma normal: zamarreo, empujón... además, si el perro no asocia bien el estímulo negativo a jerarquía, lo que es frecuente, estaremos haciendo un trabajo a caballo entre un condicionamiento de evitación y un castigo jerárquico, dos trabajos que pueden ser correctos por separado pero si el perro no tiene claros pueden resultar lesivos para su formación, su carácter y su relación con el guía y el adiestramiento.

El sistema anterior puede ser usado cuando no existan otras opciones pero la mejor manera de potenciar la autoridad a distancia es que sea el guía directamente quien aplique el castigo jerárquico tras darle el NO enfadado. Hacer esto a distancia tiene dos problemas: que el perro se nos aleje cuando vamos a castigarle, y que cuando lleguemos a castigarle se haya desconectado la expectativa negativa, no resultando asociado a la conducta que deseábamos castigar.

Para evitar que se aleje de nosotros y aprenda este recurso podemos dejarle una correa larga (de cinco a diez metros) las primeras veces que trabajemos, esta correa nunca la usaremos para traer el perro hacia nosotros, su función es que podamos pisarla para impedir que el perro se aleje si intenta hacerlo cuando estamos yendo a castigarle. Al cabo de pocos días el perro dejará de intentarlo.

Para evitar que el perro desconecte la expectativa negativa mientras vamos hacia él para castigarle, iremos todo el camino diciéndole cosas en tono enfadado hasta alcanzarle y castigarle efectivamente. Recordemos que mientras se mantiene conectada una expectativa el premio o castigo es asociado a la acción realizada, independientemente del tiempo pasado entre dicha acción y la aplicación del premio o castigo.

El trabajo descrito puede parecer engorroso, pero al cabo de muy poco tiempo desde su aplicación sistemática veremos que con el uso del NO tendremos un castigo jerárquico suficiente y no será necesario ir a castigar más al perro sino eventualmente. Habremos conseguido un aumento significativo de la autoridad a distancia, mejorando el manejo del perro en la distancia de atención social con un uso mínimo de estímulos ajenos al guía. La aplicación de autoridad en la distancia de atención social[5] requiere algo de mantenimiento una vez conseguida, pero siempre mucho menos que cualquier aprendizaje puramente conductista.

5. *Confianza en el guía:* es fundamental para un trabajo que deseamos evolucione continuamente que el perro confíe en su guía.

No es lo mismo un perro que solo obedece a su guía que otro que además tiene confianza en él y se deja guiar. Para conseguirlo haremos lo siguiente:

a) Consistencia: el guía será coherente y regular en su exigencia y sistema de trabajo.

b) Rapidez: uno de los puntos más descuidados, el guía debe ir siempre por delante del perro, incluso es bueno que a veces el guía vaya más rápido de lo que el perro puede ir, como veíamos antes. Lo contrario de esto; un guía que va por detrás de su perro y al que incluso el perro «deja fuera» adelantándose y previendo su actuación deja de ser un guía para el perro. El perro debe necesitar estar atento a nuestras acciones de guía para confiar en nosotros y para saber que nos necesita si quiere conseguir un trabajo eficaz.

c) Justicia: nunca podemos castigar al perro por equivocarse, el castigo jerárquico solo se aplica a acciones perfectamente conocidas y comprendidas por el perro. Si el perro no entiende una nueva acción que le estamos enseñando no podemos castigarle

---

[5] Tengamos en cuenta que esta no es la forma de aplicar autoridad de los perro en la manada. Aplicar autoridad en la distancia de atención social es un aprovechamiento, una optimización al límite de la jerarquía canina.

por ello. Un perro que se trabaja con justicia, al cometer un error o ante la enseñanza de alguna nueva acción confiará en lo que le indique su guía. Por el contrario, si hemos castigado al perro por equivocarse o no entender algo, un error o la enseñanza de algo nuevo causarán miedo y estrés en el perro limitando a partir de ese punto su capacidad de trabajo y aprendizaje.

d) Capacidad de reacción: en relación con lo anterior, el guía ante la aparición de un problema durante una sesión de trabajo debe dar al perro la impresión de que sabe solucionar perfectamente el imprevisto, aun cuando no sea cierto. Para ello puede bastar con un cambio rápido a otro trabajo más fácil para el perro o simplemente un TUMBADO que corte la situación, para analizar lo que pasa y volver al trabajo con las soluciones preparadas. Obviamente es mejor aún si realmente podemos solucionar la situación que se ha creado, ya sea por pericia o porque esa situación ha aparecido «programada» por nosotros para darle solución.

e) Confianza en el perro: paradójicamente para que el perro confíe en el guía debe notar que este confía en él. Para ello hay que dejar al perro actuar una vez le hemos enseñado algo dándole opción a acertar o equivocarse (actuando como corresponda en uno u otro caso). Es un fallo habitual sobreguiar al perro no dejándole fallar nunca en entrenos, esto da problemas posteriores, ya sea en una competición donde el perro que se equivoca se queda sin saber resolver y puede perder la concentración por el resto del concurso, ya sea en el trabajo real, donde cualquier fallo o variación es difícil de superar por un perro sin autonomía alguna. El problema de la dependencia de un perro sobreguiado además suele aumentar con el tiempo que lleve el perro trabajando, necesitando progresivamente más ayudas y correcciones para trabajar correctamente.

ETAPAS Y FASES TÉCNICAS DEL ADIESTRAMIENTO COGNITIVO

La enseñanza de acciones concretas en un proceso de adiestramiento cognitivo se realiza en tres etapas diferenciadas en cinco fases:

Etapa I. Aprendizaje

Hemos repetido que no se puede exigir al perro que haga algo que no conoce, algunos sistemas de adiestramiento simultánean la enseñan-

za y la obediencia, esto puede generar problemas al perro con el trabajo
y/o el guía y, desde luego, merma su iniciativa. Para evitarlo, en adiestramiento cognitivo se enseña siempre al perro la acción sin implicar autoridad.

1.ª Fase: Aprendizaje mecánico.

Enseñamos al perro la acción en dirección a la meta que se ofrece
(sea positiva; como conseguir comida; o negativa: como cesar un estímulo eléctrico). Por ejemplo, llevando un trozo de comida por encima
de su cabeza para que se siente. En esta fase no aparece autoridad. La
enseñanza mecánica del ejercicio debe ser lo más breve posible, pues la
repetición mecánica de acciones continuada embota la inteligencia del
perro e impide la aplicación de la acción aprendida fuera de contextos
muy definidos.

En esta fase utilizamos los paradigmas conductistas para llevar al perro
a realizar la acción con una motivación media, media-alta para producir
un mejor aprendizaje.

2.ª Fase: Aprendizaje comprensivo o «escalón».

Cuando el perro ya conoce la acción con claridad trabajaremos ofreciendo la meta (sea positiva o negativa) en dirección diferente a la de la
acción. Por ejemplo, para seguir el trabajo del sentado ofrecemos la comida con la mano en el suelo, el perro intentará agacharse a cogerla
pero no se la daremos insistiendo en el comando SIENTA hasta que se
siente, momento en que le premiaremos. Todavía no aparece autoridad al solicitar la acción.

La motivación debe ser media, media-alta. En esta fase es particularmente importante ajustar correctamente el nivel de motivación para evitar desinterés del perro (motivación insuficiente) o un exceso de entusiasmo que no le permita pensar correctamente (motivación excesiva).
Cuantos más escalones soluciona un perro más carga motivacional puede
gestionar mientras lo hace.

Buscamos que el perro tenga que alejarse de lo que quiere para conseguirlo, cuando lo haga sabremos que ha comprendido la acción, pues si no
fuera así no sería capaz de alejarse de su meta para obtenerla, actuaría hacia ella. Veremos que hay perros que parecían conocer una acción pero son
incapaces de alejarse de su meta y dejan de realizar la acción cuando ponemos la meta fuera del rumbo de dicha acción; si la elección de meta es
adecuada sabremos que el perro no comprendía lo que hacía, era la respuesta a unas circunstancias que le «llevaban» a realizar la acción.

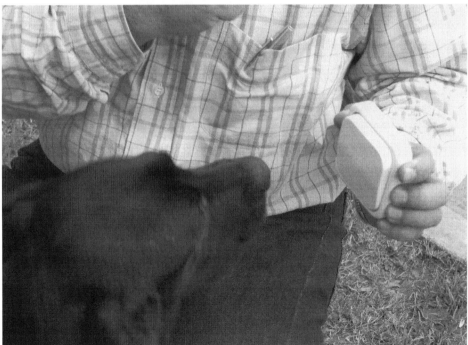

Dos formas de iniciar la fase mecánica para enseñar al perro de asistencia a pulsar los interruptores de la luz. En la primera foto la perra es «Laila de Alvaraziz» y el adiestrador Raimón Gabarró; en la segunda la perra es «Trufa de Alvaraziz» y el adiestrador Juan Félix Martínez.

Un trabajo típico es hacer que el perro discrimine un objeto entre varios y lo traiga. En la foto entreno del ejercicio del «Apport» sepultándolo entre mangas de protección y mordedores. Adiestrador: José Antonio Gómez; perro: Canto de Sagucan, RCI III.

Podemos decir que el objeto de la fase de escalón es doble: hacer que el perro comprenda el ejercicio y mostrar al guía si existe esta comprensión (ver «aprendizaje de conceptos»). Si pasáramos a fases posteriores sin el ejercicio comprendido el perro podría encontrar confusas nuestras exigencias, afectando a su relación con nosotros y con el trabajo.

En el otro extremo, decir que es importante recordar que el objeto del escalón es que el perro comprenda el ejercicio, una vez comprendido debemos pasar a la siguiente fase y no seguir poniendo escalones más y más difíciles, hacerlo genera dependencia en el perro, que termina viendo el ejercicio como una resolución de problemas. Si nos descuidamos los perros expertos en este sistema de adiestramiento llegan a encontrar en la solución de escalones una diversión tan estimulante en sí misma como cualquier premio que pudiéramos ofrecerle[6]. Si esto sucede el perro se mostrará poco interesado e indolente al ejecutar el ejercicio sin que existan dificultades. Cuando diseñamos la fase de escalón[7] todos los adiestradores cognitivos caímos en el «más difícil todavía» perdiendo de vista el objeto final del adiestramiento: teníamos perros que hacían el JUNTO perfectamente, sin ninguna incorrección, con figurantes corriendo a su lado, pasando por encima de mangas de ataque, juguetes, comida... con el guía intentando esquivarles entre obstáculos, incluso dentro de un río, con el agua por el pecho (del perro, obviamente) y un fondo de piedras resbaladizas. Cuanto más difícil mejor lo hacían, pero si las circunstancias eran normales los perros se aburrían, relajaban y empeoraban su ejecución. Para los perros el objeto de las sesiones era competir con nosotros: ellos competían para conseguir realizar el JUNTO y nosotros para confundirles, equivocarles para que no lo consiguieran.

Etapa II. Obediencia

Tras las dos fases anteriores el perro sabe realizar la conducta pero depende de la aparición de estímulos positivos o negativos para llevarla a cabo. Muchos sistemas de adiestramiento se quedan aquí, pues igualan enseñar y adiestrar. Esta no es nuestra visión, creemos que un adiestramiento solo es completo si el perro puede trabajar de forma habitual sin más estímulos externos que la aprobación o rechazo del guía y actúa por obediencia a este.

---

[6] Solucionar un problema es satisfactorio en sí mismo.
[7] El diseño de las fases técnicas del adiestramiento cognitivo es un trabajo conjunto del autor con Ignacio Alarcón, María José Herrero y Raimón Gabarró sobre una idea del autor.

Mientras el perro solo actúe por su propio interés no tendremos un trabajo en equipo; al explicar esto mucha gente se confunde y cree que un perro que trabaja por interés es aquel que busca conseguir un premio, esto no es así: un perro que acude a la llamada para evitar un impulso eléctrico está actuando de forma tan interesada como el que acude a conseguir una comida suculenta. Esto es un nivel de adiestramiento inferior al que buscamos.

Todo adiestramiento que excluya de su planteamiento las características específicas del perro, y particularmente su condición de animal social y colaborativo, hace trabajar al perro exclusivamente por su propio interés y será un planteamiento incompleto y menos eficaz que aquellos otros trabajos que las tengan en cuenta.

La base del trabajo cognitivo es el equipo, un equipo donde el jefe es el guía. El trabajo en equipo satisface al máximo nivel la conducta social del perro y le permite sentirse más y mejor integrado con su guía, el uso correcto de autoridad con el perro, en contra de lo que mucha gente cree, es necesario para tener una relación completa y satisfactoria[8].

3.ª Fase: Integración jerárquica.

Cuando el perro haga el «escalón» ya ha entendido lo que le pedimos. Entonces le *exigimos* por autoridad que lo obedezca. Si no realiza la acción estamos ante una desobediencia y aplicamos *castigo jerárquico,* evitando usar tirones en dirección al ejercicio (en el caso del SENTADO no tirar hacia arriba y hacia atrás). Esta desobediencia puede ser provocada por nosotros, preparando situaciones donde el perro se vea motivado a abandonar el trabajo para conseguir algo de su interés.

Al estar comprendido el trabajo el perro asocia el castigo a no obedecer y no a la acción entrenada. Para poder llevar a cabo esta fase debemos tener construida una relación jerárquica sana previamente. No se debe conseguir la autoridad durante la enseñanza de acciones pues de surgir conflictos afectarán al adiestramiento, además es más fácil y natural ganar autoridad en situaciones de acceso a recursos que en acciones aprendidas.

---

[8] Stanley Milgram en su libro *Obediencia a la autoridad* (ed. Desclée de Brouwer, 1984), un clásico de la psicología, decía: «La obediencia es un elemento tan básico como el que más en la estructura de la vida social. Un cierto sistema de autoridad constituye una exigencia de toda vida comunitaria, y únicamente quien viva aislado totalmente se ve libre de responder, bien sea desafiando a la autoridad o sometiéndose a la misma, cuando reciba órdenes de los demás. La obediencia es un determinante de la conducta.»

En la fase de autoridad le podemos exigir al perro que trabaje sin ayudas ni despistes pese a que aparezcan situaciones de su interés. En la fotografía Javier Moral con «Duna de Malaespina», RCI I, realiza el ejercicio de «Junto» entre objetos apetecibles sin que esta desvíe la atención de su guía.

Etapa III. Ajuste

Si las tres fases anteriores se han realizado correctamente el perro obedecerá la orden pero probablemente con cierta lentitud e imprecisión en la ejecución. Este trabajo es suficiente para la funcionalidad del ejercicio, por ello esta última etapa solo es necesaria si deseamos más velocidad y exactitud como, por ejemplo, en los perros que compiten en RCI.

En esta etapa es donde más aplicaremos las técnicas de gestión avanzada de la motivación.

4.ª Fase: Precisión.

Solicitaremos al perro que ejecute una acción que ya conozca y obedezca, buscaremos que el perro cometa leves incorrecciones que corregiremos hasta la acción exacta que buscamos. Para corregir usaremos el

Para la competición de RCI es necesario el ajuste de velocidad y precisión. en la fotografía José Antonio Gómez con «Canto de Sagucan» compitiendo en el Campeonato del Mundo de RCI del año 2003 en Bélgica.

NO informativo a la vez que un estímulo positivo o negativo que le guíe a la posición precisa. El nivel de motivación del perro debe ser medio, medio-alto.

Cuando el perro ya conoce la acción con precisión retiramos los estímulos y *exigimos* la precisión.

Si las fases mecánica y de comprensión se hacen con mucha destreza por parte del adiestrador puede no ser prácticamente necesario el ajuste de precisión.

5.ª Fase: Velocidad.

Para conseguir velocidad repetiremos el trabajo que hubiéramos hecho en las fases mecánica y/o de precisión, según convenga, pero buscando niveles de motivación de altos a muy altos en el perro; en esta fase suele ser necesario estímulos fuertes, trabajemos en positivo o negativo. Esto hay que tenerlo en cuenta a la hora de planificar las fases mecánica y de precisión. Si usamos un estímulo que provoca el nivel de motivación medio necesario en dichas fases pero que no tenemos forma posible de aumentar; ¿cómo conseguiré velocidad luego si el perro no la aporta de forma natural? También puede suceder que alguien esté dispuesto a poner a su perro un collar eléctrico con intensidades que no lleguen a causar molestia, pero si luego tiene que mejorar la velocidad tendrá que aumentar esos niveles[9]. Siempre debemos tener una previsión del desarrollo futuro que tiene el trabajo que hacemos con nuestro perro.

Como en esta fase el perro conoce perfectamente la acción solicitada, al ver aumentada su motivación acelerará su respuesta proporcionalmente.

Abusar de esta sobremotivación generaría dependencia en el perro; por ello, cuando veamos una mejora suficiente, interrumpiremos el trabajo. A partir de este punto podemos exigir al perro que mantenga la velocidad obtenida en esta fase sin necesidad de refuerzos externos.

Al contrario de lo que sucede con la precisión, la fase de velocidad no puede simultanearse con otras, salvo que el perro de forma natural sea muy veloz, pues durante el escalón y por los niveles medios de motivación durante el aprendizaje, el perro evalúa lo que tiene que hacer antes de hacerlo hasta ser un experto en esa acción, esa evaluación ralentiza levemente la ejecución del perro.

Para mantener los niveles de mejora de velocidad y precisión debemos saber que son *exigibles* y la corrección que demos al perro si falla es la indicada al explicar la exigencia: una corrección *seca, fría y rápida* que debe siempre dar al perro opción de responder realizando correctamente la acción por sí mismo.

El uso correcto de la jerarquía para mantener velocidad y precisión es mediante la *exigencia,* nunca por *castigo jerárquico,* este debe estar reservado a desobediencias y no a incorrecciones, si lo aplicamos el perro ralentizará la acción y puede mostrar síntomas de exceso de autoridad.

La exigencia es el único recurso posible para mantener alta la calidad de las acciones ejecutadas por el perro sin depender de estimulaciones externas como juguetes, comida, collares de castigo o eléctricos...

Los principales fallos que pueden aparecer al desarrollar trabajos cognitivos son:

- Sobremotivación en la fase mecánica (mal aprendizaje).

---

[9] En el capítulo dedicado al collar eléctrico veremos que en ningún caso se debe producir dolor o fuerte estrés en el perro si el uso es correcto.

- Fase mecánica demasiado corta: no se produce aprendizaje asociativo.

- Fase mecánica demasiado larga: el perro no avanza hacia la comprensión al hacer el escalón.

- Escalón demasiado difícil o incomprensible para el perro.

- Fase de escalón demasiado larga: visión del perro de la acción como contexto de resolución de problemas.

- Meta instintiva insuficiente: baja motivación para solucionar el escalón.

- Meta instintiva excesiva: sobremotivación e imposibilidad de desconectarse de la meta.

- Bajo nivel de exigencia; respuestas poco concentradas, lentas e imprecisas en acciones conocidas.

- Sobreexigencia.

- Confusión entre la aplicación de castigo jerárquico y de exigencia.

TRABAJO INDUCTIVO Y DEDUCTIVO

Todo lo que hemos visto anteriormente nos permite ver que existen dos formas de trabajar el perro; de dentro-fuera (deducción) y de fuera-dentro (inducción). La primera consiste en programar en el perro un esquema de acción y de este esquema «sacar» las acciones concretas; por el contrario, el sistema de fuera-dentro consiste en enseñar al perro acciones concretas que sumadas le harán entender un esquema.

Trabajo dentro-fuera o deductivo

Se estimula al perro para que busque una conducta que dé salida a la carga motivacional sobre la que trabajamos. Genera más estrés en el perro, pero con una sola ejecución correcta el perro «entiende» el ejercicio. Además estimula la capacidad de aprendizaje. Requiere, sea en positivo o en negativo, mucha sensibilidad por parte del guía. El guía es el elemento pasivo y el perro el elemento activo. Estimula al perro a aprender. La comprensión de la norma establece la aparición de repeticiones exitosas.

Por ejemplo:

1. *Por pautas naturales hago entender al perro que soy el dominante.*

2. Pidiéndole que obedezca antes de obtener algo bueno le hago entender que obedecer es necesario y positivo.

3. Con una técnica adecuada enseño el ejercicio de sentado.

4. Como el perro ya entiende que soy dominante y que obedecer es necesario y positivo, obedece la orden.

Raimón Gabarró enseñando a «Yuca» a abrir cajones.

Trabajo fuera-dentro o inductivo

El perro es llevado a la conducta deseada por el guía. Es más suave para el perro y fácil de aplicar para el guía, pero requiere varias repeticiones para que el perro tome conciencia de lo que se espera de él. Se puede hacer en positivo o en negativo. El guía es el elemento activo y el perro el elemento pasivo. La suma de repeticiones exitosas establece la norma de actuación.

Por ejemplo:

1. Con una técnica adecuada enseño el ejercicio de sentado.

2. Cuando se sienta le premio, entonces entiende que sentarse es positivo.

3. Cuando retiro el premio y no se sienta le obligo. Entonces entiende que no sentarse es negativo.

4. Cuando le enseño varios ejercicios y percibe una actuación equivalente en todos ellos, asume que debe obedecerme.

5. Como asume que debe obedecerme entiende que soy dominante sobre él.

El trabajo deductivo se basa en el aprovechamiento de los procesos cognitivos del perro en el adiestramiento, mientras que el inducido se centra en utilizar los procesos de condicionamiento operante. En un programa de adiestramiento se usan ambos sistemas según el trabajo y las capacidades y gustos del adiestrador (¡y del perro!). Es importante recordar que la tendencia de los perros (y, por cierto, de las personas) es aprender por inducción aquellas cosas que son fáciles y por deducción lo que resulta más difícil o, por algún motivo, es considerado muy relevante.

ENSEÑANZA DE ESQUEMAS Y PROCEDIMIENTOS

Una de las formas de aprendizaje deductivo más importante es la enseñanza de esquemas y procedimientos para desarrollar labores complejas.

Los esquemas sirven al perro para evaluar, comprender y crear expectativas sobre la labor a desarrollar. Los procedimientos son el conjunto de condiciones-acciones concretas necesarias para llevarla a cabo.

Usaremos un sistema de análisis silogístico[10] para determinar ambos parámetros:

1. *Esquemas.* Determinan la *naturaleza* del problema. Se encuadra el trabajo usando las partículas:

---

[10] El análisis silogístico del trabajo se puede utilizar para analizar cualquier acción del perro pero no resulta práctico en acciones simples. Normalmente se usa solo para acciones proactivas (por ejemplo trabajos de conducción) o cuando necesitamos acotar y definir una acción nueva aunque sea sencilla (diseño de técnicas).

...SIEMPRE...

...NUNCA...

...A VECES...

...A VECES NO...

2. *Procedimientos.* Reglas para determinar las acciones a realizar según las condiciones para *solucionar* el problema. Encuadramos el trabajo usando las partículas condicionales:

SI...ENTONCES...

SI Y SOLO SI...ENTONCES...

Un ejemplo que permite ver esto con claridad es el ejercicio de TUMBADO en perros dedicados al adiestramiento deportivo. Muchas veces vemos adiestradores que no utilizan el TUMBADO fuera del contexto de entreno argumentando que el perro podría aprender a ejecutarlo de forma lenta y/o incorrecta (por ejemplo: tumbándose de lado). Sin embargo hay otros adiestradores que lo usan con normalidad sin por ello tener peores resultados luego. Esto se debe a la diferencia de planteamientos silogísticos de la acción entre unos y otros.

El análisis de los primeros sería:

Esquema:

TUMBADO SIEMPRE tumbarse

TUMBADO SIEMPRE rápido

TUMBADO SIEMPRE preciso

Procedimientos:

SI no se tumba ENTONCES corregir

SI lento ENTONCES corregir

SI impreciso ENTONCES corregir

SI Y SOLO SI puedo corregir ENTONCES el TUMBADO será bueno

De dónde se deduce

SI no puedo corregir ENTONCES el TUMBADO no será bueno

El otro planteamiento, más práctico, que nos permitirá precisión en la pista y utilidad en la vida cotidiana sería el siguiente:

Esquema:

TUMBADO SIEMPRE tumbarse

TUMBADO A VECES rápido   rápido SIEMPRE en pista

TUMBADO A VECES preciso   preciso SIEMPRE en pista

Procedimientos:

SI no se tumba ENTONCES corregir

SI Y SOLO SI no es rápido y preciso en pista ENTONCES corregir

Entrenando en base a este segundo análisis enseñaremos al perro a discriminar el contexto de trabajo y ver la pista como una situación especial del TUMBADO.

Este ejemplo también muestra alguno de los errores comunes al aplicar el análisis silogístico a un trabajo. Estos errores son debidos a un mal análisis silogístico del trabajo por parte del adiestrador o mala comprensión de las opciones por parte del perro.

Errores más frecuentes (en perro y adiestrador).

Confundir:

A VECES con SIEMPRE y al revés (menos frecuente)

A VECES NO con NUNCA y al revés (menos frecuente)

SI con SI Y SOLO SI y al revés (menos frecuente)

JERARQUÍA DE ENTRENO DE OPCIONES PROCEDIMENTALES

Una vez determinadas (mediante SI...ENTONCES... y SI Y SOLO SI...ENTONCES...) las opciones para solucionar una situación ordenaremos el entreno de dichas opciones en base a la claridad de la acción y lo positivo/proactivo o negativo/reactivo del trabajo para el perro.

Primero agruparíamos las posibles acciones en claras y poco claras. Por ejemplo: En un perro de movilidad las opciones ante un bordillo son: SI el bordillo es de bajada ENTONCES parar, SI el bordillo es de subida ENTONCES tirar de la silla y SI Y SOLO SI el bordillo está rebajado ENTONCES continuar la conducción. En este caso tirar y parar son opciones claras y continuar es una opción poco clara pues el concepto «rebajado» es poco preciso y será necesario que el perro tenga claro cuándo un bordillo es de subida y cuándo de bajada para comparar y determinar si

«Zello V. Lehrbacher Schloss», RCI I. Guía: Carlos Alfonso López.

un bordillo está rebajado. Una vez agrupadas las acciones entrenaríamos primero las acciones claras, empezando por las más positivas/proactivas para el perro y progresivamente llegaríamos a las más negativas/reactivas. Solo después de entrenar todas las acciones claras empezaríamos a entrenar las poco claras con el mismo criterio de más positiva/proactiva a más negativa/reactiva. En el ejemplo anterior el plan de entreno sería:

1.º Tirar en bordillos de subida (se entrenan en positivo activando al perro a la hora de abordarlos).

2.º Parar en bordillos de bajada (se entrenan en negativo haciendo al perro detenerse y permanecer detenido hasta que se le indica continuar).

} ACCIONES CLARAS

3.º Continuar en bordillos rebajados. } ACCIONES POCO CLARAS

La importancia de no entrenar las opciones poco claras hasta que estén entendidas y asumidas las opciones claras viene de la inconsistencia en la respuesta, falta de convicción e ineficacia en la solución de problemas cuando el perro no tiene premisas suficientes (adquiridas en el entreno de acciones claras) para evaluar la situación.

APLICACIÓN DEL SISTEMA DE ANÁLISIS SILOGÍSTICO EN TAREAS DE CONDUCCIÓN: GUÍA Y MOVILIDAD

El ejemplo anterior estaba referido a una acción muy básica, el uso principal del análisis silogístico es en destrezas complejas donde hay dificultad para evaluar una situación y múltiples normas procedimentales a aplicar para solucionarla correctamente.

Para ilustrar este nivel de dificultad y la forma de resolver destrezas complejas mediante análisis silogístico vamos a aplicarlo a destrezas de conducción: guía de invidentes y ayuda a la movilidad en usuarios de silla de ruedas.

Al entrenarse primero los elementos positivos creamos una buena relación del perro con la conducción; por simple aplicación de las leyes de influencia emocional en el aprendizaje tendremos un alto interés por conducir y mayor facilidad para superar fallos y situaciones negativas posteriores.

Muchas escuelas todavía entrenan primero las acciones más negativas/reactivas. Por ejemplo, primero los bordillos de bajada y luego los de subida en un perro de movilidad. En perros guía es frecuente entrenar primero el tráfico cercano y luego el lejano. Estos trabajos son más lentos y dan como resultado perros menos proactivos durante la conducción. Afortunadamente ya en 1990 Bruce Johnston (GDBA) escribía en su libro *The skilful mind of the guide dog. Towards a cognitive and holistic model of training* sobre sistemas de trabajo cognitivos en el perro guía:

> «Enseñe siempre el tráfico alejado antes que el próximo. Como la detención para el tráfico alejado se moldea por medio de reforzamiento positivo, el perro en último término se negará a descender del bordillo de bajada en presencia de tráfico cercano.»

Esquemas y procedimientos de conducción

— Bordillos para perros de movilidad

ESQUEMA:

Bordillo SIEMPRE desnivel en la calle

Desnivel A VECES inconveniente para la movilidad

Desnivel A VECES NO inconveniente para la movilidad

PROCEDIMIENTO:

SI desnivel pronunciado ENTONCES negociar:

- SI sube ENTONCES tirar

- SI baja ENTONCES parar

SI Y SOLO SI el desnivel es suave ENTONCES continúa la conducción

— Bordillos para perros guía

ESQUEMA:

Bordillo SIEMPRE discontinuidad en la calle[11]:

---

[11] Obsérvese que el concepto de bordillo no es igual para un perro de movilidad que para un perro guía. Este concepto no es general sino determinado por el tipo de trabajo a desarrollar.

- Discontinuidad A VECES del material

- Discontinuidad A VECES del nivel (desnivel)

Desnivel SIEMPRE peligroso

Desnivel A VECES limita con tráfico

Discontinuidad del material A VECES peligrosa

Discontinuidad del material A VECES limita con tráfico

Tráfico SIEMPRE peligroso (esquema y procedimiento de tráfico)

PROCEDIMIENTO:

SI desnivel ENTONCES parar para indicarlo

SI tráfico ENTONCES negociar (esquema y procedimiento de tráfico)

SI Y SOLO SI ni desnivel, ni tráfico ENTONCES continuar

Tráfico

ESQUEMA:

Tráfico SIEMPRE coches que se acercan transversalmente (no paralelos)

Tráfico SIEMPRE peligroso

Tráfico A VECES coches por la derecha

Tráfico A VECES coches por la izquierda

Tráfico A VECES cercano

Tráfico A VECES lejano

PROCEDIMIENTO:

SI tráfico ENTONCES parar y esperar que termine y la indicación del usuario/adiestrador

SI para el tráfico ENTONCES continuar la conducción[12]

OBSTÁCULOS PARA PERROS GUÍA

ESQUEMA:

Obstáculos SIEMPRE dificultan el tránsito

---

[12] Respetando, por supuesto, los procedimientos de bordillo.

Obstáculos A VECES impiden el tránsito

Obstáculos A VECES son dinámicos

Obstáculos A VECES son sólidos

Obstáculos A VECES están a nivel del suelo

Obstáculos A VECES son altos

PROCEDIMIENTO:

SI Y SOLO SI hay espacio suficiente ENTONCES rodear el obstáculo

SI no hay espacio suficiente y el tráfico lo permite (esquemas y procedimientos de tráfico) ENTONCES descender el bordillo (esquema y procedimientos de bordillo) y rodearlo por fuera de la calle

SI no hay suficiente espacio y el tráfico (esquemas y procedimientos de tráfico) no lo permite ENTONCES parar hasta que cambien las condiciones (al cambiar se aplicará uno de los dos supuestos anteriores según convenga)

Después:

SI el obstáculo ha sido rodeado ENTONCES buscar línea recta.

Problemas que pueden surgir durante el trabajo de conducción

- Falta de iniciativa del perro por exceso de autoridad del usuario/adiestrador o mala distribución de las áreas de acción (ver capítulo siguiente).

- Conducción demasiado entusiasta por falta de autoridad, mala distribución de las áreas de acción o falta de consistencia del entreno.

- Interferencias en la conducción por parte de gente que intenta jugar con el perro, darle comida...

- Niveles de «ruido» ambiental que impiden o dificultan la concentración.

- Situaciones confusas durante la conducción.

- Mal análisis silogístico del trabajo.

ÁREAS DEL ADIESTRAMIENTO

El proceso de adiestramiento implica enseñar al perro un gran número de acciones y destrezas relacionadas con su manejo cómodo y la funcionalidad de su labor. Estas acciones, según se soliciten y ejecuten, pueden catalogarse dentro de cuatro grandes áreas:

- *Acciones de obediencia:* acciones mecánicas ejecutadas por sumisión al guía como superior jerárquico.

  Premisas para incluir una acción en este área:

  1. Es necesaria para el manejo cotidiano del perro y la convivencia con él (criterio funcional)[13].

  2. Su desobediencia puede ser castigada por el guía.

  3. Es una acción mecánica.

- *Acciones discrecionales*[14]*:* acciones mecánicas ejecutadas por *influencia*[15] de la autoridad del guía (conseguida en las acciones de obediencia) y por la esperanza de cumplir una expectativa positiva.

  Premisas para incluir una acción en este área:

  1. No siempre debe ser reforzada.

  2. Es una acción mecánica.

  3. Es una acción final.

  4. No es necesaria para el manejo cotidiano del perro (criterio funcional).

---

[13] Criterio funcional: aquel criterio que debe darse para que el trabajo del perro sea eficaz, sin ser una condición intríseca de la acción.

Criterio técnico: aquel criterio que es una condición intrínseca de la naturaleza de la acción. Cuando no se señala lo contrario todos los criterios que definen las diferentes áreas del adiestramiento son criterios técnicos.

[14] Discrecional: no regulado con precisión de modo que se deja a la prudencia o discreción del sujeto.

[15] Cuando el guía es un jefe jerárquico para el perro esta autoridad está implícita en cualquier interacción entre ellos, es como ir a tomar un café con nuestro jefe: aunque la situación esté fuera del horario y contexto de trabajo y nuestro jefe no esté ejerciendo como tal, nuestra forma de comportarnos no será la misma que con otra persona que no tenga autoridad sobre nosotros. Esta influencia puede ser aprovechada en el adiestramiento.

- *Hábitos:* acciones ejecutadas en estado de inercia.

  Premisas para incluir una acción en este área:

  1. Es una acción frecuentemente solicitada.

  2. Es una acción mecánica o la unión de varias.

  3. No requiere concentración para su ejecución.

- *Acciones propositivas:* «Acciones intencionales y sistematizadas (no mecánicas) del perro para alcanzar metas a corto y largo plazo en el contexto de trabajo» (definición de Bruce Johnston).

  Premisas para incluir una acción en este área:

  1. Su ejecución correcta es autosatisfactoria.

  2. Implica elección (o elecciones) entre varias alternativas de conducta.

  3. No es mecánica.

Algunas acciones se enclavan en diferentes áreas según determine el contexto de trabajo. Por ejemplo: encender luces en un perro que asiste a un parapléjico puede estar dentro de la obediencia, pues el usuario tiene capacidad para obligarle a hacerlo en el caso de que falle; sin embargo, un perro que asiste a un tetrapléjico incluirá esta acción en las discrecionales por la imposibilidad de realizar correcciones sistemáticas.

Interrelación de las áreas de trabajo

Los trabajos que realizamos en cada área de acción tendrán una influencia en las demás áreas. Esta influencia puede resultar positiva o negativa y ser o no evitable en el diseño de nuestro entrenamiento. Por ello, antes de determinar la técnica de entreno de una acción concreta debemos evaluar el trabajo global del perro para no afectar inconvenientemente otras acciones o el conjunto del adiestramiento.

El exceso o acumulación de trabajo en un área tiende a dirigir el conjunto del trabajo hacia ese área.

El trabajo de acciones en un área repercute en las acciones de las otras áreas de forma directamente proporcional a su grado de similitud o afinidad y cercanía en la secuencia.

Los perros pequeños como «Harris» tienen que aprender a pulsar los interruptores de forma poco ortodoxa, en este caso saltando.

Las normas generales de influencia entre áreas son las siguientes:

Acciones de obediencia influencia en:

Acciones discrecionales

Mayor predisposición del perro a obedecer.

Disminución de expectativas positivas.

Acciones propositivas

Disminución de la iniciativa.

Inhibición del perro ante decisiones conflictivas.

Dificultad del perro para asumir la dirección del equipo.

Hábitos

Excesiva concentración del perro en los fallos.

Dificultad de colocarse en estados de inercia.

Visión final del trabajo.

Acciones discrecionales influencia en:

Acciones de obediencia

Disminución de la autoridad del guía.

Aumento del porcentaje de fallo.

Aumento de la demanda de premio.

Acciones propositivas

Sustitución de la satisfacción por el éxito de la acción por la expectativa de conseguir premios.

Disminución de la iniciativa.

Visión final del trabajo.

Hábitos

Excesiva concentración del perro en los aciertos.

Dificultad de colocarse en estados de inercia.

Visión final del trabajo.

Hábitos influencia en:

Acciones de obediencia

Ralentizando la ejecución.

Dificultando la concentración.

Acciones discrecionales

Ralentizando la ejecución.

Dificultando la concentración.

Acciones propositivas

Tendencia a trabajar por inercia.

Disminución de la iniciativa.

Desconcentración.

Acciones propositivas influencia en:

Acciones de obediencia

Exceso de iniciativa.

Disminución de la autoridad del guía.

Acciones discrecionales

Exceso de iniciativa.

Disminución de la autoridad del guía.

Hábitos

Dificultad de colocarse en estado de inercia.

ADIESTRABILIDAD Y FUNCIONALIDAD DE UN PERRO

Es un error habitual confundir o usar como sinónimos la adiestrabilidad y la funcionalidad, pues en muchos casos ambas características se superponen. Para una correcta formación es necesario conocer las diferencias.

Adiestrabilidad

Es la capacidad de un perro para ser sometido con éxito a un programa de adiestramiento. La evalúan cuatro parámetros:

- *Inteligencia* (según la definición anteriormente explicada): obviamente cuanto más inteligente es un perro más rápido aprende y más adiestrable resulta (que no obediente).

- *Grado de neotenia:* tanto por mantener alta la capacidad de aprendizaje como por asumir sin conflictos el liderazgo del guía (obediencia) un alto grado de neotenia implica mayor adiestrabilidad.

- *Grado de socialización con el hombre:* el adiestramiento conlleva una relación de jerarquía y afecto entre el perro y su guía. Por ello cuanto más aplique aquel sus pautas sociales en su relación con el hombre más adiestrable será, esto es: cuanto más nos trate y asuma como a un congénere. Sin relación social no hay adiestramiento sino doma.

- *Carácter adecuado:* cada programa de adiestramiento tiene exigencias específicas de carácter sin las cuales el perro no puede progresar en dicho programa. Estas exigencias son el punto divergente en la selección de perros para uno u otro programa de adiestramiento; siendo los tres puntos anteriores comunes a todo programa de adiestramiento. Por ejemplo en los perros destinados a RCI se busca que tengan fuertes instintos de caza y defensa en determinado equilibrio. Estos niveles de instinto harían inadecuado a un perro para asistir a un tetrapléjico donde se necesita de base un carácter sosegado y exento de agresión.

Funcionalidad

Es el grado de eficacia del perro en aquella labor a que ha sido destinado. Así, un perro en un chalet puede ser totalmente funcional para disuadir a posibles intrusos sin adiestramiento alguno (basta con la presencia) y un perro de asistencia a tetrapléjicos que haya completado brillantemente su adiestramiento no serlo en absoluto si su usuario debe cruzar una amplia zona con obstáculos arquitectónicos para sacarle a hacer sus necesidades (el perro dificulta la vida del usuario más de lo que se la facilita con sus acciones de asistencia).

Vemos que no es igual un perro adiestrable que un perro funcional aunque en muchos casos, sobre todo en trabajos complejos (perros de asistencia, perros de rescate...) no es posible la funcionalidad sin la adiestrabilidad.

CONFIRMACIONES Y LIBERACIÓN

Muy importantes en todo el proceso de adiestramiento.

La confirmación MUY BIEN es la corroboración al perro de que la conducta adoptada es correcta. Tras la confirmación el perro debe seguir trabajando, confirmar no implica finalizar el trabajo ni abandonar la conducta, aunque suele desestabilizarla ligeramente.

Las confirmaciones excesivas generan dependencia y sustituyen en el perro el gusto por el trabajo por la expectativa de confirmación.

Se puede confirmar con diferentes intensidades, buscando inducir tranquilidad o activación, usando algún tipo de recompensa. Es la situación y el nivel de avance que suponga la acción o destreza a confirmar los que han de determinarlo.

Se debe confirmar en las siguientes situaciones:

• Aparición incipiente de conductas adecuadas.

• Estabilización de una conducta recién aprendida o de una conocida tras el surgimiento y superación de un problema.

• Avance o mejora importante en la ejecución de acciones o destrezas ya conocidas.

• Durante trabajos largos que son correctamente ejecutados.

• Superación de una dificultad.

• Intención de variar una estrategia inadecuada.

La liberación HALE es la indicación al perro de que el trabajo ha terminado y puede actuar libremente.

La liberación es muy importante para que el perro conozca el punto final del trabajo a partir del cual no está sometido a disciplina. Si no liberamos al perro será él quién tenga que deducir cuando termina el trabajo, dando lugar a tres posibles problemas:

1. Evaluación incorrecta del punto final con lo que puede o bien romper el ejercicio antes de lo que deseamos o permanecer bajo disciplina cuando ya no es necesario.

2. Puesto que mientras trabaja tiene que evaluar el entorno para decidir el final del ejercicio no estabiliza las acciones aprendidas. Esto

afecta especialmente a las acciones de continuidad como el QUIE-
TO o el JUNTO. La liberación es un referente claro de final que
permite que el perro se relaje durante la ejecución del ejercicio, sabiendo con claridad ante qué señal concreta finaliza su trabajo.

3. El perro puede aprender a reconocer señales de final que no nos
   interese que conozca, pues le permitirán no depender de las indicaciones del guía e ir por delante de este en las decisiones.

La liberación no siempre supone una confirmación; es cierto que la
mayoría de las veces que liberemos al perro será cuando este haya eje-
cutado una acción o destreza correctamente, pero puede pasar que el perro no resuelva correctamente y no sea posible seguir trabajando (cambio de circunstancias del entorno, pensamiento circular...), también en
estas circunstancias se debe poder liberar al perro para indicarle el final
del trabajo. Será nuestro tono el que indique si una liberación es a su vez
confirmación o no, así como el tipo (tranquilizante-activante) y nivel
de confirmación en caso de haberla.

Confirmación del aprendizaje inicial de acciones
y confirmación de la estabilidad del ejercicio

Cuando iniciamos la enseñanza de una acción vemos que las primeras
veces que esta aparece lo hace brevemente, y si no confirmamos y liberamos con rapidez el perro empieza a realizar otras conductas. El tiempo
de presentación *(timing)* de la confirmación en el aprendizaje inicial es
muy importante pero una vez está fijada la acción debemos estabilizarla:
para ello confirmamos al perro cuando se muestra tranquilo durante la
ejecución del ejercicio.

Es un error frecuente hacer que el perro mantenga un ejercicio largo
tiempo y confirmar e incluso liberar cuando empieza a mostrar inquietud y dudas. Es como una prueba de cuánto «aguanta» el perro el ejercicio. No se debe confirmar de forma usual un ejercicio ya conocido
cuando está inestable, pues fijaremos ese estado y las tendencias a la acción que tuviera el perro en ese momento.

La mayor parte de las situaciones que planteemos a un perro adiestrado, no digamos ya durante el adiestramiento, deben ser fácilmente su-
perables. Puntualmente podemos poner picos de dificultad para avanzar
o consolidar algún aprendizaje que lo requiera (QUIETO, AQUÍ...)
pero si la mayor parte de la sesión se tiene al perro trabajando en su límite de eficacia generaremos estrés, mala relación con el trabajo, pérdi-

da progresiva de iniciativa y eficacia e inestabilidad de las conductas aprendidas. No es la continua dificultad lo que mejora la destreza de un perro sino tener seguridad en que sus acciones pueden solucionar una situación: esto se consigue poniéndole en situaciones que pueda superar. Aumentaremos la dificultad progresivamente y solo ocasionalmente pondremos al perro en situaciones límite.

ACTITUD DE TRABAJO DEL GUÍA

El adiestrador puede tener diferentes maneras de portarse con su perro durante el trabajo según varios parámetros y cada uno de ellos para conseguir un resultado determinado.

Con respecto a la relación:

- *Dominante:* el guía solicita la obediencia y los refuerzos positivos o negativos son aplicados por él como jefe jerárquico. Refuerza la autoridad.

- *Delegatoria:* el guía deja al perro la dirección del equipo siguiendo sus indicaciones. Crea y refuerza la iniciativa del perro. Se utiliza en acciones propositivas (tráfico, obstáculos...)

- *Neutra:* el guía solicita la obediencia y los refuerzos (positivos o negativos) parten de él de forma que el perro no lo considere emisor de ellos sino intermediario entre la acción realizada y las consecuencias de esta. Crea y refuerza el trabajo de condicionamiento operante.

- *Apoyando al perro:* se usa sobre todo en fases de iniciación. El guía solicita algo del perro y le indica cómo realizarlo de forma positiva. Refuerza la confianza guía perro. Trabajar siempre de esta forma hace que disminuya la iniciativa del perro.

Con respecto a la actividad:

- *Dinámica:* el guía realiza la conducción de forma rápida y marcando clara y contundentemente cada ejercicio. Se busca dinamismo en el trabajo, facilitar la concentración del perro en su guía y exactitud en la ejecución de las acciones solicitadas.

- *Relajada:* el guía realiza la conducción a un ritmo normal (paseo) y va introduciendo ejercicios de forma fluida y tranquila. Se busca que el perro atento al ambiente, obedezca al guía.

- *Lenta:* el guía realiza la conducción de forma notablemente lenta y suave. Esto hace que el perro tienda a despistarse del trabajo y da opción al guía a corregirle. Entrenamos la concentración sobre el trabajo y hacemos al perro consciente de estar trabajando.

La actitud real del guía combina siempre las formas de relación con las de actividad. Estas formas de trabajar no son fijas en cada perro sino que varían en diferentes momentos.

ACTITUD DE TRABAJO DEL PERRO

El perro puede trabajar en estados internos diferentes:

- *Esperanza:* el perro actúa porque espera recibir un estímulo positivo.

- *Estrés:* el perro actúa para salir de un estímulo negativo o evitar que aparezca. También aparece durante la exigencia mantenida.

- *Sumisión:* el perro actúa para obedecer a su superior jerárquico (aparece estrés también en el perro pero no se debe confundir con el estado de estrés).

- *Inercia:* el perro actúa tras un largo condicionamiento como nosotros le hemos determinado sin darse cuenta de que está trabajando. La base es el sistema de no dejar al perro la opción de equivocarse o actuar de forma diferente a la deseada.

- *Miedo:* el perro evita actuar, por la aparición de miedo, cuando entra en determinadas situaciones. Por ejemplo: rechazo de alimentos.

- *Propositiva:* el perro actúa de forma intencional para alcanzar una meta. Por ejemplo: guía de ciegos, negociación de bordillos.

Los estados internos del perro no se suelen mostrar puros y lo normal es ver en un mismo perro momentos en que el trabajo es realizado por sumisión al guía, otros en que le mueve la esperanza de conseguir su premio y momentos en que ejecuta por inercia otros ejercicios y, en general, los estados aparecen juntos con unos dominando sobre otros (estados dominantes y estados secundarios).

5

El cachorro, generalidades y formación

La etapa infantil de cualquier especie sirve para variar su comportamiento en base al aprendizaje que durante esta etapa produzca su interacción con el entorno. Así pues, permite adaptarse al individuo a sus condiciones de vida.

Esta posibilidad de variar la conducta es fundamental para el adiestramiento y desaprovechar esta etapa, la más fértil y moldeable del perro, es limitar los resultados del mismo.

En la infancia el perro no solo aprende hechos concretos sino, lo que es más importante, aprende a relacionarse con el mundo, aprende esquemas de comportamiento, o sea, normas generales según las cuales juzgará luego lo que le suceda y lo adecuado o no de nuestras acciones con él. Por ejemplo: un perro que ha sido brutalizado al trabajar de cachorro tenderá, aunque cambie de dueño o sitio de trabajo, a mostrar miedo ante la idea de trabajar. Por el contrario, si el perro solo ha trabajado por premio sin existir autoridad ni eventos negativos puede atemorizarse en extremo si un día aparece en el trabajo un castigo, aunque sea suave, porque para él no encaja en el esquema que se ha creado.

Así pues, vemos la importancia de trabajar sobre el cachorro para crear la actitud buscada ante el trabajo, pero los beneficios de trabajar con un cachorro son muchos más, entre ellos: proactividad en el trabajo, facilidad de aprendizaje, rapidez funcional del adiestramiento, adaptación del cachorro al tipo de programa que vamos a entrenar, más tiempo para pulir detalles (pues al llegar al año el perro prácticamente conoce la

«Nelson», cachorro de Mastín napolitano de cuatro meses de edad. Propietario: Carlos Alfonso López.

totalidad del programa de trabajo) y en conjunto una cantidad de ventajas enorme que nos hace plantearnos por qué no todo el mundo inicia el trabajo con cachorros. Existen dos motivos: el riesgo de error, si nos equivocamos en un cachorro los errores suelen ser de más difícil solución, y el desconocimiento de las técnicas adecuadas, en muchos casos los conocimientos del adiestrador se limitan a técnicas para enseñar las acciones concretas que desea que ejecute el perro (sentado, al paso...) pero sin saber por qué funcionan, es decir, qué pasa en la cabeza del perro cuando las aplican. Por contra, el trabajo del cachorro es más sutil pues busca resultados generales a todo el adiestramiento más que a una sola acción (aunque también se enseñan acciones concretas). Además requiere un mínimo de planificación y coherencia en el trabajo para hacerlo evolucionar.

Los esquemas que cada adiestrador debe generar en el cachorro ante el trabajo no son los mismos y deben ser determinados según vaya a ser el trabajo posterior del perro. Cada adiestrador debe reflexionar sobre su forma de trabajar al adulto y determinar en base a esto el trabajo del cachorro. Cualquier sistema (mínimamente coherente) puede facilitarse con trabajo del cachorro. Existe la idea generalizada de que el trabajo del cachorro está limitado a juego y sistemas positivos. Esto no es cierto, sistemas severos pero lógicos pueden ser esquematizados por el cachorro, eso sí, sin castigos o estímulos negativos fuertes (aunque el sistema luego los aplique al perro adulto).

Como es imposible cubrir todos los posibles sistemas de trabajo de cada adiestrador y de cada especialidad del adiestramiento (rescate, RCI, ring francés, agility...) este módulo va a centrarse en el sistema de trabajo del cachorro de C&R EDUCAN, sistema que ha mostrado su eficacia y versatilidad haciendo funcionales perros de diversas razas (Labrador Retriever, Pastor Alemán, Golden Retriever, Schnauzer, Boxer) para diferentes usos (RCI, asistencia a discapacitados, truferos...).

IMPORTANCIA DE LA MADRE Y LA CAMADA. EVOLUCIÓN NATURAL DEL CACHORRO

Las relaciones del cachorro con su madre y hermanos son fundamentales en el desarrollo posterior del perro, pues aunque los esquemas sociales y de relación son en gran parte innatos requieren moldeo, ensayo y experiencias para madurar en un sentido o en otro. Por ello, pese a que la madre y el padre comparten al 50% el aporte genético a la camada, es más importante una buena madre que un buen padre, pues la evolución social de los cachorros depende más de ella.

Una madre equilibrada y estable facilita al cachorro claves claras para el aprendizaje de normas sociales, correcciones adecuadas para facilitar la correcta jerarquización del cachorro y una vigilancia efectiva de sus acciones sin cortar sus avances exploratorios. La política de seleccionar solo al padre de la camada no dando importancia a la madre es completamente incorrecta si tenemos en cuenta que la primera relación social fuerte y modélica para el cachorro es su madre.

Cuando la madre va disminuyendo su atención sobre los cachorros estos enfocan su vida social hacia sus hermanos. Estas relaciones entre la camada son el fundamento de las relaciones sociales posteriores y de la capacidad de integración en la estructura social natural del perro, la manada. Un cachorro separado demasiado pronto de sus hermanos puede tener anomalías en sus relaciones sociales. La mejor forma de tener un cachorro adecuado es retirarlo a partir de la octava semana de la madre pero habiendo cuidado que haya tenido contacto con seres humanos desde finales de la tercera semana de vida.

Para el adiestrador es importante observar cómo actúa la madre con los cachorros y estos entre sí, pues da una imagen bastante concreta de cómo actuar con un cachorro. Se ve en estas relaciones que cuando el cachorro se pone pesado o intenta acciones ilícitas la madre le corrige. También entre cachorros se da este tipo de acciones, recordemos que el mordisco suave que el perro emplea para jugar se aprende con la camada. El perro inicialmente muerde sin control, pero si el mordisco es muy fuerte, o la madre le da un golpe con el hocico o los hermanos dejan de jugar (según muerda a una u otros).

Por ello vemos que desde el principio en la formación del cachorro aparecen el castigo y el castigo por supresión. El cachorro puede entender castigos adecuados cuando se refieren a los comportamientos preprogramados en el perro. Por ejemplo, se puede castigar a un cachorro que nos intente quitar de las manos un bocadillo pero no a aquel que se sube a una mesa y tira un jarrón. Es natural que el dominante (o su madre) no le permitan al cachorro «robarle» su comida y el castigo (adecuado) refuerza el concepto de jerarquía del cachorro. En cambio, es antinatural que la madre corte la iniciativa exploratoria necesaria en el cachorro para recabar datos de su entorno, todo lo más si entiende que el cachorro se excede lo llevará sin reprenderle a un lugar seguro. Nosotros deberíamos actuar de modo equivalente.

Fases del cachorro[1]

Pese a que el proceso de desarrollo del cachorro es continuo y gradual podemos distinguir varias fases, siempre teniendo en cuenta lo anterior.

1. Fase *neonatal:* catorce primeros días de vida. El cachorro pasa prácticamente todo el tiempo durmiendo, el resto lo dedica a alimentarse. Defeca y micciona como reflejo de la estimulación lingual de la madre.

   Se ha demostrado que es importante manipular al cachorro en esta fase. Las ventajas de esta manipulación son:

---

[1] Modificado de X. Manteca, *Etología Clínica Veterinaria del Perro y del Gato.* Ed. Multimédica, 1996.

- Maduración del sistema nervioso más rápido: abren los ojos antes, el crecimiento es más rápido y muestran mayor precocidad en la coordinación del movimiento.

- De adultos tienen un mayor instinto de exploración.

Estas características, importantes en el perro de utilidad, deben ser tenidas en cuenta y primarse un cachorro manipulado frente a otro que no lo haya sido. Así mismo debemos recomendar siempre la manipulación a cualquier criador de perros.

2. Fase de *transición:* tercera semana de vida.

   Se inicia la actividad de exploración.

   Primeras conductas de juego.

   Se inicia la defecación y micción autónomos de la madre.

3. Fase de *socialización:* de la cuarta a la duodécima semana de vida.

   Aumento de la conducta de exploración.

   A las seis semanas aparecen las primeras pautas de relación social.

   En juego aparecen conductas adultas: caza, monta...

   Aprende a aceptar a otros perros, personas u otros animales que conozca.

   Durante esta fase, de la quinta a la octava semana, aparece el *imprinting* o impronta, que es el espacio de tiempo que transcurre entre el inicio de la madurez sensorial y la madurez de las estructuras nerviosas que controlan la respuesta de miedo frente a situaciones nuevas.

   Es la fase más importante para la evolución de la conducta del perro.

4. Fase *juvenil:* desde la decimotercera semana hasta la madurez sexual.

   Aumenta la capacidad motora y las conductas que estaban limitadas por ella. Entrenamiento de conductas adultas; moldeo y fijación progresivos del carácter adulto.

Es importante recordar que el inicio y final de cada fase son variables según la raza y el individuo.

CRITERIOS DE SELECCIÓN DEL CACHORRO

La selección de un cachorro para un programa de adiestramiento depende en gran medida de ese programa, de los sistemas que va a aplicar el adiestrador y, en última instancia, del gusto de este.

Lo que aquí pretendemos es dar una norma general para la selección de un cachorro apto para trabajar, la raza y la selección de características específicas para cada programa es tarea del adiestrador especialista.

La primera norma de selección es conocer las cualidades naturales de los padres, y si es posible de su línea de sangre. Esto se puede hacer difícil si un carácter mediocre se enmascara con un adiestramiento brillante. Puede ser más real ver la trascendencia reproductora en su raza (porcentaje de individuos aptos en la progenie).

Como segundo paso evaluaremos la calidad de la madre: grado de atención a los cachorros, estabilidad del carácter... Es conveniente evitar perros que vengan de madres sobreprotectoras o indiferentes con la camada, recordemos que factores como la integración social o la autonomía del perro dependen en gran medida de la relación con la madre.

Es también conveniente que la camada tenga al menos dos cachorros para que interactúen y modelen pautas sociales entre ellos.

Por supuesto, camadas que no hayan tenido contacto continuado con humanos durante la fase de impronta no deben ser seleccionadas.

La importancia de la madre y la camada hacen inconveniente retirar el cachorro antes de la octava semana, siendo ideal retirarlo a partir de la décima. Retirar al cachorro antes implica la necesidad por nuestra parte de ejercer más de «madre» con los cachorros. Esto debe evitarse en lo posible, pues por buena que sea nuestra actuación como madre carecerá de la naturalidad y los matices sutiles de la auténtica progenitora. Es algo similar a lo que ocurre cuando nos expresamos en otro idioma conocido pero no materno; debemos pensar en nuestro idioma y traducirlo. La fluidez y los matices suelen perderse. Al «traducir» nuestros mensajes a idioma perro pasa lo mismo.

En la camada buscaremos cachorros que se integren en los juegos comunes y que busquen la interacción con sus hermanos, madre y criadores humanos. También es importante ver que ante acontecimientos nuevos muestran autonomía e interés por explorar (por ejemplo al entrar nosotros en su habitación se acercan a vernos).

En muchas razas existen criadores que dirigen su trabajo a conseguir individuos aptos para el adiestramiento. En la fotografía «Dana del Vallecito» con ocho meses. Propietaria: María José Herrero.

Es importante diferenciar autonomía de independencia, el perro independiente es inadecuado para el trabajo por su incapacidad para formar equipo con su adiestrador. Es curioso ver como muchos adiestradores eligen cachorros independientes creyendo equivocadamente que eligen perros fuertes, dominantes y seguros de sí mismos. Este error nace de una incorrecta evaluación de los síntomas de independencia. Cachorros que rechazan gruñendo el contacto con sus hermanos, que al ser manipulados gruñen, que tienden a enfrascarse en juegos o actividades autosatisfactorias pueden parecer de fuerte carácter; adecuados para algunos programas de adiestramiento, pero realmente está mostrando una incapacidad social que los hace poco aptos para el trabajo.

Para diferenciar entre la deseable autonomía y la independencia podemos esquematizar así:

AUTONOMÍA	INDEPENDENCIA
Busca jugar con la camada y criadores.	Juega él solo y le molesta ser interrumpido por hermanos o criadores.
Ante una novedad se acerca a explorar normalmente seguido de sus hermanos.	Tiende a ignorar las novedades. Si decide explorar abandona la exploración o se enfada si van sus hermanos.
Le gustan las caricias y la aproximación a gente nueva.	Rechaza el contacto con gente nueva y solo lo acepta (a veces ni eso) de sus criadores sin buscarlo él.
Acepta las correcciones de la madre sin miedo.	Gruñe y se enfurruña cuando la madre le corrige.
Después de una exploración vuelve contento con sus hermanos.	Después de una exploración no busca el contacto con el resto de la camada.
Ante una caída o mala experiencia leve durante la exploración se asusta un poco y luego actúa normalmente.	Ante una caída o mala experiencia leve gruñe o ladra enfadado al objeto «culpable» a veces dando vueltas sobre sí mismo.
Ante una experiencia gravemente negativa se refugia en su madre o con sus hermanos.	Ante una experiencia gravemente negativa se refugia en un rincón e incluso gruñe a sus hermanos si se acercan a curiosear.

Otra característica fundamental en todo proceso de adiestramiento es la *elasticidad*[2] o capacidad del perro de regresar a su estado anterior de equilibrio tras una experiencia que le haya afectado negativamente.

---

[2] El concepto de elasticidad de este manual es equivalente a la «resilencia» en física: la capacidad de recuperación de un material tras haber estado sometido a presión. Como el término «resilencia» no es de uso común y el objeto de este libro es la práctica hemos optado por usar «elasticidad»: capacidad de los cuerpos de recobrar la extensión y forma cuando cesa la acción que los deformaba. Este concepto es menos exacto pero más fácilmente inteligible y resulta muy gráfico.

No se debe confundir la elasticidad con la dureza que se refiere a la intensidad que debe alcanzar un estímulo negativo para afectar al perro.

Así, podemos tener perros con poca dureza (con gritarles se sienten castigados) pero mucha elasticidad (aunque le castigues 50 veces en una clase el perro vuelve a estar contento e implicado en el trabajo) y, por el contrario, podemos tener un perro muy duro que no se siente castigado si no le damos un fuerte tirón con un collar de púas, pero que tras un solo castigo se muestra sumiso y asustado el resto de la clase (poca elasticidad).

Así como el grado de dureza depende del gusto personal del adiestrador, la conveniencia de perros con mucha elasticidad es común a todas las variedades del adiestramiento tanto por la posibilidad de recuperación de errores de adiestramiento como por la vuelta fácil al trabajo concentrado tras haber sido castigado. Cuando un perro se «estropea» tras una sola corrección inadecuada en un ejercicio conocido o es incapaz de obedecer con alegría una vez ha aparecido algún castigo estamos ante ejemplares de poca elasticidad.

La forma natural de evaluar la elasticidad de un perro es observar cuando en la camada es pisado casualmente por la madre, recibe una corrección o se cae y se hace daño cuanto tiempo tarda en recuperarse y volver a estar alegre y activo, cuanto menos tiempo más elasticidad.

Como muchas veces no es posible una observación continua de la camada, una buena forma de testarlo es jugar con el cachorro largo rato y ocasionalmente, sin cambiar nuestra actitud de juego, darle un empujón fuerte o molestarle de alguna forma (sin brutalizar). El perro se sorprenderá y cortará el juego, cuanto menos tarde en volver a jugar normalmente mejor elasticidad tendrá; si abandona el juego su capacidad de recuperación es insuficiente para cubrir las necesidades de un adiestramiento avanzado. Aquí la sensibilidad del adiestrador es vital, pues un empujón brutal es lógico que haga al perro perder las ganas de jugar y le cause problemas posteriores. También hay que tener en cuenta que un perro que no se muestra afectado en absoluto no está demostrando su elasticidad sino su dureza. La elasticidad solo se evalúa a partir de que un estímulo ha afectado al perro.

En nuestro criterio los perros más cómodos de trabajar son los que tienen un grado de dureza media y cuanta más elasticidad mejor. Los perros muy duros son incómodos de corregir y es difícil y agotador conseguir una concentración óptima en el trabajo, además, curiosamente, la experiencia nos muestra que suelen ser perros con poca elasticidad. Por el contrario, los perros con muy poca dureza (sensibles) reciben como importantes estímulos secundarios y requieren un «ajuste fino» continuo. Típico ejemplo es el de un perro que ya trabaja y varía su posición de JUNTO porque usamos un abrigo que le roza mínimamente. Estos perros requieren un grado enorme de atención por parte del guía y una planificación del adiestramiento exquisita. Por el contrario esa receptividad al ajuste fino permite trabajos de mucha precisión y calidad.

Como última acotación respecto a la selección del cachorro es comprobar la buena salud del individuo seleccionado, con especial importancia a la sordera, que en muchos casos hace pensar en un cachorro seguro de sí mismo en vez de darnos cuenta de la tara. Esto pasa por criterios de selección particulares de algunos adiestradores; por ejemplo conozco a un buen adiestrador que seleccionó a un perro sordo porque al dejar caer una cazuela cerca de la camada fue el único que no solo no se asustó sino que fue a explorar el cacharro. Por tanto, no olvidemos testar la sordera; para esto basta coger cada cachorro individualmente y dar fuertes palmadas cuando no mira, si se vuelve percibe el sonido. Este sonido de prueba no debe ser hecho golpeando el suelo con el pie o dejando caer objetos, pues el perro podría percibir la vibración del suelo y no el sonido. Finalmente, no hacer sonidos que sean intimidatorios para el cachorro, si no es sordo podemos causarle una experiencia traumática.

EL TRABAJO GENERAL CON EL CACHORRO

Importancia de la aplicación de pautas naturales a la convivencia

Cuando el cachorro llega a casa con unas 10 semanas debemos facilitar su adaptación a esta y considerarnos continuadores lógicos del trabajo de la madre. Primero debemos dedicar unos días a tener contacto con el cachorro para ganarnos su aceptación: recordemos que para poder ser dominantes con un perro este antes debe incluirnos en su grupo social, no se puede ser dominante con un elemento ajeno a este grupo. Una vez que el perro muestra afecto por nosotros buscando nuestro contacto y alegrándose de nuestra presencia podemos empezar a establecernos como su guía, no solo en la pista sino en general.

Para ello debemos recordar que tan recomendable es corregir al cachorro cuando no respeta los límites sociales como equivocado castigarle por no aprender acciones concretas (sentarse, andar al paso, etc.) con la posible excepción del FUERA, muy arraigado en pautas naturales. Los castigos directos deben ser inteligibles por el cachorro y aplicados con una intensidad que no inhiba el aprendizaje por la aparición de estrés.

Castigos inteligibles son aquellos equivalentes a los de la madre: coger del pellejo y zamarrear ligeramente, dar un empujón brusco con la mano... En modo alguno golpes dolorosos ni tirones de correa o collar. En esta etapa es particularmente importante evitar los castigos indirectos o sorprendentes por parte del dueño, pues aunque en la naturaleza aparecen (y lo harán para nuestro cachorro) es muy difícil para nosotros realizarlos adecuadamente. Estos castigos reducen la capacidad exploratoria del cachorro y su confianza en sí mismo.

Si el cachorro explora sitios prohibidos o potencialmente peligrosos debemos cogerlo (sin castigarle) y llevarle a la zona donde hayamos determinado que puede estar.

Aquí es importante aplicar el sentido común para entender el término «peligroso», si no podemos caer en una sobreprotección que también mermará las capacidades del cachorro. El castigo indirecto que es resultado de sus acciones con el entorno es necesario para la formación correcta del cachorro y solo debemos apartarle de peligros reales. Por ejemplo si el cachorro explora una caja de cartón y le cae encima asustándole no es (normalmente) un problema, así como si al investigar una escalera se cae, sin embargo si el perro se empina a un sitio donde puede caerle encima agua hirviendo u objetos de peso debemos recogerlo y evitarle esa experiencia.

Explorar su entorno

El perro debe explorar su entorno bajo una tutela coherente por parte del dueño que evite los extremos: dejarle a su aire pase lo que pase o sobreprotegerle de forma que el cachorro no sufra ninguna mala experiencia.

En este aspecto más que en otros debemos seguir la norma de no dar mucha importancia de cara al perro a lo que le pase, así si el cachorro cae no iremos a consolarle y mimarle ni tampoco nos desharemos en elogios si supera alguna dificultad (abre una puerta, consigue escapar del parque de cachorros). Estas muestras exageradas merman la autonomía del perro y desvirtúan el objeto de sus exploraciones. Debemos recordar que si cae, su caída le castigará en el grado que él perciba mientras que al darle nosotros importancia podemos hacer que para el perro terminen teniéndola cosas que se hubieran superado con facilidad; por el contrario sus avances satisfacen su instinto exploratorio, igualmente en el grado que perciba el perro, así podemos estar felicitando al perro mucho por algo que aunque no nos demos cuenta le ha resultado fácil y, lo que es peor, sustituiremos el placer de explorar (base de la autonomía y posterior autoconfianza del perro) por el de agradar a un superior, con resultados nocivos en autonomía, de lo que pueden resultar perros dependientes e inseguros.

Esta autonomía de la primera infancia no debe confundirse con independencia y debemos mentalizar al cachorro para que trabaje en equipo con nosotros, pero la mejor base para esto es que el perro confíe en nuestra tutela y busque nuestro contacto, además, al darle la comida y manipularlo vinculamos fuertemente el perro a nosotros.

Jugar con el cachorro de cuando en cuando, darle afecto, seguridad en sí mismo y en nosotros y castigos jerárquicos correctos son la base para empezar cualquier proceso de adiestramiento.

Debemos recordar siempre que en cachorros es más importante una convivencia correcta con nosotros que un medido trabajo en pista.

Para ayudar a llevar a buen puerto la educación e integración del cachorro existen una serie de pautas que, correctamente aplicadas, nos ayudarán notablemente a conseguir un fuerte vínculo con el cachorro de tal naturaleza que nos asuma como guías y le encamine a la obediencia real y confiada sin afectar en absoluto la nueva relación.

Raimón Gabarró enseñando a «Laila de Alvaraziz», de cuatro meses, a permanecer sentada.

Socialización.—Es sumamente importante darle al cachorro la opción de conocer diferentes ambientes, (ciudad, campo, interiores...) diferentes personas, jugar con niños, conocer otros perros, otros animales... En general, cuanto más podamos sacarle a sitios nuevos y más experiencias reciba mejor, pues le ayudaremos a evitar sobrecargas de información conflictivas que frecuentemente aparecen en perros criados en perrera al salir a sitios concurridos. Por supuesto, la exposición a estos estímulos debe ser medida y gradual. Este proceso de socialización es fundamental en el cachorro de hasta catorce semanas de vida, pero no debería descuidarse después, siendo ideal continuarlo toda la vida del perro.

Liderazgo.—A partir de que el cachorro ya tiene un vínculo con nosotros tras unos días (nos sigue, nos recibe con alegría y juega con nosotros) debemos dejarle claro que somos dominantes sobre él, esto es no solo bueno sino necesario por dos razones principales; que es lo que de forma natural pasaría en la camada y que haciéndolo en el momento en que no es necesario entrar en conflictos disminuiremos en gran medida el riesgo posterior de enfrentamientos con el perro y de intentos de este de alcanzar la posición dominante.

Para asumir el liderazgo con un cachorro lo más importante es recordar lo que no hay que hacer.

No hay que hacer:

- Castigarle con el collar o correa.

- Castigarle por no aprender acciones.

- Castigarle progresivamente.

- Ser inconsistente en el castigo.

- Causarle dolor físico.

- Causarle un *shock* emocional (golpearle con periódicos, exageración de gritos...).

- Darle mucha importancia a su mal comportamiento.

- Mantener una actitud enfadada con el cachorro tras el castigo.

- Castigarle por hechos pasados.

- Aplicarle castigos incomprensibles.

- Castigarle para que aprenda a hacer sus necesidades.

Hay una serie de acciones y trabajos equivalentes a los naturales que conseguirán crear un sano liderazgo sin atemorizar al perro ni mermar su autonomía:

- Ponernos a comer en una mesita baja algo apetitoso para el perro, cuando este se acerque intentando «robar» un bocado le empujaremos sin decirle «no» ni prestarle atención luego (seguimos atentos a nuestra comida), si vuelve a insistir repetimos hasta que no moleste. Al terminar de comer no debemos ir a buscarle para acariciarle, le ignoramos salvo que se nos acerque, en cuyo caso jugaremos con él. Esta es la forma de los adultos de tratar a los cachorros en la mayoría de los cánidos salvajes cuando hay comida por medio, y es la mejor y más natural para castigar al perro por acercarse a coger comida para que el cachorro asuma un liderazgo sano (exento de tiranía).

- Nada es gratis, pedirle que ejecute algún ejercicio antes de conseguir algo; particularmente el tumbado y quieto delante de la comida.

- Pondremos al perro de comer después de comer nosotros.

- Enseñar al cachorro la orden FUERA, que indica que se aleje de nosotros y nos deje tranquilos. Para ello, en situaciones en que es lícito echar al sumiso (con comida, cuando insiste en jugar con nosotros o estamos descansando en nuestro lugar favorito) le empujaremos y le diremos en tono serio FUERA, siendo también factible echarle asiéndolo de la piel y alejándolo de nosotros bruscamente. No debemos hacerlo siempre que entre en esas situaciones sino solo a veces (excepto con la comida) pues es la conducta que aparece en cánidos salvajes. Los reduccionismos conductistas postulan que esta conducta induce a la neurosis, pues por la misma acción a veces el perro es castigado y a veces no, esto es real en acciones puramente producto del aprendizaje pero en las pautas preprogramadas del perro (instintos) no necesariamente es así. De hecho, este tipo de acción refuerza positivamente la relación jerárquica aumentando el afecto del perro por su guía. Al fin y al cabo es exactamente lo que le pasa al cachorro en la manada cuando va a jugar con adultos, a veces juegan con él y a veces están cansados o atentos a otra cosa y le echan. Y si lo pensamos bien no es tan diferente de lo que hacen la mayoría de los padres con sus hijos.

En las relaciones sociales usar un sistema binario puro BUENO-MALO es irrazonable y difícilmente mantenible de forma continuada por nuestra parte (cambios de humor, días que uno llega cansado o con problemas). El perro debe entender desde el principio que, como en la naturaleza, el dominante puede conceder o no su atención al sumiso, en realidad esto aumenta las expectativas del perro y le hace valiosa la atención que le prestamos.

• Debemos ser nosotros quienes iniciemos y terminemos los juegos de «peleas» con el cachorro, él no debe exigirnos jugar a base de ponerse pesado, si lo hace le daremos un empujón o zamarrearemos del pellejo y le indicaremos FUERA. Para terminar igualmente pararemos nosotros y le indicaremos VALE o BASTA, si insiste actuaremos como se ha dicho anteriormente.

Manipulación.— Es necesario acostumbrar al perro a aceptar la manipulación por parte de su guía. Esto es fácil pues es natural que la madre coja y maneje a los cachorros con la boca. Debemos conseguir que el perro acepte ser manipulado toda la vida sin asociarlo siempre a castigo o siempre a recompensa, pues muchos programas de adiestramiento requieren «mover» al perro con las manos para explicarle determinadas acciones. Si el perro entiende la manipulación como juego se excitará y perderá la concentración, posiblemente «rompiendo» el ejercicio. Por contra, si cree que la manipulación es un castigo se pondrá sumiso y aprenderá el ejercicio con connotaciones negativas y bajo un estrés que afectará la relación con el trabajo por el contexto emocional.

En los lobos el contacto físico tiene también diferentes significados: positivos (juego, preludio sexual o inducción de tranquilidad con la madre), o negativos (dominancia, conflictos por recursos, etc.).

Nuestro perro debe entender tres tipos de manipulación diferentes: el castigo jerárquico zamarreándole, el juego y la manipulación como guía que debe basarse en la inducción de tranquilidad por parte de la madre; para conseguir esto debemos acariciar al perro en cara, orejas, patas, cuello, etc., hasta que no existan signos de intranquilidad o resistencia. Un buen ejercicio es sujetarle suavemente del pecho y grupa en posición de sentado delante de su comida hasta que esté tranquilo, cuando acepte las manos le dejaremos ir a comer.

Un perro que acepta y busca el contacto con su guía es más cómodo de adiestrar y más fácil de guiar que uno remiso y precavido, que puede malinterpretar con facilidad tropezones ocasionales con el guía.

Enseñanza del NO.—El comando NO debe significar para el perro «eso que estas haciendo es incorrecto». Según el tono que le demos variará desde ser informativo para el perro hasta ser una prohibición con efecto de castigo jerárquico, por ello su enseñanza correcta es tan importante como difícil. Es importante pues nos servirá toda la vida del perro, no solo para el adiestramiento sino en la convivencia diaria.

La dificultad de enseñar el NO viene por ser el primer comando que está fuera de las pautas naturales del perro (el FUERA es equivalente al gruñido del adulto molestado). En la manada, la dominancia, especialmente en lo referido a acceso a recursos (comida, agua, sitios, para dormir...) se ejerce en distancias pequeñas entre los individuos (distancia crítica). No es lícito para un dominante prohibir a un sumiso comer un trozo de carne a 50 metros de él, solo se hace cuando ambos están cerca de la carne.

Por tanto, cuando nuestro perro en un paseo encuentra basura o cuando «roba» de la mesa que hemos dejado sola, está actuando legalmente y sin menoscabo de nuestra autoridad. Aun así, todos vemos la necesidad de poder prohibirle actuar incorrectamente a distancia.

Quitando problemas concretos que puedan ser solucionados con castigo indirecto asociado a la situación (rechazo de alimentos, por ejemplo) la enseñanza del NO es fundamental para la tenencia de un perro. Aquí sí puede aparecer la correa fijada a un collar de cuero. Cuando el perro cometa una acción ilícita le daremos un tirón seco que sorprenda al cachorro y detenga dicha acción, si la acción se produce en casa o yendo sin correa la corrección adecuada es un golpe seco que sorprenda al perro en el hocico, este golpe no debe ser doloroso para el cachorro.

Lo más importante durante la enseñanza primera del NO es cortar la acción ilícita por la sorpresa y brusquedad de la corrección asociada al comando. No debemos enfadarnos ni zamarrear al perro del pellejo para la primera enseñanza del NO, pues daríamos al comando un significado de exclusivamente de castigo, limitando la posibilidad de usarlo para informar al perro de que ha hecho una elección incorrecta.

Además, por sus características de pauta no del todo natural podría resultar que el perro se sintiera tiranizado (el equivalente sería que nuestro jefe nos llamara a casa en Domingo para exigirnos que hiciéramos algún trabajo, probablemente lo haríamos para no perder el empleo pero nuestra relación con el jefe empeoraría notablemente y nos sentiríamos explotados).

Por supuesto, cuando el perro abandona la acción está sorprendido y dudando si asustarse, es el momento de, sin que se dé cuenta, desviar su atención hacia otra cosa. Así se evita que aparezca miedo y que vuelva a actuar como no queremos. Cuando el perro ya entiende que el comando NO significa cesar en la acción que está realizando, sí podemos y debemos usar pautas dominantes asociadas al comando para que aprenda su uso coercitivo. Esto es, podemos en esta segunda fase zamarrearlo del pellejo o darle un empujón brusco. Siempre se enseñará el uso del NO como castigo jerárquico y prohibición en segundo lugar para evitar estados emocionales negativos asociados al comando que interfieran en su uso informativo.

Siempre recordar la norma de primero enseñar luego ordenar. No se puede exigir al perro obediencia en algo que no comprende todavía. Solo se aplican pautas dominantes directamente en conductas instintivas y por tanto preprogramadas en el perro. La mala enseñanza del NO, aunque aparentemente no tenga secuelas, es la primera piedra de la tiranización de un perro y de adiestramientos posteriores con continuas actitudes sumisas y de falta de confianza en el guía. No es lo mismo ser el «jefe» de un perro, lo que es fácil, que ser un buen «jefe» para un perro.

Entrenamiento de jaula.—Es importante enseñar lo antes posible al cachorro a permanecer tranquilo y relajado dentro de una jaula.

La permanencia en jaulas del tipo que es usado para el transporte aéreo de perros no es, como pueda parecer, cruel e inhumano. Si el perro ha sido correctamente habituado a ella, la verá como un lugar privado y,

Javier Moral efectuando la enseñanza mecánica del tumbado de forma que la relación con el cachorro no se afecte en absoluto. El perro es «Ares de Campo de Encinas», criado por el mismo Javier Moral, con cinco meses.

dada la ausencia de estímulos, una cámara de relajación. El entrenamiento de jaula, además de la facilidad para el transporte del animal, ayuda a prevenir la ansiedad por separación, nos permite ofrecerle un sitio tranquilo y familiar cuando viajamos; permitiéndonos así llevarlo a más sitios con nosotros (por ejemplo, es más fácil acceder a hoteles si el perro permanece en la jaula cuando esté solo) y disminuyendo la ansiedad que aparece en los perros al llegar a sitios nuevos.

Para el adiestramiento general del cachorro la jaula tiene dos importantes usos; en trabajos de *time out* y un uso que puede parecer poco importante pero que resulta básico a la hora de no estropear la relación con el perro; tener un lugar donde aislar al perro si este se muestra muy pesado o si nuestro humor hace previsible que nos vayamos a enfadar con él con facilidad o por nimiedades. También permite aislarlo de visitas que tengan miedo o rechazo a los perros sin resultar coercitivo. Poder evitar al perro castigos exagerados o caprichosos no debe en ningún momento ser considerado secundario en un programa serio de adiestramiento.

Para habituar al perro a la jaula podemos darle de comer en ella quitando la puerta o dejándola abierta y ofreciéndole en ella un sitio cómodo donde dormir (por ejemplo poniendo una colchoneta), lo ideal es que el perro entienda la jaula como su habitación privada donde puede retirarse a descansar. Si muestra mucha aprensión a entrar podemos colocar solo media jaula (este tipo de jaula consiste en dos «conchas» plásticas simétricas montada una sobre la otra, para ofrecerle media jaula basta con desmontar la parte de arriba) a modo de cama.

Aun cuando hayamos conseguido que el perro duerma en la jaula y la vea como algo positivo es normal que las primeras veces que cerremos la puerta llore e intente salir. Esto no debe preocuparnos, el protocolo a seguir es dejarle salir cuando cesa de llorar, nunca cuando gimotea, si el perro no deja de llorar podemos hacer un ruido que le llame la atención y cuando se calle brevemente para atender al sonido abrimos la jaula.

En cachorros un sistema ideal es agotarles físicamente antes del confinamiento para que se duerman, por cansancio, enseguida. Es inadecuado meter al cachorro las primeras veces en la jaula cuando está fresco y con necesidad de actividad.

Por último, decir que un perro, especialmente un cachorro, no debe permanecer más de 4 o 5 horas seguidas en una jaula y que la jaula no debe ser usada para malatender las necesidades de ejercicio, contacto social y juego del cachorro. El abuso de la jaula, aparte de éticamente discutible, nos puede dar perros hiperactivos al salir, mala relación con el

Es fundamental jugar con el cachorro. En la fotografía «Eiko de Malaespina» con seis meses, jugando con Sonia Bo.

cachorro y patologías del comportamiento. Recordemos que parte básica de una crianza sana es llevar al perro a variedad de ambientes ricos en estímulos.

Necesidad de ejercicio.—El cachorro dependiendo de su raza y su naturaleza tendrá una necesidad diaria de ejercicio, cubrirla ayuda al buen desarrollo del cachorro, teniendo en cuenta que jugar con otros perros y con nosotros además le ayuda a mejorar su coordinación, equilibrio y destrezas motoras.

Un cachorro ha hecho ejercicio suficiente si al volver del paseo se tumba a dormir; si durante el paseo se acuesta o para jadeante su andar estamos sobreejercitándole, esto es inconveniente, en especial en razas grandes.

Los paseos son un excelente momento para mejorar la vinculación intersubjetiva con el guía y ayudan a disminuir las conductas destructivas.

Todo lo visto anteriormente constituirá la base de nuestra relación posterior con el perro y las respuestas de este ante el adiestramiento. El tiempo empleado en generar una relación sana y de confianza en esta etapa es una inversión de futuro que permitirá al perro avanzar más rápido y seguro en su adiestramiento. Construiremos una base sólida que cimentará todo el trabajo posterior, evitando la aparición de conflictos indeseados entre perro y guía.

6

El trabajo de olfato

El olfato del perro es aprovechado de múltiples maneras en diferentes modalidades del adiestramiento: rescate de personas en siniestros, avalanchas, identificación de sospechosos, localización de explosivos, estupefacientes u otras sustancias, discriminación de objetos, búsqueda de trufas, rastro deportivo...

Resultaría imposible explicar las técnicas concretas de todas las especialidades (además, dentro de cada especialidad existen múltiples técnicas diferentes para llegar al resultado final), sin embargo hay una serie de normas generales para todo trabajo de olfato. Teniendo un conocimiento sólido de esta base común el aprendizaje y comprensión de técnicas especializadas será mejor y más fácil.

El trabajo de olfato requiere una mayor claridad de conceptos que ninguna otra disciplina, pues en muchas ocasiones no podemos saber cómo esta recibiendo el perro el olor, si no lo recibe en absoluto o si, sencillamente, ese día no desea trabajar. Es evidente que el adiestrador debe actuar en cada caso de forma diferente y que tomar una decisión incorrecta afectará negativamente al trabajo. La necesidad de comprensión real de la situación es clara. A diferencia de otras disciplinas el estímulo que debe activar y dirigir la conducta del perro está fuera de nuestros umbrales de percepción, la dificultad es obvia.

Sin embargo, el trabajo de olfato es uno de los trabajos más satisfactorios que pueden desarrollarse con un perro por el aprovechamiento de

Raimón Gabarró haciendo un rastreo de RCI con «Jalk de les Pinyeres», RCI III.

sus capacidades naturales, las múltiples aplicaciones prácticas y el desarrollo de autonomía y seguridad que genera en el perro.

Es necesario conocer y desarrollar algún trabajo de olfato para tener una visión completa del adiestramiento de perros.

DISCRIMINACIÓN DE OLORES Y RASTREO DE HUELLAS

Existen dos formas básicas de trabajos de olfato: la discriminación de algún olor concreto y el rastreo de huellas, siendo distintos tanto su entrenamiento como su ejecución, por lo que es importante diferenciar claramente ambos conceptos.

Rastreo de huellas

La huella es la suma del olor de un trazador y el rompimiento del terreno que provoca; en el trabajo de huellas el perro busca partículas de olor en una superficie no en el aire (venteo). La senda marcada por la sucesión de huellas se denomina pista, por ello el trabajo de seguimiento de huellas se conoce también como seguimiento de pistas. Vemos que en la huella hay dos variables olfativas:

- *El trazador:* es la persona o animal que ha dejado sus huellas (también podrían seguirse las huellas de un carro, una motocicleta...) sobre una superficie. El olor del trazador es concreto y si el perro solo trabajase sobre él tendríamos una discriminación de olores.

- *El rompimiento del terreno:* una superficie determinada tiene un olor característico y homogéneo que varía al ser pisado. El perro al oler nota la diferencia entre el olor del terreno que es regular y los sitios (las huellas) donde ese olor se altera.

Por tanto, en la huella el perro encuentra dos fuentes de información. El rompimiento del terreno es la más fácil de interpretar, es como para nosotros localizar las líneas blancas en el césped de un estadio, la diferencia de olor es tan obvia para el perro como la de color para nosotros. Esto hace que muchos perros no necesiten nunca usar la otra fuente de información, el olor del trazador, y por tanto no aprendan a discriminarla con problemas para trabajar en terrenos duros donde el rompimiento del terreno es mínimo.

Para un buen trabajo de seguimiento de huellas hay que asegurarse de que el perro trabaja ambas variables. Por lo que también debe hacerse un trabajo de discriminación de olores como parte del trabajo de seguimiento de huellas. Una de las formas de conseguir esto es incluir al final de la pista la identificación del trazador entre un grupo de personas.

También pueden aparecer otros problemas durante el entreno para el seguimiento de huellas, los principales son:

- Que el perro aprenda a usar recursos que no pasan por el olfato o que lo complementan demasiado, estos recursos suelen ser: mirar el trazado de la pista y usar la vista para guiarse, partir del punto de inicio, normalmente en línea recta, actuando como si estuviera rastreando sin haber localizado realmente el rastro.

Iniciación al seguimiento de pistas de «Ares de Campo de Encinas» con cinco meses. Guía: Javier Moral.

- Que sea reactivo a estímulos positivos o negativos para superar las dificultades (ángulos, terrenos desiguales...).

- Que busque solo para encontrar comida, con grandes problemas al aparecer castigos o elevar el nivel de exigencia (apareciendo reacciones como tirarse al suelo, asustarse...).

Para evitar la mayoría de los problemas anteriores debemos iniciar al perro con un trabajo cuya única solución esté en los olores específicos de la huella.

Nuestra recomendación es hacer lo siguiente:

Primer paso: fuera de la vista del perro y en un terreno adecuado, pisamos durante unos minutos toda la superficie de un cuadrado imaginario de un metro de lado esparciendo varios trozos de comida dentro o semienterrando un juguete del perro. Esperamos una media hora para que no queden partículas de olor en el aire que puedan hacer ventear al perro.

Llevamos al perro de la correa hasta el borde exterior del cuadrado y le señalamos el suelo en un punto donde haya comida si trabajamos con ella, dándole el comando que hayamos elegido; el perro la comerá y seguirá husmeando en busca de más, mantendremos la correa sin tensión dejándole que explore dentro y fuera del cuadrado hasta unos cincuenta centímetros para que pueda comparar el olor, si sale demasiado le retenemos de la correa sin tirar ni decir nada, dejando que vuelva a buscar por sí mismo en la zona trazada. Cuando haya encontrado toda la comida y antes de que se canse de buscar nos lo llevamos felicitándole.

Si usamos el juguete meteremos al perro en el cuadrado en un punto cercano para que lo encuentre con facilidad, siendo conveniente colocarlo semienterrado para que no lo localice con la vista ni lo ventee.

Esta fase continúa hasta que el perro solo busca la comida o el juguete en la zona trazada, lo que sabremos porque al sacar la nariz del cuadrado nota el olor diferente y vuelve rápidamente a buscar en el cuadrado. Cuando esto sucede el perro ya sabe discriminar el rompimiento del terreno.

Precauciones durante esta fase:

- Un terreno adecuado será de tierra blanda o hierba y no estará transitado para que no haya otras huellas y su olor sea homogéneo.

- Para trazar correctamente no pisaremos con brusquedad para no dejar señales visuales ni patearemos el terreno para no esparcir el olor.

- Al trazar siempre debemos tomar referencias visuales para conocer exactamente dónde está el rastro. En este caso los límites del cuadrado.

- El perro debe tener hambre para este trabajo y la comida serle apetecible, mejor que no tenga mucho olor para evitar que aprenda a buscar focos del olor de la comida en lugar de huellas, algunos adiestradores dejan la comida semienterrada para evitarlo.

- El juguete no debe ser muy voluminoso ni vistoso, un trozo de gamuza o toalla suele ser adecuado, por supuesto para trabajar con el juguete necesitamos que el perro tenga el suficiente impulso de presa para interesarse en él.

Segundo paso: trazar una pista de unos quince a veinte metros poniendo comida al principio del rastro (varias porciones), en cada huella (una o dos porciones) y al final (varias porciones). Si trabajamos con el juguete lo colocamos al final de la pista. Se coloca al perro al principio de la pista y se le indica que busque. El perro irá oliendo de huella a huella pudiendo nosotros confirmarle con la voz cuando convenga hasta llegar al final donde le confirmaremos y liberaremos.

Precauciones durante esta fase:

- Las huellas deben estar algo separadas entre sí para que el perro pueda diferenciar el olor del terreno del olor de la huella sin tener que salir de la pista para compararlos, pero la separación no debe ser tanta que el perro pierda la continuidad de la pista, percibiendo cada huella como algo aislado.

- Si trabajamos con comida el perro puede usar como referencia el olor de la comida directamente, para minimizar este riesgo es conveniente usar trozos pequeños de comida no olorosa y colocarlos en la parte del talón para que el olor salga menos. Algunos adiestradores, para mantener la concentración en la huella de forma similar a la primera fase, ponen dos porciones de comida muy pequeñas por huella.

- Si trabajamos con juguete puede ser conveniente enterrarlo parcialmente para evitar que el perro lo localice con la vista o lo ventee y se precipite hacia él saltándose las últimas huellas.

Algunos adiestradores siguen avanzando en esta fase prolongando y complicando las pistas. Nosotros recomendamos hacer en este punto la fase de escalón para avanzar, introducir dificultades y aplicar autoridad a partir de estar seguros de la comprensión del ejercicio.

Para poder introducir la fase del escalón necesitamos dos cosas:

1. Que el perro tenga una referencia clara de cuando termina el trabajo.

2. Que la referencia del final no sea una meta instintiva para el perro.

Si el perro no sabe dónde termina el trabajo, al introducir el escalón mantendrá parte de su atención en nosotros esperando que le indiquemos el final para liberarle y premiarle. Si la referencia final es su meta instintiva (su premio) estaremos trabajando en dirección a dicha meta y por tanto no podremos hacer el escalón.

Por tanto, antes de introducir el escalón debemos preparar una referencia para el perro del final de la pista que no sea la meta instintiva por la que trabaja.

Para ello colocaremos un objeto pequeño con el olor del trazador en el punto final en lugar del juguete. Realizamos el rastro de la forma habitual, al llegar el perro al final y localizar el objeto lo olfateará extrañado y es probable que juegue con él. En ese momento, cuando la atención del perro está centrada en el objeto, solicitamos una acción sencilla ya conocida por el perro: traer, tumbarse, sentarse... facilitando al perro su ejecución pues se encuentra confuso y si metemos demasiada autoridad negativizaremos su actitud. Cuando ejecuta la acción sacaremos su juguete o comida del bolsillo, liberando y confirmando con él.

El trabajo anterior debe repetirse hasta que el perro al encontrar el objeto realice la acción sin influencia del guía. Realizando el trabajo en esta fase lo aprenderá mucho más rápido y limpio que si lo hacemos cuando tenga su forma de rastrear consolidada.

Tercer paso: llevaremos al perro al inicio de un rastro, le enseñaremos su juguete o comida e indicaremos que rastree, al principio se quedará esperando que le entreguemos el juguete o comida, entonces exigiremos o, si es necesario, aplicaremos castigo jerárquico e indicaremos «busca» de nuevo, si el trabajo anterior ha sido hecho correctamente el perro empezará a rastrear lo que debemos confirmar con la voz, cuando el perro termine el rastro sacaremos el juguete y jugaremos con él. Continuaremos con este trabajo hasta que el perro al enseñarle el juguete o comida se active e intente entrar en la pista para hacer el rastro.

Cuarto paso: solo enseñaremos el juguete o comida cuando queramos sobreestimular al perro (rastros largos, introducción de dificultades...). En esta fase volvemos a llevar el premio en el bolsillo y lo entregamos al finalizar la pista, pero no en todas las ocasiones, algunas veces nos limitaremos a felicitar y mostrarnos afectivos con el perro.

Este es el momento de empezar a alargar y complicar los rastros. Para alargarlos no hay más que ser progresivo. Para introducir ángulos hay múltiples técnicas: ir haciendo curvas progresivamente más cerradas, llevar el rastro hasta un obstáculo (una pared, una quebrada...) que impida al perro seguir recto imponiéndole realizar el ángulo, poner comida unas huellas antes del ángulo para ralentizarle y mejorar la concentración y unas huellas después para confirmar el ejercicio... La técnica a escoger dependerá del tipo de rastreo que se busque (RCI, *pistage...*).

Aunque hay muchas técnicas, existen unas normas generales para progresar:

1. Nunca se castiga al perro por perderse o no encontrar (sí se puede aplicar trabajo de escape, aunque suele generar niveles de ansie-

dad que pueden dificultar la concentración); *el castigo sólo se aplica por no buscar.* Si el perro se pierde y sigue buscando está intentando realizar el ejercicio, el problema no es del perro sino nuestro, que no hemos sabido planificar el trabajo; castigaremos en el momento en que el perro abandona la búsqueda de la pista. Para facilitar al perro reencontrar la pista evitaremos, sujetándolo con la correa, que investigando se aleje de ella más de un par de metros y propiciando que la reencuentre.

2. Siempre tomaremos referencias visuales claras del trazado para saber durante el trabajo dónde está cada elemento (rectas, ángulos, objetos) y poder evaluar cómo se está desarrollando el trabajo del perro. Pocas cosas hay más lesivas para la formación de un perro que corregirle o confirmarle sin saber lo que realmente está haciendo.

3. Es mejor que cualquier tipo de premio o confirmación por superar una dificultad aparezca después de esta y no sobre ella, pues disminuiría la concentración y la comprensión del trabajo.

4. Formas de investigar inadecuadas para el tipo de rastro que busquemos son debidas a fuertes predisposiciones naturales o defectos de formación y, por tanto, fallos del adiestramiento. En ningún caso constituyen desobediencia y su corrección debe hacerse como un ajuste de precisión (este es el principal uso del trabajo en escape para el rastreo).

5. Abandonar la búsqueda no es una opción. El perro debe saber que no lo consentiremos, si intenta dejar la búsqueda le obligaremos a continuar hasta el final. Muy importante tener en cuenta que esto es así *solo* cuando está concluida la fase de integración jerárquica, en las fases mecánica y de escalón no existe obediencia y no pasa nada grave por dejar un rastro a medias, aunque desde luego no es recomendable.

Todo lo anterior está referido al olor del rompimiento del terreno, para trabajar la discriminación del olor del trazador actuaremos de la siguiente manera:

En el momento en que el perro rastrea con seguridad empezaremos a trazarle pistas con cambios de terreno; de tierra a hierba, de esta a otro tipo de tierra...

El objeto de este trabajo es que al perro le quede el olor del trazador como elemento común de la pista. Es posible que ante el cambio de te-

Cuando el perro supere una dificultad debe ser confirmado. En la fotografía «Ibo V. Dichterviertel», RCI II, siguiendo el rastro pese a estar cruzado por las rodadas de un tractor. Guía: Carlos Alfonso López.

rreno el perro se desoriente, en este caso le ayudaremos actuando incluso como si el cambio de terreno fuera un nuevo punto de partida.

También haremos que tenga que reconocer al trazador de entre un grupo de varias personas; para esto empezamos situando al final del rastro al trazador siendo la referencia del final y quien le da el juguete al perro y juega con él. Para ello preparamos un protocolo de actuación ante el trazador: el perro puede ladrarle, apoyar su pata en él o cualquier otra forma de señalizar que deseemos. Iremos cambiando de trazadores y repitiendo el trabajo. Este trabajo puede facilitarse con el uso del clicker.

Conseguido lo anterior haremos que al final del rastro haya un grupo de personas, pero encontrándose el trazador adelantado respecto al resto para facilitar al perro el trabajo y acostumbrarle a ver gente al terminar la pista.

Progresivamente el trazador estará más integrado en el grupo que, en este momento, estará formado por el trazador y varias personas que nunca le hayan trazado una pista al perro, esto sigue siendo una ayuda. El perro debe trabajar con variedad de trazadores para no buscar a una persona en concreto.

El siguiente paso es que el grupo esté formado por varias personas que hayan trazado pistas al perro.

En este trabajo el trazador no tiene el juguete en su poder, pues el perro podría aprender a buscar el olor del juguete y no al trazador. El guía tiene el juguete y se lo entrega al trazador para que confirme y juegue con el perro cuando el perro le ha señalado con claridad.

En este trabajo hay que tener las siguientes precauciones:

- No usar siempre el mismo tipo de botas (por ejemplo de agua) si no queremos que el perro busque a personas con botas de agua en lugar de al trazador. Es sorprendente lo fácil que es darle al perro este tipo de información incorrecta y lo aún más fácilmente que el perro realiza estas asociaciones.

- Cuando el perro está reconociendo al grupo el trazador debe evitar dar pequeñas indicaciones corporales que faciliten al perro señalizarle. Esto es mucho más difícil de lo que parece.

El último y más difícil de los trabajos para enseñar al perro a discriminar el olor del trazador es el rastreo sobre superficies duras. Puesto que cuanto más dura es una superficie menos rompimiento del terreno hay, más tendrá el perro que trabajar sobre el olor del trazador si quiere seguir la pista. Hemos de tener en cuenta antes de iniciar este trabajo que el olor desaparece mucho más rápido sobre este tipo de superficie y por ello el lapso de tiempo entre el trazado y la búsqueda será menor.

Primero buscaremos una superficie adecuada y poco transitada: un camino rural, por ejemplo. Sobre esta superficie trazaremos un rastro no muy largo pero tampoco muy corto, pues al pedir al perro que rastree en estas condiciones es probable que tarde unos metros en concentrarse. La policía holandesa es la mejor en esta especialidad e inician el trabajo trazando en calcetines, nosotros actuaremos igualmente en los primeros rastros; así el olor será mayor y más nítido. Podremos calzar a los trazadores cuando el perro sabe concentrarse y resolver sobre la superficie dura.

En este trabajo debemos limitar con la correa las exploraciones del perro que se salgan demasiado del rastro; es frecuente que, ante la ansiedad que genera la dificultad, el perro empiece a explorar sin control o vaya buscando en arcos haciendo abanicos delante del guía. Esto impide una búsqueda concentrada y aumenta la posibilidad de que el perro sature su olfato. Por supuesto, no pretenderemos que la forma de ejecución sea igual que un rastro en terreno labrado y húmedo.

Discriminación de olores

El perro trabaja localizando un olor concreto —por ejemplo, el olor del trazador— o una categoría de olor —por ejemplo, el olor humano en un perro de rescate— de entre todos los olores presentes en la zona de trabajo. Sobre esta base luego se pueden condicionar situaciones (solo personas sepultadas), protocolos de actuación (traer el objeto localizado, señalizarlo...) y maneras de señalizar, (echándose, ladrando, rascando...).

En el trabajo de discriminación de olores el perro no sigue una pista rastreándola en el suelo. No existe rompimiento del terreno. En la discriminación de olores el perro tiene que buscar en el entorno las partículas del olor y seguirlas hasta su origen.

El elemento a buscar (personas, explosivos, trufas...) desprende continuamente partículas de olor características, la densidad de estas partículas en el aire es mayor cuanto más nos acercamos a dicho elemento. El perro, al localizar las partículas del olor a discriminar, las sigue hacia donde van aumentando, avanzando hacia el vértice del cono de olor donde se encuentra el elemento a localizar.

En un trabajo completo de discriminación de olores el perro debe saber diferenciar los focos permanentes de olor, que están originados por elementos que son objeto de la búsqueda y mantienen un flujo constante de partículas y los focos no permanentes de olor donde aparecen partículas del olor pero con un flujo decreciente, estos son los llamados por algunos adiestradores «puntos calientes», lugares donde ha estado el elemento objeto de la búsqueda y que por sus características; una cueva por ejemplo, mantienen una alta concentración de partículas y constituyen un cono del olor a localizar. Estos focos, al no tener al emisor del olor sino solo una fuerte acumulación de partículas de su olor, no mantienen constante el flujo de partículas, pues según van extendiéndose van quedando menos y va disminuyendo su concentración. Un perro bien entrenado debe distinguir esta disminución de densidad en el foco y descartarlo en la búsqueda. Cuando el perro trabaja poco concentrado o su entrenamiento no ha sido consistente, normalmente por facilitarle en ex-

Entrenamiento de rescate en escombros. El figurante se oculta para simular una víctima sepultada, el perro localiza su olor y ladra hasta que llega su guía y accede a la víctima. Perro: «Lobo de Txakur-bai»; guía: Gorka Fernández; figurante: José Valderas.

Entrenamiento de rescate en escombros. El figurante se oculta para simular una víctima sepultada, el perro localiza su olor y ladra hasta que llega su guía y accede a la víctima. Perro: «Lobo de Txakur-bai»; guía: Gorka Fernández; figurante: José Valderas.

Entrenamiento de rescate en escombros. El figurante se oculta para simular una víctima sepultada, el perro localiza su olor y ladra hasta que llega su guía y accede a la víctima. Perro: «Lobo de Txakur-bai»; guía: Gorka Fernández; figurante: José Valderas.

Entrenamiento de rescate en escombros. El figurante se oculta para simular una víctima sepultada, el perro localiza su olor y ladra hasta que llega su guía y accede a la víctima. Perro: «Lobo de Txakur-bai»; guía: Gorka Fernández; figurante: José Valderas.

ceso la solución del trabajo, es frecuente que señalicen estos focos no permanentes.

Otro evento frecuente es la existencia de chimeneas, puntos de salida de un olor que pueden estar muy alejados del origen; por ejemplo, alguien puede estar sepultado en el sótano de un edificio y su olor salir por el hueco del montacargas en el segundo piso. El perro debe intentar seguir el olor hasta su origen; si esto no es posible señalizará el punto de salida del olor, el guía debe conocer a su perro y su tipo de trabajo para saber lo que está sucediendo.

Uno de los principales elementos de distorsión para el perro durante el trabajo de localización de olores, principalmente en búsquedas en campo abierto, es la aparición de corrientes de aire que le hagan recibir el olor de forma intermitente, esto puede ser gestionado por el guía en base a la forma de organizar la búsqueda triángulando la posición del foco.

Trabajo de iniciación a la discriminación de olores

Para iniciar el trabajo de discriminación de olores nosotros recomendamos que aprenda a buscar objetos con nuestro olor (el del guía). Para ello usamos palos del campo que tienen como único distintivo de los otros palos nuestro olor, si usamos pelotas o mordedores podría buscar el olor de ese objeto (goma, arpillera), además sería fácil que se apoyara en la vista para localizarlo.

El trabajo puede dividirse en siete fases:

1. Mientras sujetamos al perro con una mano con la otra arrojamos el palo objetivo a la vista del perro, cuando ha caído le indicamos el comando BUSCA y lo soltamos. Cuando lo encuentra y lo coge jugamos con él usando el palo. Es importante que se lo quitemos sin autoridad y sin forzarle.

2. Mientras sujetamos al perro, a su vista, tiramos el palo objetivo, damos una vuelta sobre nosotros mismos para que el perro pierda contacto visual con el palo un momento, luego le indicamos BUSCA y le soltamos.

3. Actuamos como en el punto anterior pero vamos prolongando el tiempo que no ve el palo a un par de minutos.

4. Tiramos el palo objetivo a la vista del perro mientras le sujetamos; le atamos con la correa, nos vamos del lugar, y tras un pequeño paseo, volvemos al sitio desde donde arrojamos el palo y le indicamos al perro BUSCA y lo soltamos.

5. Sin el perro presente colocamos el palo objetivo en un lugar que sepamos localizar luego. Volvemos con el perro sujeto, le indicamos BUSCA y lo soltamos.

6. Introducción del escalón. Hasta aquí el premio del perro era jugar con el palo, ahora colocaremos el palo objetivo fuera de la vista del perro. Llevaremos al perro al lugar de entreno y le enseñaremos una pelota (o comida) y le indicaremos BUSCA, al principio el perro se quedará esperando el premio, le diremos NO e incluso, si es muy persistente, le daremos un cachete y le indicaremos BUSCA, enseguida se pondrá a buscar, el palo objetivo será fácil de encontrar, cuando lo encuentre se lo cambiaremos por la pelota.

7. Actuamos como en el punto anterior pero indicamos BUSCA y soltamos al perro en un sitio que le sea difícil localizar el palo. Cuando dude o se aburra dejará de buscar y vendrá a nosotros, le re-

prendemos con un NO y a continuación le repetimos BUSCA. Si el trabajo ha sido correcto, el perro volverá a buscar (podemos facilitarle el encontrar acercándonos al palo mientras lo busca). Con muy pocas repeticiones el perro entiende buscar como un trabajo agradable pero obligatorio y no como un juego. Ya tenemos un trabajo «real» de nariz.

Para realizar bien este trabajo tenemos que tener en cuenta varios puntos:

- Tener el palo objetivo en contacto con nosotros al menos quince minutos.

- Marcar los palos que usemos con una navaja o las llaves para estar seguro de que el perro elige el palo correcto.

- Siempre, tras una sesión, retirar los palos ya usados para evitar que en sesiones posteriores el perro localice un palo que dejamos dos o tres días antes olvidado en vez del que estamos usando y le corrijamos pensando que lo ha hecho mal (esto pasa mucho).

- Cambiar mucho de palo para no hacerlo un objeto reconocible por el perro. Se usan palos precisamente para evitar que sea reconocido por otras señas que el olor, si usamos siempre un mismo palo lo haremos familiar para el perro

- Nosotros siempre debemos tener claro dónde está el palo antes de enviar al perro a buscarlo.

Por supuesto, usaremos palos en entornos naturales donde haya más palos que exigen al perro discriminar para elegir el adecuado. Si entrenamos en una pista cerrada y solo aparece el palo objetivo estamos enseñando al perro a buscar palos no a discriminar olores.

Si vamos a desarrollar un trabajo en que el olor a localizar varía de unas sesiones a otras (por ejemplo la identificación de sospechosos) será necesario preparar un protocolo de presentación del olor al perro para poder indicarle cuál es el olor sobre el que va a trabajar en cada ocasión. El perro aprende que el olor que le es presentado rodeado del protocolo es siempre el olor a localizar. Esto es muy importante porque sin hacerlo cada vez que introdujéramos un olor nuevo no tendríamos forma de explicarle al perro qué tiene que buscar. Este protocolo puede hacerse de muchas formas: presentándole tubos de aluminio impregnados del olor, poniendo gasas impregnadas del olor delante de tubos de aire y colocando al perro ante dichos tubos, presentándole una prenda de la persona a localizar, poniendo en nuestras manos una muestra del olor y acercándole las manos a la nariz... lo importante es que sea claro para el perro.

LA CONCENTRACIÓN

El nivel de concentración es el parámetro más relevante del trabajo de olfato, pues la intensidad de la búsqueda depende directamente de la concentración.

Una vez hemos construido la base de un trabajo de olfato tenemos que conocer los recursos básicos para hacerlo crecer. Construir un trabajo definido no es, ni mucho menos, haber terminado el adiestramiento: es el punto de partida para avanzar hacia niveles superiores y para poder alcanzar estos. Sea en la especialidad que sea, existen parámetros que debemos manejar con soltura. Sin su conocimiento estaríamos limitados a repetir y probar técnicas sin comprender el porqué de su éxito o fracaso. Las técnicas deben aplicarse en función de un concepto claro, es fundamental saber qué variable deseamos trabajar para ser consecuentes, pudiendo así incidir sobre mejoras concretas, ya sea en un punto conflictivo, ya sea para pulir pequeños detalles.

Un nivel óptimo de concentración permite al perro una configuración fondo/figura consecuente con el trabajo a desarrollar. Esto es, un umbral de recepción de estímulos ajenos a la búsqueda que la facilite. Existe una inercia natural que nos hace pensar que siempre será mejor el mayor nivel posible de concentración en el trabajo. No siempre es así, el seguimiento de huellas necesita y permite un nivel de concentración mayor que un trabajo de, por ejemplo, búsqueda de trufas, donde el perro debe recibir ordenes direccionales para dirigir la búsqueda y limitarla a un área concreta.

El tipo, intensidad y cantidad de estímulos ajenos al trabajo de olfato que aparezcan simultáneamente a este y el tipo de trabajo a desarrollar son las coordenadas que nos permiten determinar el nivel de concentración que debemos buscar.

Los estímulos ajenos al trabajo de olfato pueden ser de dos tipos:

1. Estímulos que deben influir en el trabajo del perro, el ejemplo más claro son los comandos del guía. Cuantos más estímulos deban influir el trabajo del perro con menor concentración en el rastro podremos trabajar. Si intentamos trabajar niveles de concentración demasiado altos se producirá un déficit de atención. Por esto es recomendable reducir la intervención del guía al mínimo imprescindible (este mínimo variará de una especialidad a otra).

2. Estímulos que no deben influir en el trabajo del perro como rastros cruzados en el seguimiento de huellas o personal de emer-

gencia trabajando en perros de rescate. Cuantos más estímulos de este tipo aparezcan mayor nivel de concentración necesitaremos para un trabajo correcto.

El nivel de concentración óptimo para un trabajo es aquel que permite al perro recibir las indicaciones necesarias para el desarrollo del mismo manteniendo su capacidad para ignorar la mayor cantidad e intensidad de estímulos ajenos al trabajo. Esta capacidad de ignorar estímulos ajenos al trabajo debe ser como mínimo suficiente para desarrollar el trabajo en el entorno habitual del mismo.

Alto nivel de concentración de «Jalk de les Pinyeres», RCI III, durante el servicio de rastreo deportivo. Guía: Raimón Gabarró.

No solo es relevante el nivel de concentración, también la procedencia de esa concentración es importante. Esto es, ¿qué es lo que está impulsando al perro a concentrarse? En un trabajo bien hecho aparecen invariablemente dos motivos para concentrarse: la implicación y proactividad del perro en el trabajo y el esquema de trabajo que le hayamos configurado.

La implicación del perro en el trabajo es lo autosatisfactorio que sea para él realizar la búsqueda. Es de lo que hablamos al referirnos a perros a los que les «gusta» rastrear. Un trabajo claro y constructivo siempre aumenta este parámetro. Por contra, un trabajo confuso, envarado o incoherente lo disminuye. Cuando este parámetro es bajo necesitamos de más estímulos externos para mantener o mejorar la concentración, ya sean positivos (comida, juguetes...), ya sean negativos (tirones, collar eléctrico...). Podríamos hacer una comparación entre un puesto de trabajo donde el ambiente de la empresa y nuestra relación con jefes y compañeros es buena y nos apetece ir, trabajando con gusto, con otro donde existe un pésimo ambiente, nuestros compañeros son insolidarios y nuestro jefe abusivo e ineducado y solo seguimos allí por el sueldo (en positivo) o por necesidad (en negativo). Un grado de implicación alto en el trabajo no elimina el uso de estímulos externos a la búsqueda, simplemente relativiza su importancia; como el buen ambiente de trabajo no sustituye al salario sino que lo complementa, puede hacernos aceptar un empleo con menos sueldo sin que esto implique que estuviéramos dispuestos a no cobrar sueldo alguno.

Un alto grado de implicación en el trabajo se consigue por dos caminos:

1. *Comprensión del trabajo:* el perro se implicara más en el trabajo si la fase de escalón está bien hecha y entiende lo que está haciendo. Por el contrario, si mantenemos un trabajo mecánico la implicación será menor aunque la ejecución sea correcta.

2. *Dificultad:* tanto los niveles excesivos de dificultad donde sesión tras sesión el perro necesita al guía para resolver, como los demasiado fáciles que no hacen al perro esforzarse y por ello tienden a relajar su atención y mecanizarle, disminuyen la implicación del perro en el trabajo. El trabajo correcto es aquel donde regularmente aparecen dificultades, la mayoría de las cuales el perro puede superar sin ayudas del guía.

El esquema de trabajo que el perro tiene es fundamental para saber cómo recibirá las técnicas que apliquemos. Un perro «pillo» (que solo trabaja por conseguir comida o un juguete) ante castigos o trabajos de escape disminuirá su concentración y para volver a aumentarla necesitaremos o volver continuamente a los premios o aplicar un nivel de estímulo negativo que le haga cambiar de esquema, con el consiguiente choque emocional y dejando, probablemente, secuelas. El perro que solo trabaja en negativo (escape, evitación y/o castigo) disminuirá su concentración ante la aparición de premios y tendrá dependencia de estímulos negativos, dándose la paradoja de que cuanto mejor esté trabajando más se relajará y disminuirá su concentración. Por ello, en nuestro trabajo es muy importante que la comprensión (fase de escalón) y la autoridad (fase de integración jerárquica) se realicen lo antes posible, para tener un esquema de perro trabajador que permitirá que tanto los estímulos negativos como los positivos mejoren la concentración en el trabajo, además de facilitar una mayor implicación en este.

7

Adiestramiento con collar eléctrico y con *clicker*

ADIESTRAMIENTO CON COLLAR ELÉCTRICO

¿Qué es un collar eléctrico?

El collar eléctrico, tele-tack o collar de impulsos es la herramienta de adiestramiento de uso más controvertido. Se utiliza para transmitir al perro una pequeña corriente eléctrica; para ello el equipo cuenta con un receptor colocado en el perro (suele ir adosado a un collar de material aislante) y un emisor que lo activa a voluntad (normalmente este emisor es un mando que lleva el guía). A partir de esta estructura podemos encontrar modelos que incorporan sonidos para actuar como reforzadores condicionados; si tienen un sonido se condiciona como reforzador negativo, si tienen dos, uno se condiciona como reforzador negativo y el otro como reforzador positivo (como un *clicker*), otros avisan cuando el perro está quieto, los hay con pocos niveles de intensidad y los hay con muchos, los hay que vibran, que clickan..., los hay con un alcance de treinta metros y los hay que alcanzan varios kilómetros. También existen los collares antiladridos[1] en los que el emisor está con el receptor y lo activa el ladrido del perro.

---

[1] Existen dos tipos de collares eléctricos antiladridos: los que se activan con un micrófono y los que se activan por la vibración medida por un sensor. Siempre debemos recurrir a los segundos, pues los primeros pueden dar el impulso ante ladridos de perros cercanos u otros ruidos similares.

Hay collares antiladridos que en lugar de una descarga eléctrica emiten descargas de sustancias desagradables, agua a presión o vibran incomodando y desconcentrando al perro.

El collar eléctrico es polémico y con razón, pues quizá sea el elemento de adiestramiento cuyo mal uso sea más peligroso. Este peligro no es físico, pues pese a la absurda carrera de las marcas por ofrecer el collar más potente (fruto de una demanda que demuestra el mal uso y desconocimiento del trabajo con él) no tienen intensidad suficiente para causar lesiones. El peligro real es emocional, puede causar mucho dolor a un perro y afectar no solo a su trabajo sino, y de forma definitiva, a su carácter.

El collar bien usado aporta claridad y limpieza a determinados trabajos que necesitan del uso de estímulos negativos y puede ahorrar al perro las malas experiencias y secuelas consecuentes a técnicas menos definidas (*timing* inadecuado, activación de conductas de autodefensa, negativización del guía...).

El collar eléctrico es una excelente manera de aplicar trabajos de escape, evitación, castigos indirectos sin demora de presentación, moldear conductas en base al refuerzo negativo... en cierto modo es el «reverso tenebroso» del *clicker* pues su aplicación es muy similar —pero a la inversa— y ambos son instrumentos que facilitan la construcción activa del comportamiento; de hecho el manejo diestro de uno de los dos facilita enormemente la comprensión y uso del otro.

Debemos entender el collar de impulsos como una herramienta y como tal no es ni malo, ni bueno, sino adecuada o inadecuadamente utilizado. Desde luego es sospechosa la gente que pretende corregir con tele-tack lo que ha estropeado durante meses de adiestramiento incorrecto. Es obvio que usar una herramienta difícil (y el collar lo es) requiere manejar antes con soltura recursos más tradicionales.

El collar bien aplicado es un apoyo en muchos trabajos: como activador de la conducta, para aplicar estímulos negativos desvinculados del guía, eliminando así conflictos entre este y el perro, castigar a distancia determinadas conductas, evitar manipulaciones excesivas que «ensucian» el aprendizaje del perro, etc. Mal aplicado puede dar lugar a castigos exagerados o incomprensibles (es demasiado fácil apretar el botón) que dejan perros «rotos», inútiles ya para trabajar.

De muchos de estos problemas son cómplices las distribuidoras, que publicitan los collares como accesibles a particulares sin experiencia en adiestramiento, que lógicamente hacen barbaridades con sus pobres perros.

El collar si decidimos usarlo debe ser un complemento que se añada a nuestro bagaje técnico sin pretender que solucione nuestras carencias como adiestradores.

Estimulación momentánea, continua y vibración

Con un collar eléctrico podemos aplicar tres tipos de estímulo según el trabajo que estemos realizando:

Momentánea: el estímulo es muy breve, se utiliza en trabajos de evitación y para conseguir velocidad y precisión. Permite un tiempo de presentación *(timing)* óptimo.

Continua: el estímulo es mantenido durante un lapso de tiempo, más de un segundo es estimulación continua. Se utiliza como trabajo de escape y, al igual que la momentánea, para conseguir velocidad y precisión. Es muy útil para el moldeado de acciones.

Ambas estimulaciones pueden ser utilizadas como castigo positivo.

Existen en el mercado collares que tienen separadas ambas funciones con un botón para la estimulación momentánea y otro para la continua, estos collares garantizan que la estimulación momentánea no dura más de un cuarto de segundo pero suelen ser más caros; aunque no sea tan preciso es suficiente un collar solo de estimulación continua y pulsar y soltar para conseguir el mismo efecto.

Vibración: el collar vibra mientras mantenemos pulsado el botón de dicha función. Su uso es igual al de la estimulación continua, es útil en cachorros, en perros sensibles o para recuperar aquellos que han tenido malas experiencias con el collar.

Todos los collares tienen un máximo de tiempo de estimulación cercano a los diez segundos, pasado este tiempo interrumpen el estímulo, algunos dan un aviso sonoro o visual cuando llegan al límite, otros no lo indican. Diez segundos es tiempo más que suficiente para desarrollar cualquier trabajo, pero debemos conocer perfectamente el momento en que nuestro collar cesa de estimular; si hay algo más catastrófico que un trabajo demasiado largo es un trabajo demasiado largo y que se interrumpe sin que el perro solucione.

Adecuación del nivel de estímulo

Determinar adecuadamente el nivel de estímulo para cada perro y cada trabajo es imprescindible con el collar eléctrico. Para ello hay que tener en cuenta primero lo que entendemos por cada intensidad (baja, media o alta):

Intensidad baja: el perro muestra extrañeza e incomodidad al conectar el collar; puede mover la cabeza o solo la oreja, mira en derredor y al guía como buscando la causa de la extraña sensación. El uso del vibrador es similar a una intensidad muy baja.

Intensidad media: el perro muestra molestia ante la activación del collar, puede agitar la cabeza, dar pequeños saltos como si buscase el origen de la molestia o intentar quitar el receptor con la pata (como si se rascase).

Intensidad alta: el perro muestra desagrado al activar el collar, pudiendo hacer movimientos bruscos con la cabeza o el cuerpo, puede dar cortas carreras.

Intensidades por encima de estas son excesivas, innecesarias e inútiles. La aparición de pánico, el tirarse al suelo, salir huyendo o gritar son indicativos de niveles de estímulo excesivo. Aparte de lo moralmente reprobable de su aplicación, podemos generar en el perro una respuesta de postración por indefensión ante el collar eléctrico, en lugar de la activación necesaria para el trabajo.

La respuesta general de la mayoría de los perros al collar correctamente aplicado es una activación general que nosotros canalizaremos en conducta; sin embargo, hay perros (muy pocos) a los que el collar inhibe aún a intensidades mínimas; aunque es posible, no debemos emplear el collar con ellos, pues aún obteniendo resultados podemos generar disfunciones emocionales permanentes afectando a su carácter (por ejemplo: depresiones reactivas).

Para seleccionar un estímulo adecuado hay que tener en cuenta varios factores, además de saber que no existe una norma general a todos los perros. Sin una selección correcta nuestros resultados no pasarán de mediocres.

Los principales factores que determinan la respuesta del perro al estímulo son:

- *Intensidad del collar:* todos los collares disponen de varias intensidades de trabajo, de débil a fuerte. Es conveniente que haya el mayor número posible de grados entre el mínimo y el máximo disponible para hacer trabajos precisos. Son más importantes en un collar los grados bajos e intermedios que los altos, que prácticamente no tienen uso en trabajos bien realizados (quienes continuamente buscan collares más potentes *siempre* están realizando pésimos trabajos y no saben usar un collar eléctrico).

- *Sorpresa:* lo sorprendente que sea el estímulo aumentará su percepción por parte del perro. Los perros que nunca han usado collar y los que llevan largo tiempo sin ponérselo lo acusan más. Esto hay que tenerlo en cuenta para realizar un ajuste adecuado en perros neófitos y al retomar trabajos después de mucho tiempo.

- *Duración:* cuando usamos estímulo continuo el perro aumenta su nivel de estrés según pasa el tiempo y la situación no se soluciona. Los trabajos con estímulo continuo siempre deben hacerse con intensidades inferiores (proporcionalmente) a los de estimulación momentánea.

- *Respuesta individual:* cada perro tiene umbrales de reacción diferentes ante el tele-tack y cada individuo debe ser evaluado para determinarlos. La solidez de su carácter no tiene relación directa con ello y no debemos hacer estimaciones teniéndolo en cuenta.

- *Experiencias previas:* la relación que el perro haya tenido con el collar será relevante en posteriores trabajos. Si el perro sabe que puede apagar el collar siguiendo las indicaciones del guía mantendrá el control a intensidades mayores; por contra, si el collar se ha usado brutal o incomprensiblemente el perro perderá el control emocional a intensidades inferiores. Muchos perros con malos trabajos de tele-tack serán irrecuperables para este tipo de entreno pero muchos otros podrán recuperarse haciendo trabajos fáciles con intensidades bajas.

- *Facilidad de gestión:* cuando el perro conoce o deduce fácilmente cómo apagar el collar puede gestionar intensidades más altas que si ignora cómo hacerlo. Por ello los trabajos de aprendizaje y comprensión usan intensidades mucho menores que trabajos, incluso sobre el mismo ejercicio, de velocidad y precisión. El castigo positivo puede ser también a intensidades más altas porque es más fácil dejar de hacer que hacer.

- *Posición del receptor:* donde esté colocado el receptor en el perro influirá en cómo reciba el estímulo de dos maneras: primero por lo sorprendente que sea para el perro (lo que ya hemos visto) y segundo, por el nivel de sensibilidad de la zona (por ejemplo: el estómago del perro es mucho más sensible que su cuello).

- *Puntos de contacto:* cuanto más finos sean los puntos de contacto del collar mayor nivel de estímulo recibirá el perro a igual intensidad en el collar. Las diferentes aleaciones variarán la intensidad en relación a su mayor o menor conductividad. Los puntos de contacto finos también generan una sensación más excitante que los gruesos.

Reacciones fisiológicas

Las reacciones fisiológicas del perro ante el collar deben ser tenidas en consideración al planificar el trabajo, pueden ser incompatibles con un trabajo y facilitar otro. Conociendo esto mejoraremos las posibilidades de uso del tele-tack.

La reacción general del perro suele ser una activación inespecífica que será canalizada en diferentes conductas según la situación que preparemos (por ejemplo: coger un objeto o colocarse en JUNTO).

La segunda reacción —simultánea a la anterior— que vemos es la de apartar del receptor la parte del cuerpo que esté en contacto con él. Esto puede ser inconveniente, sobre todo en trabajos de escape con el receptor en el cuello; pues si por un momento consigue separarlo del cuello (lo que es fácil que ocurra) fijará esta respuesta y aunque consigamos que también aprenda el ejercicio que entrenamos el cabeceo aparecerá a la vez, desluciendo el trabajo. Podemos evitarlo poniendo dos receptores, uno a cada lado del cuello, (conectados a un único emisor) así, aunque separe uno del cuello el otro continuará en contacto y no se fijará el cabeceo como solución para apagar el collar. Usar dos receptores mantiene el mismo nivel de estímulo que recibe el perro, no lo dobla como muchas veces se supone; por ello, si los usamos debemos graduarlos al mismo nivel que usaríamos con un solo receptor. La respuesta de rechazo puede ser aprovechada poniendo el receptor en aquellas partes del cuerpo que deseamos que el perro mueva, en sentido contrario al movimiento que estamos entrenando (por ejemplo: colocando el collar en la grupa para el sentado).

La corriente eléctrica tiene el efecto de contraer involuntariamente los músculos (es el principio en que se basan los electroestimuladores musculares, tan populares hoy día). Estas contracciones son frecuentes, sobre todo a intensidades altas y debemos estudiar las reacciones de cada perro para elegir el lugar adecuado donde situar el receptor en cada trabajo.

Por último, tener en cuenta que el collar es mucho más molesto si está sobre un hueso que si está sobre un músculo, a veces un perro reacciona exageradamente a una intensidad con la que trabaja normalmente y en un ejercicio conocido es frecuente que la causa sea que el collar se haya desplazado unos centímetros y se esté apoyando en un hueso.

Las reacciones ante niveles de estímulo exagerados o innegociables pueden canalizarse en acciones de huida, de agresión (a otros perros, al guía u otras personas), pueden mostrar indefensión tirándose al suelo o generar conductas hiperactivas. Normalmente estas son señales de que el trabajo está mal hecho. Si aparecen a niveles suaves en perros que no tienen malas experiencias previas con el collar eléctrico es aconsejable usar otras técnicas con ellos.

Acciones necesarias para un trabajo completo con el collar eléctrico

Para hacer un trabajo eléctrico aplicable a la práctica totalidad de acciones que puedan surgir en un adiestramiento es importante al principio trabajar distintos tipos de estas para que el collar no quede asociado a un conjunto concreto. Los tipos de acciones que el perro debe conocer para mantener el trabajo abierto son:

- *Acciones estáticas:* adoptar una posición y mantenerla. Por ejemplo: sentado, tumbado, de pie...

- *Acciones de aproximación:* aquellas que implican acercarse al guía. Por ejemplo: acudir a la llamada, traer un objeto...

- *Acciones de alejamiento:* las que conllevan alejarse del guía. Por ejemplo: adelante, a tu sitio, llevar un objeto a un sitio determinado, saltar...

Si nuestro trabajo inicial se centra en una sola familia de acciones el perro tenderá a entender el collar como referido exclusivamente a ellas, costando mucho más usarlo para enseñar o reforzar las ajenas a dicho grupo. Un ejemplo claro es el de perros que han trabajado únicamente la llamada con el collar y ante cualquier intento de usarlo en otra acción se «pegan» a su guía negándose a alejarse de su referente de seguridad (esto también puede suceder si pese a trabajar en varios tipos de acciones damos estímulos exagerados en una en concreto).

Aplicaciones del collar eléctrico

El collar eléctrico puede usarse tanto para variar o eliminar la respuesta del perro a situaciones determinadas (rechazo de alimentos) como para enseñar, acelerar y precisar acciones (sentado, junto...), así como para conseguir obediencia.

- *Uso del collar eléctrico para situaciones o enseñanza de límites*

El primer, más fácil y conocido trabajo con collar eléctrico es asociado a situaciones en las que el perro actúa de forma no deseada. En este trabajo es importante que el collar se asocie correctamente a la situación y no al guía u otros estímulos o conjuntos de estímulos presentes durante las sesiones, es igualmente importante que el tiempo de presentación *(timing)* del impulso eléctrico con respecto a la acción no deseada sea impecable.

El trabajo es muy sencillo: al entrar el perro en la situación que deseamos evitar accionamos el collar (con el receptor en el cuello del perro). Si el perro no conoce el collar usaremos intensidades bajas o medias, pues la sorpresa aumenta los efectos emocionales negativos. Cuando el perro conozca el collar usaremos intensidades altas para provocar una reacción negativa en el perro. El trabajo debe hacerse en pocas sesiones para evitar que el perro se acostumbre al collar y entremos en una espiral de sobreestimulación que generaría dependencia de trabajos con estímulos cada vez más fuertes. El otro problema del trabajo de situaciones es que el perro aprenda que solo recibe el estímulo cuando lleva el collar eléctrico, actuando correctamente sólo si tiene puesto el receptor. Para evitar este problema debemos hacer dos cosas: habituar al perro al receptor poniéndoselo frecuentemente en situaciones diferentes sin utilizarlo (se puede usar como un collar normal e incluso positivizarlo poniéndolo antes de iniciar alguna situación de interés para el perro: sacarle de paseo, ponerle de comer...) y variar el tipo de estímulo en algunas sesiones usando otras formas de trabajo a distancia (cuerdas largas, arrojar objetos, trampas cazabobos, bocinas...).

Este trabajo puede realizarse de dos maneras, cada una con ventajas e inconvenientes propios:

— *Evitación:* al trabajar con un condicionamiento de evitación es necesario preparar una conducta alternativa a la que deseamos eliminar. Cuando accionamos el collar el perro se «refugia» en dicha conducta, de forma que finalmente sea la que adopte espontáneamente al entrar en la situación. Las principales ventajas de trabajar de este modo son que para el perro es más positivo hacer (la acción nueva) que dejar de hacer (la acción a eliminar), también tiene menos secuelas negativas y es más resistente a la extinción. Como inconvenientes tenemos que es más lento, requiere más técnica y en ocasiones no es posible buscar una acción alternativa a la inadecuada. Para este trabajo usaremos preferentemente estimulación momentánea.

— *Castigo positivo:* las ventajas son que es más fácil dejar de hacer (la acción a eliminar) que aprender algo nuevo, por ello es más rápido y suele ser aplicable siempre. En contra tenemos que produce más secuelas negativas en el perro (inseguridades, aparición de conductas alternativas inadecuadas...) y que requiere más repasos para mantener su eficacia (el castigo es el tipo de condicionamiento que más fácilmente se extingue). Para este trabajo usaremos preferentemente estimulación momentánea pero puede usarse estimulación continua.

La continuación de este trabajo, si fuera necesaria, sería un condicionamiento de escape cuando el perro entrara en la situación inadecuada. Activaríamos el collar mientras el perro se mantuviese en la situación a eliminar, cesando el estímulo al abandonarla; este trabajo debe llevarse a cabo a intensidades medias con ocasionales sobreestimulaciones. Es frecuente que las acciones finales solo necesiten el trabajo previo de castigo indirecto o evitación y las acciones de continuidad requieran ambos procesos para ser modificadas.

Este trabajo de collar eléctrico a veces se ha nombrado como de enseñanza de límites por ser el perro quien activamente elige no entrar en la situación sin intervención directa del guía. La base funcional de este trabajo implica que sea el perro quien se autogestione, decidiendo actuar correctamente por su propio interés y no por autoridad o presencia del guía. La inhibición es respecto a la acción, que pasa a ser negativa para el perro, así puede decirse que el perro aprende las fronteras o límites entre lo conveniente e inconveniente (interés propio) y no entre lo permitido y prohibido (autoridad del guía) con lo que la conducta que adopte no dependerá de la actuación o presencia de este, que ha permanecido neutro (incluso puede no estar presente si el trabajo lo aconseja) durante la construcción del trabajo.

- *Uso en las fases técnicas del adiestramiento cognitivo*

Fase mecánica

Trabajo de evitación/escape a intensidades de baja a media para no inhibir el aprendizaje.

El uso del collar eléctrico para enseñar acciones nuevas debe restringirse exclusivamente a perros con capacidad de gestionar el trabajo a intensidades bajas y solo es aplicable en acciones mecánicas sencillas. Perros pasivos que ante niveles que solo producen incomodidad o molestia no generan conducta activa para solucionar el problema o aquellos demasiado sensibles en los que los niveles de estrés son muy altos y aparece claramente miedo a estas intensidades, no deben iniciar el aprendizaje de acciones con el collar eléctrico (aunque sí puede usarse para otros trabajos descritos aquí). La intensidad con la que trabajaremos variará de baja a media según el perro. El receptor se coloca en la parte del perro correspondiente al movimiento deseado en sentido opuesto a este (por ejemplo: en la grupa si la acción es sentarse). El comando puede introducirse a la vez que enseñamos la acción o cuando el perro ya ha realizado la fase mecánica para no asociarlo con potenciales experiencias negativas. Si deseamos introducirlo desde el primer momento aplicaremos el impulso entre medio y un segundo después del comando. Se debe realizar la asociación en el menor número de repeticiones posibles y nunca en más de una sesión. En el trabajo en la fase mecánica no es un problema que el perro se condicione al receptor (sabiendo que el impulso eléctrico depende de llevarlo puesto), de hecho es conveniente que suceda, para una vez realizado el aprendizaje, las secuelas negativas queden asociadas al collar y se minimicen al retirarlo, quedando íntegro el aprendizaje mecánico.

El trabajo de enseñanza de acciones nuevas con collar de impulsos es difícil de aplicar, suele dejar secuelas en la relación del perro con el trabajo y en muchos casos —por la dificultad de una aplicación «limpia» (colocación del receptor incomoda o complicada, perros con reacciones iniciales que hay que bloquear como morder el receptor, girar, saltar, subirse al guía...)— también afecta la relación con el guía. Por ello y por las múltiples técnicas alternativas carentes de riesgo y con resultados iguales o mejores, en esta fase debe restringirse el trabajo eléctrico a casos concretos y puntuales.

Fase de escalón

Trabajo de escape/evitación con intensidades de baja a media para facilitar la comprensión del ejercicio.

Una de las principales y mejores aplicaciones del collar eléctrico es en esta fase. Usaremos niveles suaves inicialmente para que el perro solo se muestre sorprendido y extrañado con la sensación incómoda que le causa el collar. Comenzaremos el estímulo, en esta fase continuo, antes de dar cualquier indicación al perro, permaneciendo neutros. Cuando el perro, inquieto por la extraña sensación, nos mire, le indicamos el comando (enseñado en la fase mecánica), sin autoridad ni enfado. Al ejecutar el comando paramos el impulso.

Las principales ventajas de este trabajo son la proactividad en el perro, pues busca activamente la forma de apagar el collar, la mejora de la relación con el guía, que le indica cómo solucionar su problema, por lo anterior, aumento de la atención voluntaria en el guía, la fijeza del aprendizaje y la claridad del trabajo para el perro.

Los principales problemas que nos pueden surgir aquí son:

— Lapso excesivo desde que iniciamos el impulso hasta que damos el comando. Si sucede esto el perro desconectará de nosotros y buscará una solución por su cuenta; si no la encuentra y continuamos el impulso se estresará y puede bloquearse; si paramos el impulso tenderá a buscar soluciones por su cuenta fijando la conducta que mostrase al apagarse el collar, sin aprender a consultar al guía. Ambos problemas son fáciles de corregir si no perseveramos en ellos. Por supuesto, es menos lesivo para el perro el segundo, pues aunque aprenda acciones ilícitas y no busque nuestra guía, al menos favorece la proactividad y no genera problemas emocionales como el primero. El perro debe tener claro que con sus acciones siempre puede parar el collar y no verlo como innegociable e imprevisible.

— Acción mal o excesivamente mecanizada, no pudiendo el perro entender la solución en el primer caso o no pudiendo recontextualizarla en el segundo. Si la falta de comprensión es total debemos rehacer la fase mecánica previa; si el perro solo muestra dudas podemos ayudarle (con la correa, a través de ayudas corporales...) procurando que sean mínimas y retirándolas lo antes posible. Estas ayudas nunca serán castigantes.

En perros demasiado mecanizados la variación de contexto puede inhibir la respuesta. Salvo que el trabajo previo haya hecho al perro completamente reactivo, es fácil de solucionar. Basta con variar las condiciones y estímulos del trabajo habitual en unas pocas sesiones para poder pasarle al trabajo de escalón.

— Escalón incompresible por el perro, ya sea por su complejidad, ya sea por las características del perro. Obviamente, la solución pasa por diseñar un trabajo adecuado.

— Nivel de estímulo insuficiente o excesivo. En el primer caso el perro puede mostrarse poco interesado en apagar el collar y aunque comprenda que el escalón no aumente significativamente su atención en el guía, el segundo puede asociar problemas emocionales al ejercicio o al conjunto del adiestramiento.

No puede definirse un lapso estándar entre el inicio del impulso y el comando, pues varía según el perro (a mayor serenidad de este en la búsqueda de solución más largo puede ser el lapso), según la complejidad de la acción y según la calidad del trabajo en la fase mecánica previa.

Si el perro tras algunas sesiones exitosas muestra desconcentración, podemos sobreestimular ocasionalmente (aumentar el nivel del estímulo eléctrico de forma significativa). Esto debe hacerse solo puntualmente para no afectar la relación del perro con el trabajo ni generar dependencia de la sobreestimulación. Recordemos que esta fase es de comprensión del ejercicio, ni buscamos obediencia, ni velocidad, ni precisión. Como este trabajo suele conseguir una ejecución rápida y una actitud excelente es común continuar con él sin pasar a las fases posteriores. Esto es un grave error, pues el perro tendrá dependencia de estímulos cada vez mayores, fuerte empeoramiento si retiramos el collar, y pésima relación con el trabajo.

En este trabajo el receptor se pone preferentemente en el cuello, pues no debe indicar la dirección de la solución y es muy conveniente que el perro sepa diferenciar cuándo lo lleva y cuándo no; con ello, si aparecen secuelas negativas quedarán asociadas al collar y no al trabajo, quedando este fijo y limpio de connotaciones negativas al retirar el collar del perro.

Fase de integración jerárquica

Aunque en esta fase es mejor evitar el trabajo eléctrico y usar trabajos basados en pautas naturales de relación se puede usar el collar eléctrico como castigo jerárquico.

Si realizamos trabajos de autoridad con el collar tendremos que usarlo a intensidades medias, las bajas no son suficientemente negativas para tener efecto castigante, y las altas pueden provocar agresiones por mecanismos de autodefensa o de indefensión.

La aplicación del collar eléctrico para conseguir autoridad es problemático. El collar tiene para el perro un efecto excitante (que puede ser modificado por la experiencia) en lugar de inhibitorio como las pautas naturales de sumisión; por ello, el collar eléctrico esta contraindicado a priori para solucionar problemas de agresividad (excepto la agresión predadora, donde el componente agresivo etológicamente no es tal sino lúdico). Si cambiamos este efecto excitante por uno inhibitorio no podremos emplear el collar para trabajos en la fase de escalón ni de velocidad y precisión porque el perro ante el estímulo eléctrico tomará actitudes sumisas, lo que es incompatible tanto con la proactividad como con la rapidez (en conflictos de autoridad los sumisos ralentizan sus movimientos ante los dominantes para resultar menos amenazadores).

Para llevar a cabo la asociación del impulso eléctrico y la sumisión simultanearemos el impulso eléctrico con castigos jerárquicos y actitudes dominantes del guía, siempre empezando por intensidades que, afectando al perro sean gestionables por este: si no lo hacemos así podemos provocar una agresión. Solo cuando esté consolidada esta asociación (ante el impulso eléctrico el perro muestre pautas nítidas de sumisión) podemos subir la intensidad hasta el nivel necesario para el trabajo.

En este trabajo es fundamental que el perro no diferencie cuándo lleva y cuándo no el receptor pues es la obediencia y no el aprendizaje ni la ejecución, lo que depende del collar, afectándose todo el trabajo y la relación con el guía.

Trabajos con el collar en esta fase suelen traducirse en ejecuciones sumisas y dificultad de progreso en la enseñanza de nuevas acciones con el collar.

La persona que necesita el uso de un collar eléctrico para asumir un rol dominante con su perro tiene un perro inadecuado a su carácter y/o formación y debería asumir sus capacidades trabajando con perros acordes a estas.

Fases de velocidad y precisión

Trabajo de escape y/o de evitación con intensidades de medias a altas.

En esta fase podemos hacer dos tipos de trabajo, de escape y de evitación. La técnica es igual a la de las fases de escalón y mecánica respectivamente. Para iniciar este trabajo sin riesgos de que genere dependencia en el perro debemos estar seguros de que las fases anteriores están correctamente realizadas. El perro debe conocer, comprender y obedecer los ejercicios, esta fase busca «pulir» trabajos acabados, no construirlos.

El trabajo de velocidad y precisión no debe hacerse de continuo para evitar generar dependencia. La forma de administrarlo es haciendo entrenos esporádicos de no muchas sesiones. Aunque la mejora resulta espectacular debemos saber que perderemos parte progresivamente al volver al trabajo normal, quedando el trabajo estabilizado en un punto intermedio entre la velocidad y precisión originales y la alcanzada durante el trabajo de mejora, siendo exigible esta mejora intermedia. La pérdida parcial de parte de la mejora es normal y no debe hacernos continuar usando el trabajo de velocidad y precisión o haremos al perro dependiente del collar, necesitando intensidades cada vez mayores, ya no para mejorar sino para mantener el trabajo.

Entrenando de este modo podremos ir haciendo ocasionales trabajos de velocidad y precisión para acumular mejoras y llegar a un trabajo excelente. También podemos, en perros deportivos o de exhibición, realizar unas sesiones con este tipo de trabajo unos días antes de la competición o exhibición; puesto que la pérdida parcial de la mejora es progresiva. Actuando así la aprovecharemos al máximo.

En esta fase las intensidades deben ser de medias a altas, intercalando ocasionales sobreestimulaciones, pues así el perro, claramente incómodo y conocedor de la solución a su incomodidad, acelerará y mejorará su conducta para alcanzarla lo antes posible. Por supuesto, al hablar de intensidades altas nos referimos a niveles que no llegan a enturbiar la capacidad de gestión del perro por la aparición de bloqueos emocionales.

En esta fase es conveniente que el perro diferencie cuándo lleva y cuándo no el receptor para que al retirarlo desaparezcan del perro potenciales asociaciones y estados emocionales negativos.

El collar eléctrico en el adiestramiento de protección

El trabajo de protección implica someter al perro a estados emocionales intensos y concretos; puesto que el collar eléctrico tiende a crear también determinados estados emocionales, hemos de tenerlo en cuenta al planificar el uso del tele-tack.

El uso del collar eléctrico, queramos o no, influirá al perro más allá de la forma del ejercicio: se puede potenciar o reducir la actitud del perro, se puede mejorar la agresión del perro o empeorarla, podemos facilitar o dificultar la canalización de la conducta de presa en conducta agresiva y viceversa... Si intentamos un trabajo puramente mecánico alteraremos alguna de estas variables, pudiendo causar más problemas de los que solucionemos.

Esto no tiene por qué ser una limitación, conociendo algunas reglas básicas nos permitirá avances más rápidos y un mayor abanico de posibilidades.

Por supuesto, la conducta concreta de cada individuo debe ser primada sobre reglas generales. En todos los trabajos con collar eléctrico es nefasto perseverar en técnicas que no muestran resultados solo por haber visto mejoras en otro perro al que se le aplicaban. Nuestro perro puede no recibir bien esa técnica concreta o quizá nosotros no la aplicamos convenientemente. *Los trabajos eléctricos se caracterizan (cuando están bien hechos) por su claridad, si nuestros resultados no son claros nuestro trabajo no es bueno.*

Normas generales de respuesta:

1. Conducta agresiva clara: el collar la aumenta y tiende a desestabilizarla.

2. Conducta de presa clara: el collar la disminuye y tiende a desestabilizarla.

3. Conducta de evitación clara: el collar la aumenta.

4. Conducta mixta agresiva/presa: el collar disminuye la de presa y aumenta la agresiva. Si domina la conducta de presa el perro tiende a estabilizarse, si por el contrario domina la conducta agresiva el perro tiende a desestabilizarse.

5. Conducta mixta agresiva/evitación: es donde más variabilidad aparece y depende mucho de anteriores experiencias con el collar y de la proporción de agresión/evitación.

Conociendo estas normas nuestro uso del collar eléctrico en protección no tiene que limitarse al castigo de acciones ilícitas (tocar al figurante durante el ladrido, tardar en las sueltas...) sino que podemos facilitar el cambio de una conducta a otra que nos interese (por ejemplo: pasar de la conducta de presa en la mordida a la agresiva en la vigilancia).

El uso del collar eléctrico en la protección dependerá del tipo de trabajo que desarrollemos en general. No funcionará igual, aún para las mismas acciones (por ejemplo: soltar), en perros cuyo adiestramiento se basa en el trabajo sobre la conducta de presa que en otros trabajados en la conducta agresiva, ni en los que aprovechen ambas conductas para su entreno. Más que imitar técnicas hay que tener en cuenta las reglas generales que las generan, lo contrario es pasarse la vida jugando a la lotería cada vez que decidimos el uso de una técnica concreta, no entendiendo el porqué de nuestros errores ni de nuestros aciertos.

ADIESTRAMIENTO CON CLICKER

¿Qué es el clicker?

El clicker es una útil herramienta de adiestramiento. Consiste en un pequeño dispositivo mecánico que hace un ruido característico tipo «¡click!» cuando presionamos una lámina metálica dispuesta a tal efecto. En las traducciones de los primeros artículos de Skinner se le llama «grillo» y algunos adiestradores que lo usaban en España hace años le llamaban «rana» pues su origen es un viejo juguete infantil con esa forma.

Su uso en la enseñanza de animales lo inicia el importante psicólogo conductista americano B. F. Skinner, aplicándolo al ámbito experimental. En su ya citado artículo «Cómo enseñar a los animales» explica el uso del clicker para lo que él llama «experimentos científicos sencillos que el lector puede llevar a cabo». Estos consisten en enseñar a un perro varias acciones para «calentar»: tocar con la punta de la nariz el tirador de un armario y efectuar un paso de baile; una vez hecho esto explica cómo enseñar a una paloma ejercicios progresivamente más complejos hasta hacerle señalar picando el palo de la baraja al que pertenece una carta.

Posteriormente, el clicker empieza a salir del laboratorio y aplicarse en labores de adiestramiento práctico de diferentes especies de animales, aumentando progresivamente su popularidad por la limpieza y claridad que aporta a muchos trabajos que necesitan del uso de refuerzo positivo.

Criterios técnicos

El clicker se utiliza como reforzador condicionado positivo; o sea, un estímulo que adquiere la capacidad de reforzar el comportamiento debido a su relación con algún estímulo positivo. El clicker se puede asociar a cualquier estímulo que el perro considere positivo, pero por comodidad se suele asociar a comida o, menos usualmente, a juego.

El clicker se usará como reforzador generalizado, ya que reforzará una gran variedad de acciones.

Utilizar el clicker en vez de premiar directamente con la comida o el juego tiene una serie de ventajas funcionales:

- *Precisión:* tiempo de presentación *(timing)* óptimo; nos permite premiar en el momento justo en que se realiza la conducta, sin demoras.

- *Claridad:* eliminando manipulaciones del perro que enturbian el aprendizaje durante la enseñanza.

- *Concentración:* con la comida el perro pierde la concentración al ser premiado, pudiendo llegar a estar sobremotivado y, por tanto, reduciendo el aprendizaje, con el clicker se proporciona al perro un premio sin afectar la concentración.

- *Posibilidad de reforzar acciones lejanas* o en dirección contraria al guía, esto es, sin necesidad de verle.

- *Proactividad:* el clicker implica al perro en el trabajo facilitando la construcción activa del comportamiento.

- *Comodidad:* su uso es fácil y no requiere técnicas complejas de manejo.

- *Gran margen de error:* tanto por ser un trabajo de enseñanza en positivo como por introducir el comando con la acción ya aprendida.

Por todo lo anterior implica mejoras en la relación perro/guía y perro/trabajo.

Cómo asociar el clicker al estímulo positivo

Para poder usar el clicker en el trabajo debemos asociarlo antes a un estímulo positivo, normalmente comida. Es importante realizar correctamente la asociación pues de ello dependerá la posterior funcionalidad del clicker: por suerte es muy sencillo:

Prepararemos varias porciones muy pequeñas de una comida apetitosa para el perro, esta comida debe ser fácil de tragar para no demorar el proceso distrayendo al perro de la sesión. Por supuesto, el perro debe tener hambre, pero no excesiva o la sobremotivación hará incómodo y menos eficaz el trabajo.

Con el perro suelto en un lugar tranquilo «clickaremos» y le daremos una porción de comida, lo haremos varias veces con el lapso suficiente para que se distraiga, cuando hayamos generado una expectativa en el perro podemos demorar ocasionalmente el tiempo entre el click y el premio unos segundos, siempre con cuidado de no frustrar la expectativa.

Otras veces «clickamos» y dejamos caer la comida, así ayudamos al perro a asociar el click con la comida y no con una situación concreta.

Aplicaciones del clicker en el trabajo cognitivo

Fase de asociación

El principal uso del clicker es en esta fase para enseñar nuevas acciones mediante dos diferentes técnicas:

- *Moldeado:* se puede enseñar al perro una acción clickando ante acciones progresivamente más cercanas a la deseada. Es como un juego de «frío-caliente» donde los clicks le dicen al perro «caliente» y su ausencia «frío». El perro aprende la acción por aproximación sucesiva. Para abreviar este proceso podemos guiar levemente al perro con la comida (llevándola hacia arriba y hacia atrás de la cabeza del perro para que se siente, por ejemplo) procurando dar las menores ayudas posibles y retirándolas enseguida. Esta «ayuda» en realidad es una técnica mixta entre el moldeado y el *targeting*.

- *Targeting:* este trabajo es conocido coloquialmente por muchos adiestradores como «la varita mágica». Consiste en enseñar al perro a dirigirse hacia un blanco determinado, normalmente una vara o puntero de 80 a 100 centímetros de largo. Como el trabajo de moldeado puede ser muy lento para enseñar determinadas acciones (si la acción es compleja el perro debe hacer muchas pruebas y pasos hasta dar con el comportamiento buscado) usamos la varita mágica para dirigir la conducta, reduciendo el ámbito de prueba del perro.

Para el trabajo de *targeting* se condiciona con el clicker al perro para tocar la punta de la vara con la nariz. Esta fase concluye cuando el perro, al aparecer la varita, se lanza a buscar su punta. En este momento dirigimos la varita hacia el entorno y dirección de la acción deseada (si por ejemplo, queremos que el perro se suba a la silla pondremos la punta de la vara en el asiento de la silla y luego la iremos subiendo para «llevar» al perro a ejecutar la acción) el perro seguirá la varita facilitando el aprendizaje de la acción. Por supuesto, reforzamos con el clicker las conductas aproximadas a la que buscamos hasta hacerla aparecer.

Cuando se trabaja con el clicker normalmente no se asocia un comando a una acción hasta que la acción está aprendida. Antes de iniciar el trabajo de escalón debemos asociar un comando a la acción enseñada con el clicker. En este punto el comando no es una orden, solo pasará a serlo cuando hagamos la fase de integración jerárquica; el comando, de momento, solo va a ser un estímulo discriminativo. El estímulo discriminativo es aquel que indica el momento de realizar la acción, siendo su aparición una señal de «luz verde» para realizarla. El estímulo discriminativo favorece el control de la acción pero no la causa.

La forma de incluir el comando es reforzar con el clicker la aparición de la acción enseñada solo cuando antes hemos dado dicho comando. Si el perro realiza la acción sin comando, no reforzamos e incluso nos vamos o terminamos la sesión (haciendo un suave *time out*). Nunca debemos castigar al perro por realizar la acción sin haberle dado el comando.

Fase de escalón

El trabajo de escalón se beneficia menos del uso del clicker. Ofreceremos al perro comida u otro tipo de premio solicitándole que realice la acción (ya conocida) de forma que tenga que alejarse del premio. «Clickamos» cuando la realiza. El clicker no tiene un uso relevante en la fase de escalón pero, puesto que el mismo trabajo de clicker es un pequeño escalón, la comprensión del ejercicio y la fase de escalón se llevan a cabo más rápido que en trabajos sin reforzador condicionado.

Fase de integración jerárquica

El clicker es un elemento de enseñanza no de obediencia, por ello no tiene uso relevante en esta fase del adiestramiento cognitivo-emocional.

Fases de velocidad y precisión

El clicker se puede usar para mejorar la velocidad y precisión de una acción ya conocida; para ello basta «clickar» solo las ejecuciones más rápidas o precisas. Es fundamental no trabajar más de un ajuste por acción y sesión; por ejemplo, si nuestro perro se sienta lento y ladeado podremos trabajar uno solo de los problemas y después, en otra sesión, trabajar el otro. Esto facilita la concentración en ese detalle concreto y no afecta a la acción original por la claridad del ajuste. Si intentamos tocar demasiados puntos a la vez es fácil que causemos confusión al perro, empeorando la ejecución ya conseguida de la acción. Los niveles de exigencia insuperables o incomprensibles siempre afectan al trabajo del perro.

Es en esta fase donde más claridad debemos tener al «clickar», y es necesario para avanzar que sepamos reconocer y reforzar mejoras sutiles.

Precauciones

Como hemos visto el clicker es un instrumento de adiestramiento de fácil manejo, cómodo y seguro, pero para aprovechar al máximo sus posibilidades hay que tener en cuenta algunos puntos básicos:

1. «Clickar» implica accionar el clicker y darle comida al perro (o el estímulo positivo que usemos), el sonido no sustituye la comida en ningún momento. El objeto del sonido es un *timing* impecable y de claridad en la asociación: si dejamos de dar comida al «clickar» el refuerzo condicionado durará un tiempo y luego empezará a extinguirse.

2. Hay que evitar a toda costa utilizar el clicker como si tuviera diferentes intensidades de premio, aumentando el número de clicks según la acción sea mejor efectuada o más difícil, esto causa en el perro una respuesta proporcional, haciéndose indiferente a un solo click. Si lo hacemos generaremos dependencia de la sobreestimulación y disminuiremos la precisión del refuerzo. Una acción correcta (o aproximación), un click. Si deseamos aumentar el premio daremos más comida o más apetitosa.

3. No parar ni facilitar en exceso la progresión del perro: tenemos que ser capaces de ver el momento de dejar de reforzar una aproximación y pedir al perro un avance; igualmente debemos buscar avances que mantengan al perro implicado y atento al trabajo. Si premiamos continuamente progresos excesivamente fáciles el perro perderá concentración e interés en la clase.

4. No usar el clicker para enseñar una sola acción o tipo de acción. Para construir una buena base deberíamos enseñar al perro desde el principio tres tipos de acciones: estáticas, las que implican adoptar una posición y mantenerla (sentado, tumbado...); de aproximación, las que implican acercarse al guía (como la llamada); y de alejamiento, las que implican separarse del guía (a tu sitio, adelante...). Si trabajamos solo un tipo de acción, el perro, al intentar aprender algo nuevo, tenderá a probar acciones del tipo conocido, haciendo mucho más largo el moldeo de las de otro tipo. Esto se nota especialmente cuando no hemos enseñado acciones de ale-

jamiento y el perro no inicia conductas que le hagan perder el contacto visual con el guía. Si cometemos este error desaprovecharemos gran parte del potencial del clicker.

5. No convertir el clicker en un comando. Si usamos el clicker para llamar la atención del perro o para que acuda a nosotros le hacemos perder el valor reforzante para convertirlo en el comando MÍRAME o AQUÍ: hacer esto no es un buen trabajo de clicker.

6. No asociar inconscientemente el clicker a algo negativo: esto puede pasar si durante una sesión estás enfadado, si trabajas con el perro enfermo...

Recuerda en todo momento que el clicker es un instrumento de trabajo. Los buenos trabajos vendrán del conocimiento y aplicación de los conceptos, no de usar un instrumento u otro.

8

Adiestramiento cognitivo-emocional de protección deportiva

La protección deportiva es el aprovechamiento y fomento de las capacidades de combate del perro dentro del marco de unas normas. Estas normas cambian según los diferentes reglamentos. Puesto que es inviable ver todas las posibilidades, este trabajo se ha centrado en el Reglamento Canino Internacional (RCI), que sin duda es el más conocido y practicado.

El trabajo de protección es uno de los puntos de más difícil exposición del adiestramiento, pues existe una variabilidad muy fuerte en las formas naturales de su expresión y gestión. Este capítulo debe considerarse una guía general y un instrumento de análisis antes que un catálogo detallado de estas formas y su moldeo.

EL PERRO EN EL ADIESTRAMIENTO DE PROTECCIÓN DEPORTIVA

En el trabajo de protección deportiva las características del perro son más relevantes que en otras áreas del adiestramiento, pues marcarán la posibilidad de progreso y disfrute del perro en este tipo de adiestramiento. Adiestrar para la protección a perros inadecuados es en muchos casos imposible, y frecuentemente los intentos devienen en una serie de penosas experiencias para el perro, que ve vulnerada su dignidad sistemáticamente. Existe en nuestro país una visión del trabajo de protección que considera mejor sistema de adiestramiento aquel que lleva adelante perros de menor calidad. No compartimos esta visión: el mejor sistema de adiestramiento es el que consigue mejores resultados con ejemplares aptos, no el que a trancas y barrancas arrastra a un perro a ejecutar por cualquier medio unos mínimos. Es como si se valorase a los pilotos de fórmula uno en carreras de coches de segunda mano. Para ver realmente sus posibilidades hay que usar un coche lo suficientemente bueno para que puedan dar su máximo.

El perro debe disfrutar del trabajo de protección y ser capaz de superar las cargas y situaciones de conflicto que se le presentarán a lo largo del adiestramiento, para ello necesitamos aprovechar sus cualidades naturales. Moldearemos sus respuestas instintivas adecuadas ante determinadas cargas emocionales e intentaremos canalizar unas en otras mediante un trabajo interemocional para aprovechar al máximo dichas cargas.

Para hacerlo necesitamos primero ver qué conductas van a aparecer durante el trabajo como respuesta a las emociones que toquemos, saber cómo aprovechar y moldear estas conductas y cómo enlazar unas con otras.

Conductas instintivas que pueden aparecer durante el adiestramiento de protección deportiva

- **Juego:** la conducta de juego usa la secuencia de caza con un fin lúdico que a su vez sirve de entrenamiento a la caza real sin la tensión que se genera en esta. Nos servirá para iniciar las mordidas en ejemplares jóvenes o sensibles. Cuando la usemos tendremos en cuenta que nuestro fin será canalizarla en conducta de presa. Para jugar moveremos y tiraremos de un trapo, rodillo u otro objeto adecuado para ser mordido. Nos preocuparemos de que el perro quiera mantenerlo en su boca, quitándoselo de un tirón si no lo hace, de que lo persiga y de que lo pase bien haciéndolo. El juego solo puede ser aprovechado mientras se tienen ganas de jugar y está sometido a un rápido cansancio específico, además puede desconectarse si es muy brusco. Por lo anterior, las sesiones de juego deben ser cortas y amenas. Para terminar una sesión de juego podemos hacer dos cosas: ceder el juguete al perro cuando hace algo correcto para que se lo lleve, completando y satisfaciendo así la conducta de caza y confirmando la acción llevada a cabo, o ganárselo nosotros, llevándonoslo cuando se despiste y cometa un error como soltarlo o aflojar la boca, con ello hacemos además un castigo negativo de la acción incorrecta. Debemos tener siem-

pre en cuenta que los juguetes no se regalan, el perro debe ga-
nárselos esforzándose durante el juego por conseguirlos. Es este esfuerzo y ganas lo que podemos modelar dándole normas de juego
para ganar que nos interesen como: ganas si llenas la boca y la
mantienes tranquila, o ganas si al tocarte el adiestrador sacudes la
cabeza.

Impresionantes fotografías, desde dos ángulos, de José Antonio Gómez jugando con
«Hello de Parayas».

- **Presa:** la forma es muy parecida a la de la conducta de juego, pues
  aprovechamos la secuencia de caza. La principal diferencia es que
  aquí el perro tiene una tensión de combate donde la presa, defen-
  diéndose, puede escapar o incluso dañarle. La situación por ello,

siendo positiva, es seria para el perro, y aunque la conducta de presa está sometida también a cansancio específico tiene más aguante que la de juego y no es normal que el perro la abandone de golpe, como sucede con este.

Durante la presa no existe relajación en el perro pero sí tranquilidad cuando ve que con sus recursos consigue vencer a la presa. Se puede inducir esta tranquilidad dando a la manga o al mordedor que usemos el movimiento circular y relajado de la presa ya vencida y también haciendo que el guía sujete al perro y le tranquilice (SSH) con la presa cobrada en la boca. En todo trabajo de presa buscamos inducir en el perro esa tranquilidad, manteniendo el estado de equilibrio emocional ante situaciones cada vez más difíciles. La conducta de presa se usa para dar seguridad al perro, para conseguir bocas tranquilas y estables y para canalizar la carga emocional que generemos en las fases de agresión. Asimismo, usaremos la frustración[1] que causa en el perro la imposibilidad de conseguir la presa y su defensa (de la presa) para generar agresión activa.

Para llegar a la relajación el perro debe continuar y concluir la secuencia de caza transportando su presa hasta su lugar de descanso. Por ello los trabajos de presa terminarán frecuentemente con el transporte de la manga mordida.

• **Agresión defensiva:** una de las conductas instintivas del perro ante una amenaza es la agresión defensiva (luego veremos otras). La agresión defensiva es una reacción agresiva del perro hacia algo que compromete su seguridad de alguna manera (invasión del territorio, agresión hacia él...). El perro ladrará e incluso morderá al intruso si este no huye. La agresión defensiva genera mucho estrés en el perro, que se siente amenazado y en peligro; por ello las conductas emocionales consecuentes son muy inestables y negativas. Se usa para poder llegar a la agresión activa hacia el figurante y darle a este el carácter de oponente del perro que debe tener.

En la agresión defensiva es el figurante quien inicia las acciones y el perro quien responde. Es el figurante el que activa al perro. Ante las respuestas de agresión defensiva del perro el figurante debe huir, asustarse o dejarse morder. No debemos trabajar de continuo sobre la agresión defensiva o generaremos un exceso de estrés en el perro.

---

[1] La frustración genera agresión.

Trabajo de presa en un cachorro de seis meses. Perro: «Eiko de Malaespina». Guía: Sonia Bo. Figurante: Juan Manuel Pérez.

Trabajo de presa en un cachorro de seis meses. Perro: «Eiko de Malaespina». Guía: Sonia Bo. Figurante: Juan Manuel Pérez.

Trabajo de presa en un cachorro de seis meses. Perro: «Eiko de Malaespina». Guía: Sonia Bo. Figurante: Juan Manuel Pérez.

La mayoría del trabajo de la agresión defensiva ha de iniciarse en la distancia de atención social, construirse en la distancia individual y solo eventualmente trabajar en la distancia crítica. El objeto de este trabajo es siempre construir la conducta de agresión activa.

- **Agresión activa:** es la actitud agresiva, en este caso hacia el figurante, que no responde a una amenaza sino que es iniciada conscientemente por el perro. Al contrario que la agresión defensiva, la agresión activa tiene un tono positivo para el perro que no está respondiendo al figurante sino aprovechando su actuación para poder agredirle. En la agresión activa el perro es quien inicia las acciones y el figurante el que responde, el perro activa al figurante y no al revés. Si el perro durante la agresión activa se ve en apuros activará la agresión defensiva.

La agresión activa se utiliza principalmente para las fases de vigilancia del figurante, donde el perro, con su conducta agresiva, intenta activar al figurante. Para que esto sea útil el perro debe entender que las únicas formas de activar al figurante y acceder al combate con él es mediante las conductas de vigilancia admitidas en la prueba: ladrar ante él sin tocarle y/o vigilarle en silencio. Cualquier otra conducta de provocación al figurante, como darle pequeños mordiscos, toparle con el pecho o tirar de él al enfrentarle, no le dará acceso al combate y será corregida. Estas correcciones deben enseñarse durante la primera etapa de formación del perro para evitar que aparezcan por primera vez en un contexto emocionalmente demasiado intenso como para que una corrección no produzcan aprendizaje o deban ser extremadamente fuertes para hacerlo.

La confirmación de la agresión activa puede ser la huida del figurante, cualquier señal por parte de este que genere expectativas de combate en el perro: para unos perros asustarse levemente, moverse, retirar la mirada o por el contrario ponerla en el perro... incluso en perros con una agresión muy sólida, tocarles con firmeza con el bastón o el látigo[2]. Y por supuesto, la reina de las confirmaciones: la mordida de la manga[3].

---

[2] El bastón reglamentario está acolchado y es de material flexible, el látigo se utiliza para incomodar al perro molestándole con él.
[3] El trabajo del adiestrador alemán Helmut Raiser de clasificación y aprovechamiento de las mordidas es modélico aún hoy, aunque su aplicación esté implícita a lo largo de todo el tema de adiestramiento de protección es interesante recogerlo como lo estructuraba su autor:

Construcción de la agresión activa a través de la defensa de la presa. Perra: «Ana de Onbatú». Figurante: José Antonio Gómez.

La agresión activa se puede construir con un trabajo interemocional a través de la agresión defensiva, de la frustración de la presa y de la defensa de esta. En la mayoría de los perros se consigue canalizando estas dos últimas conductas y por ello resulta después fácil canalizar esta agresión nuevamente hacia la presa tras la mordida. Pero en los perros donde hemos conseguido agresión activa a través de la defensiva, así como en aquellos que de forma natural muestran una fuerte agresión activa, deberemos construir un tra-

---

- *Primera mordida:* mordida a boca llena y entrega rápida de la manga.
- *Segunda mordida:* mordida a boca llena, fase de tranquilidad manteniendo la boca y entrega lenta de la manga.
- *Tercera mordida:* con el perro atado se le hace morder en pinza no acercando la manga lo suficiente como para que se llene la boca; con el perro mordido tensamos la manga hacia atrás y luego la acercamos lo suficiente para que rectifique y llene la boca, cuando lo hace entregamos rápidamente la manga.
- *Cuarta mordida:* durante la segunda mordida el figurante hace una carga de agresión al perro, este contractúa y el figurante vuelve a realizar una fase de tranquilidad, o sea, de segunda mordida. Entrega lenta de la manga.

Helmut Raiser es el diseñador del *pressing*, uno de los primeros sistemas de adiestramiento basados en pautas etológicas y aprendizaje conductista. Es autor del libro *El perro de defensa* y fue campeón de adiestramiento deportivo en su país los años 1979 y 1982. Muchos de los conceptos que desarrolló siguen siendo válidos.

bajo interemocional más complejo para canalizar la agresión a presa a través de la conducta de transición de la mordida. Tendremos en cuenta las diferencias entre la mordida de agresión: seca, cambiante e inestable y la de presa: mantenida, llena y tranquila. Si el ejemplar, además de la agresión, tiene una fuerte conducta de presa trabajamos la transición en el nivel de dirección emocional, si la conducta de presa no es acentuada realizaremos la transición en el nivel de influencia emocional (a veces es necesario usar un figurante amigable —incluso el propio guía— para bajar la agresión al nivel de influencia emocional).

- **Huida:** otra de las conductas del perro como respuesta a una agresión es la de huir, si es la conducta habitual mostrada por el perro adulto ante una amenaza hecha por el figurante en la distancia de atención social debe tomarse en cuenta la posibilidad de que el perro no sea apto para el servicio de protección. Podría intentarse un trabajo interemocional hacia la agresión defensiva y de esta a la activa, pero lo habitual es que los resultados sean solo parciales.

  Distinto es cuando aparece ocasionalmente en un perro al que se le está activando la agresión defensiva, implica que el trabajo puntual que se ha realizado es excesivo para el perro y ha sentido que perdía el combate, optando por huir. Esto no debe suceder normalmente, pues el perro perdería confianza en sí mismo para solucionar la situación de amenaza, pero no es demasiado problemático que aparezca en algún momento.

- **Indefensión:** si el perro muestra indefensión durante las sesiones de protección o el trabajo es gravemente deficiente o el perro completamente inadecuado para el servicio de protección. No existe justificación para llevar al perro al punto de indefensión, y solo desde la ignorancia y/o la carencia de respeto total hacia el perro se puede defender este tipo de trabajo.

- **Otras conductas de evitación:** es una estrategia frecuente de los perros que en situaciones de amenaza no activan su agresión defensiva el tomar conductas de evitación ante la situación conflictiva: no mirar al figurante, olfatear el terreno, mirar al guía o refugiarse tras él... En algunos casos no serán aptos para la protección pero en otros podremos activar su agresión defensiva haciendo que el figurante suba su nivel de amenaza ante la desatención del perro. Por así decirlo, cuando el perro muestra la conducta de evitación el figurante le «gana» terreno e incluso puede tocarlo con el látigo o bastón. Cuando el perro abandone la conducta de evitación para adoptar una de agresión defensiva actuaremos como se indica en el apartado correspondiente. Si el perro ante estas cargas del figurante empeora su conducta[4] debemos plantearnos que puede no ser apto para el servicio de protección.

Dimensiones del perro en la protección deportiva

Existen una serie de coordenadas para definir las capacidades del perro para la protección deportiva, encuadrarle correctamente dentro de ellas nos ayudará a planificar y hacer progresar el trabajo del ejemplar.

- **Agresión/presa:** la primera dimensión del perro es el balance entre sus capacidades y tendencias hacia la agresión y hacia la presa. Existirán ejemplares con una gran capacidad natural para una o las dos conductas, así como otros que flojeen en una o las dos. Con respecto a la agresión y la presa hay que tener en cuenta tres variables: equilibrio, claridad y capacidad natural. Si ambas conductas mantienen una proporción adecuada para el trabajo diremos que es un perro equilibrado (lo que diferentes escuelas consideran proporción adecuada varía enormemente). Si una de ellas es claramente más fuerte que la otra hablaremos de un perro presero (domina la presa) o agresivo (domina la agresión); este término de agresivo no ha de confundirse con la denominación común para definir un perro que ataca con facilidad. Cuando las conductas aparecen nítidas ante los estímulos que teóricamente deben provocarlas y es fácil canalizarlas una en otra hablamos de un perro claro o de instintos claros. Finalmente, si una, otra o ambas conductas aparecen a altos niveles con facilidad hablamos de un perro con mucha presa, con mucha agresión o «muy alto de instintos» si son ambas conductas las que muestran esta característica.

- **Perros pacientes/perros impacientes:** los perros que muestran tendencia a la estabilidad durante las diferentes fases del trabajo de protección se denominan perros pacientes, estos perros se encuentran cómodos durante cada fase del trabajo una vez que la conocen y controlan, manteniendo la cabeza más fría y siendo capaces de recibir más información durante la ejecución de los ejercicios de protección, suelen cometer menos incorrecciones

---

[4] Estamos suponiendo que la situación de amenaza es adecuada en intensidad y planteada por un figurante competente.

pero por el contrario se muestran menos expresivos que los impacientes. Un perro paciente de igual calidad que uno impaciente parecerá al ojo inexperto que tiene menor impulso, menos ganas. Esto no es así, sencillamente su expresión es más estable y calculada: por ejemplo, perros que se sientan durante el ladrido al figurante. Estos perros, por su mejor capacidad de gestión y recepción de la información son óptimos para desarrollar un trabajo cognitivo-emocional en el servicio de protección. También se les llama perros fríos.

Los perros que no muestran tendencia a la estabilidad y que en cada fase del servicio de protección están «aguantándose» las ganas de avanzar al siguiente paso se denominan perros impacientes. Estos perros se muestran emocionalmente muy cargados durante la protección y reciben y gestionan peor la información, siendo más fácil que evalúen demasiado rápido una situación y cometan un error o se adelanten a las circunstancias. Por el contrario, son muy espectaculares en su trabajo: perros que ladran sobre sus patas traseras a la cara del figurante o saltan durante el ladrido. Estos perros necesitan más atención durante su formación cognitivo-emocional, particularmente para conseguir que reciban la información de lo que son opciones correctas e incorrectas durante la etapa de formación de conceptos (ver más adelante). También se les llama perros calientes.

El ser paciente o impaciente es una característica, no una ventaja o un inconveniente, ambas dimensiones tiene sus puntos ventajosos y desventajosos: en perros de mucha calidad, los pacientes parecerán menos expresivos, pero por el contrario cometerán menos incorrecciones durante el trabajo; en perros de calidad media, los pacientes parecerán poca cosa pero los impacientes mostrarán más inestabilidades ante las situaciones de presión. En perros de poca calidad todos parecerá que tienen poca calidad.

- **Umbral de reacción:** ya vimos que cada perro tiene un nivel mínimo para que un estímulo le afecte, los que se afectan con estímulos de baja intensidad se denomina perros sensibles. Los que requieren estímulos fuertes son perros duros. El umbral de sensibilidad y las características específicas de trabajo de cada tipo de perro están explicados en el tema dedicado al cachorro. Nuestra preferencia es por perros de dureza media, que reciban bien las correcciones pero que no se vean afectados por cada pequeño cambio o error en el trabajo. Al fin y al cabo el día de la competición cambiarán muchas cosas.

Los pastores belgas malinois suelen ser de maduración más precoz que los pastores ale-
manes. En la fotografía «Única de la Serralada» con diez meses. Guía: Rubén del Huerto.
Figurante: Carlos Alfonso López.

- **Elasticidad:** igual que el punto anterior, está explicado en el tema
  dedicado al cachorro, pero debemos mencionar que la elasticidad
  frente al figurante es un parámetro que debe ser evaluado independientemente a la elasticidad en el entrenamiento de obediencia. Existen perros muy elásticos en un ámbito y muy poco en el
  otro, así que no debemos extrapolar los datos. Por supuesto, lo
  ideal para un perro de protección es ser lo más elástico posible.

- **Madurez:** debemos tener en cuenta la madurez del perro para planificar el trabajo, en perros que muestran una fuerte conducta de
  presa podemos iniciar trabajos sobre esta conducta prácticamente
  desde el cambio de dentición del perro. La agresión en estos ejemplares puede ser testada a través de la frustración de la presa cuando aún son muy jóvenes, no hay una edad fija.

El trabajo de la agresión defensiva no debe iniciarse hasta que el
perro tiene la madurez para aguantarlo, lo que varía según las razas

e individuos. La agresión en ejemplares jóvenes siempre debe activarse con precaución, fuera de su distancia crítica y hacerse evolucionar con mucha delicadeza. Un perro joven quedará más marcado por las malas experiencias que un ejemplar adulto. Un trabajo serio sobre la agresión requiere que el perro sea maduro.

El factor raza influirá en la madurez, hay razas de maduración más lenta que otras: el pastor alemán puede tardar más de dos años en madurar, mientras que el pastor belga malinois al año y medio frecuentemente ya es adulto. Por supuesto, las reglas generales aplicables a toda una raza son demasiado amplias para ser exactas y deberemos conocer la línea de sangre[5] de la que procede cada perro y finalmente evaluar a cada individuo concreto para determinar su madurez.

- **Condición física del perro:** es habitual descuidar las características físicas del perro a la hora de planificar un trabajo pero pueden influir en su conducta. Un perro fuerte y pesado será consciente de que es capaz de detener al figurante con su peso y debemos entrenar teniéndolo en cuenta; uno ligero puede ser más rápido y necesitar más técnica para no estrellarse en el ataque lanzado... Añadir, por supuesto, que un perro en buenas condiciones de preparación física siempre mejorará sus resultados, y al contrario, un perro que se agote y no resista todo el programa de protección empeorará vigilancias y bocas por incapacidad física de mantener la intensidad necesaria durante toda la prueba.

Formas de combate

Debemos moldear las conductas naturales de agresión y presa para adaptarlas a las reglas de combate de la prueba.

La agresión debe expresarse como acoso al figurante durante las fases de vigilancia, sea ladrando o sea muda (la localización del figurante en el revir es la única que obligatoriamente debe efectuarse ladrando). En las fases de carga del figurante al perro mordido debe mostrarse como contractuación, apretando la manga con más firmeza o sacudiéndola. No debe mostrarse la agresión mordiendo la manga con el figurante inmóvil ni a este, tampoco deben aparecer en la manga bocas inquietas ni gruñidos. Tras la suelta de la manga el perro debe activar rápidamente su agresión para iniciar de inmediato la vigilancia.

---

[5] Obviamente hay que conocer las características de las líneas de sangre, algo que frecuentemente se descuida.

La presa debe mostrarse en rápidas canalizaciones desde la vigilancia hacia la mordida y durante los transportes del perro mordido en bocas completas, tranquilas y firmes.

Durante todo el desarrollo de la protección el perro debe dejarse guiar por su conductor, obedeciendo sus indicaciones y mostrándose controlado por este.

Estas son las reglas básicas del combate de protección deportiva, cuanto mejor sean efectuadas por el perro, mostrando el mayor nivel emocional posible, más puntuará. Pero todos los perros tienen características propias que hacen que la preparación del reglamento no sea una simple ecuación. Al adiestrar debemos tener en cuenta esas características y trabajar a favor del perro concreto que tenemos; se estropean más perros aptos por intentar encajarlos en los moldes de un supuesto perro ideal que por ningún otro motivo. La forma de combate de un perro debe ser potenciada, siempre y cuando se pueda adaptar al reglamento.

- **Formas de contractuación:** el perro mordido debe responder a las cargas del figurante con una acción de respuesta. Las acciones más comunes en los perros son tirar de la manga hacia atrás, sacudirla, volver a morder (llenar boca), aumentar la presión de la mordida, gruñir e intranquilizar la mordida. Excepto las dos últimas, que generan inestabilidad y estropean las bocas debemos confirmar al perro cualquiera que nos muestre inicialmente. Si no es la de nuestra preferencia, veremos si con el tiempo podemos darle al perro también el recurso de nuestra elección, pero si al iniciar el trabajo no confirmamos su contractuación natural el perro generará inseguridad. Además, es posible que el perro sea incapaz de llevar a cabo la contractuación que nosotros deseamos (¿cuántos perros aumentan la presión de mordida ante una carga?, bien pocos, ¿cuántos adiestradores querrían que su perro lo hiciera?, prácticamente todos); si esto sucede hemos bloqueado la respuesta natural del perro a la carga del figurante pero, como no es capaz de dar la respuesta que queremos, hemos dejado al perro sin recursos de combate: se pondrá nervioso y puede llegar a estropear las bocas. Si dejamos crecer como combatiente al perro que tenemos puede sorprendernos lo que llegue a hacer con experiencia y seguridad en su trabajo.

- **Formas de expresión:** cada perro tiene una forma natural de expresar su agresión: unos ladran sentados, otros sobre sus patas traseras, unos mantienen una cadencia lenta de ladrido, otros ladran más rápido, unos tienen ladridos profundos, otros los tienen agudos. Los hay que no ladran siquiera. Dentro de las posibilidades del reglamento hay que dejar a nuestro perro expresarse de su forma natural, aunque esta no nos guste. Dejar que su expresión se consolide y mejore ayudará al perro a progresar. Si el perro toca jazz no le hagas tocar música clásica: potencia lo que tiene, claro que cuando el perro en vez de jazz o música clásica canta a Julio Iglesias es más difícil no ponerse nervioso y querer cambiarle la expresión. Pero una cosa es segura, a Julio Iglesias no le hubiera ido tan bien si su familia le hubiera obligado a cantar ópera. Esto no es una excusa para no corregir, estabilizar y hacer avanzar al perro dentro de su expresión, no es conformismo sino pura realidad. Si

Espectacular expresión de la agresión durante el enfrentamiento de «Ivet de Malaespina». RCI II. Guía: Manuel Pérez. Figurante: Ignacio Alarcón.

tu perro ladra saltando porque está inestable, bájale de ahí y esta-
bilízale, pero si ladra saltando, es estable, su nivel de agresión es el
que puede manejar y canaliza bien, déjale y entrena para que mejore esa actitud.

- **Ajustes de precisión:** el trabajo de protección es un todo y ante
  cualquier ajuste debemos hacernos la siguiente pregunta: ¿cómo
  afectará tocar este punto al conjunto del trabajo? Si la respuesta es
  mejorándolo: adelante; si no va a influir ni bien, ni mal: adelante,
  es una mejora también; pero si te das cuenta de que realmente co-
  rres el riesgo de desmontar el trabajo por una nimiedad, déjalo. En
  muchos casos existen ligeros desajustes que se deben a las pequeñas
  limitaciones del perro y cuya corrección conlleva problemas. Si
  esta es la situación, mejor no tocar nada. Además, es sorprendente
  la cantidad de estos pequeños desajustes que se solucionan por sí
  mismos cuando el perro adquiere destreza y seguridad en el trabajo de protección.

El trabajo de protección desde el perro

La visión general del trabajo de protección que demos al perro de-
terminará cómo reciba y gestione la información sobre su desarrollo, que
vayamos procurándole a lo largo de toda la formación.

Existen tres diferentes enfoques que el perro puede adoptar dependiendo de su carácter y nuestro trabajo:

1. En perros con una fuerte conducta agresiva y/o trabajados fundamentalmente en esta coordenada el trabajo de protección resulta
   un contexto de combate donde siente que su seguridad puede
   estar seriamente comprometida; estos perros tienen problemas
   de estabilidad y suelen presentar bocas incorrectas. El nivel de estrés que generan durante la protección es muy alto. En las pruebas
   pueden empeorar su conducta por la inacción del figurante.

2. En perros trabajados fundamentalmente a través de la presa aparece una visión del trabajo demasiado lúdica, lo que causa que la
   intensidad del perro tienda a ser menor y que pueda variar de
   acuerdo a su estado de ánimo. Además, el perro con la experiencia, por el cansancio específico, empeorará en el trabajo si no es
   un verdadero fanático de la presa.

3. En perros trabajados balanceando las conductas de presa y agresión activa aparece una visión del combate con el figurante equi-

valente al de un combate de artes marciales, aunque el perro sabe que es un enfrentamiento deportivo y que no está en juego su integridad, sí hay un enfrentamiento real con el figurante; no solo existen las ganas de conseguir la manga sino el deseo de vencerle dentro de los parámetros de la protección deportiva. Este es el enfoque que consideramos más completo. No por los resultados. Se pueden conseguir excelentes resultados a través de la presa pero, en nuestra opinión, este es el tipo de trabajo que más permite desarrollarse al perro y más selecciona y aprovecha sus cualidades de combate.

Todo lo que hemos visto en este punto se resume en lo siguiente: analizar el perro que tenemos y trabajar para hacer crecer sus capacidades individuales. Todo el capítulo de protección debe ser aprovechado desde esta óptica, si un punto concreto es incompatible con el desarrollo de nuestro perro debe ser obviado. La práctica del adiestramiento de protección nos muestra que no todo lo que en la teoría resulta claro lo es en la práctica, existen perros que no progresan sin estar sometidos a grandes dificultades y otros que necesitan que se les facilite el camino para avanzar. Nuestro principal trabajo no es adaptar el perro que tenemos al sistema de adiestramiento que optemos por seguir, sino todo lo contrario: adaptar nuestro sistema de adiestramiento al perro que tenemos.

EL FIGURANTE Y EL GUÍA

El equipo humano básico para llevar a cabo el adiestramiento de protección deportiva es el formado por el figurante y el guía del perro. Este equipo debe tener una visión común de los objetivos y procedimientos de trabajo para avanzar, cada uno debe apoyar y reforzar el trabajo del otro. Cuando se tiene esta misma visión del trabajo día a día, sesión tras sesión, el binomio va compenetrándose hasta llegar a un punto donde la comunicación pueda reducirse a indicaciones sutiles entre ellos.

Lo primero es determinar quién lleva la dirección del trabajo, lo correcto es que, teniendo ambos igual formación, sea el guía quien dirija. Al fin y al cabo, es quien tendrá que mostrar el trabajo en una prueba. Distinto es cuando el guía es neófito, no tiene la cualificación suficiente, y se pone en manos de un figurante experto.

El guía y el figurante tendrán diferentes atribuciones durante el trabajo, pero han de llevarlas a cabo de forma coordinada entre sí; vamos a ver cuáles son esas atribuciones en cada uno de los casos.

El figurante y el guía han de estar de acuerdo y compenetrados para avanzar en el trabajo. Perro: «Evaristo Togaricha», RCI III. Guía: Ignacio Alarcón. Figurante: Carlos Alfonso López.

El figurante

Existen dos tipos de figurancia: la de prueba, que es la llevada a cabo durante las competiciones, y la de formación, que es la que se realiza para adiestrar al perro en la disciplina de protección.

En la figurancia de prueba el figurante es un ayudante del juez y un oponente del perro, cuya labor es mostrar al juez la calidad de los perros y de su adiestramiento. Esta figurancia no es objeto de este libro, que se centra en la formación del perro.

En la figurancia de formación el figurante es el adiestrador de combate del perro, enseñándole no solo técnicas de lucha sino un concepto general de la protección y desarrollando sus recursos naturales hasta donde puedan serlo. El figurante debe tener una visión global del trabajo que está haciendo con el perro y una planificación, sesión por sesión, de lo que cada día espera conseguir y por qué. Buscará equilibrar y desarrollar las conductas de presa y agresión de forma armónica para favorecer el avance del perro.

Es labor del figurante saber activar y canalizar las conductas naturales del perro con el mínimo de estímulos necesarios para no hacer al perro reactivo. Al finalizar la formación debe ser el perro quien active los comportamientos de un figurante estático a través de su conducta. Las formas de estimular y confirmar al perro durante las sesiones será:

- **Conducta de juego:** el figurante moverá un mordedor adecuado[6] ante el perro sujeto por una correa, si el perro se impresiona ante el figurante éste puede distanciarse fijando el mordedor a una correa de un par de metros. Cuando el perro se active puede confirmar dándole el mordedor o continuando el movimiento. Para canalizar esta conducta a presa debe disputárselo con firmeza al perro cuando lo tiene mordido.

- **Conducta de presa:** el figurante se moverá él o moverá la manga mientras se desplaza, de forma lateral, errática y poco amenazante ante el perro en correa. Cuando este muestre la conducta deseada puede confirmarla dejando que muerda la manga o intentar canalizar en agresión manteniéndose quieto ante el perro hasta que este por frustración (no puede llegar a la manga que está casi a su alcance) muestre agresión. También puede activar la agresión desde la presa intentando «robarle» la manga al perro tras habérsela entregado y cuando, ya sea por sí mismo o por influencia del guía, el perro la ha dejado en el suelo. Activar así la agresión facilita al perro sentirse seguro, pues él tiene la manga y es el figurante quien intenta quitársela, la lucha por acceder a un recurso genera mucho estrés en un perro pero su posesión y defensa genera agresión activa, incluso en ejemplares no excesivamente fuertes de carácter. En perros extremadamente preseros las dos técnicas anteriores pueden no funcionar, estos perros se mantienen solo atentos a la posibilidad de coger la manga y enfocados hacia ella. Si no queremos tocar la agresión defensiva podemos probar otra cosa: el figurante se in-

---

[6] Según la edad y formación del perro este mordedor puede ser un trapo, un rodillo de arpillera o una manga de algún tipo.

terpondrá entre el perro y la manga (en el suelo) impidiendo al perro enfocarla y constituyendo un obstáculo para conseguirla: intentamos variar las relaciones de fondo y figura haciendo protagónico al figurante en la situación de no poder acceder a la manga, si el perro activa la agresión el figurante retrocede, se enfunda la manga y confirma.

Tras las sueltas de manga el figurante debe facilitar pasar la carga emocional de la presa a agresión activa, para ello se mantendrá quieto cuando el perro haya soltado, no continuando con la actitud de presa. Si esto no es suficiente puede ayudar al perro a activar la agresión tocándole con el bastón, el látigo o empujándole, pero normalmente cuando esta transición no es clara es mejor que sea el guía, a través de un collar de púas o eléctrico, quien la facilite.

- **Conducta de agresión activa:** si es agresión activa el figurante no ha de hacer nada para activarla, será el perro quien inicie la agresión. Su labor será confirmarla de tres maneras posibles: huyendo, dando opción al perro a morder, y en perros extremadamente fuertes y seguros, actuando de forma agresiva hacia el perro (tocarle con el látigo o bastón, ganarle terreno, empujarle...). Si hemos confirmado huyendo o dando de morder tenemos la opción de continuar el trabajo canalizando hacia la conducta de presa moviéndonos como tal en el primer caso y dando paso a la mordida tranquila en el segundo. Una vez mordido el perro en presa podemos iniciar un combate en la manga, para ello efectuamos una carga: mirar al perro, meterlo dentro[7] del figurante, tocarle o amenazarle con el bastón o el látigo... Cuando el perro contractúe de forma correcta podemos entregarle la manga o pasar a otra fase de calma en la boca, dejando al perro fuera del figurante y moviendo la manga de forma circular y tranquila. En perros con fuertes conductas de agresión activa es frecuente que no consigamos tranquilidad en la boca, estos perros deben confirmarse la mayoría de las veces con la entrega inmediata de la manga, si intentamos fases de calma es posible que el perro continúe luchando mordido de una forma inestable y descontrolada, mostrando bocas malas y nerviosas.

- **Conducta de agresión defensiva:** la activaremos inicialmente en la distancia de atención social del perro para evitar respuestas de hui-

---

[7] Decimos que el perro está dentro del figurante cuando pegamos la manga al estómago y el perro queda rodeado por el cuerpo del figurante; decimos que el perro está fuera del figurante cuando ponemos la manga lateral, separada y un poco atrasada con respecto al cuerpo del figurante, lo que permite al perro mantenerse a una cierta distancia y le evita enfrentar la mirada.

da o postración, progresivamente la llevaremos hasta su distancia individual. Debemos evitar entrar en la distancia crítica salvo que puntualmente aparezcan conductas de evitación con el figurante. Teniendo al perro sujeto con una correa el figurante saldrá de un escondite con movimientos lentos y amenazantes hacia él, puede no llevar manga si el perro es muy presero y viéndola es incapaz de fijarse en el figurante. Cuando el perro muestre indicios de conducta agresiva, normalmente ladrando con la correa floja, el figurante debe confirmar huyendo asustado, también puede chasquear el látigo. Si es posible, se puede también canalizar en presa actuando como se indicaba en el punto anterior. Reconoceremos que la agresión defensiva pasa a activa en que el perro buscará las situaciones de confrontación, tenderá a avanzar hacia el figurante y mostrará una carga emocional positiva ante la expectativa de enfrentamiento.

Los estímulos que el figurante use para construir el adiestramiento han de ser progresivamente retirados hasta que finalmente toda la iniciativa del trabajo esté en el perro, respondiendo el figurante a la actuación de este.

Es muy importante que para desarrollar estos trabajos el figurante use sus capacidades naturales en lugar de imitar a otros figurantes que haya podido ver: cada persona tiene unas características de tamaño, fuerza, velocidad... que debe aprovechar para activar y confirmar en el perro las conductas anteriormente descritas. También es importante que no intente actuar al límite de sus posibilidades, pues ante cualquier problema puede cometer un error. El figurante debe controlar lo que hace, cómo lo hace y, desde luego, por qué lo hace.

El figurante debe ser receptivo a las reacciones que su trabajo provoque en el perro, trabajos idénticos pueden producir en dos perros, o incluso en el mismo perro en dos días diferentes, efectos distintos. La figurancia que se realiza no es la que el figurante decide sino la que el perro recibe, sin reconocer las actitudes y respuestas del perro y ser consecuente con ellas no es posible el avance en el adiestramiento de protección.

El figurante ha de reconocer esas pequeñas señales que le indiquen cómo recibe su trabajo el perro más allá de las dimensiones antes descritas: la influencia del tipo de adiestramiento de obediencia, las condiciones de vida del perro, las circunstancias concretas de ese día... todo debe ser tenido en cuenta. Al cabo, la relación entre el perro y su figurante de formación es una relación intersubjetiva tan sutil como la que tiene el perro con su guía.

El figurante de formación debe saber lo que está haciendo y por qué. En la fotografía Jose Antonio Gómez transportando a «Hello de Parayas».

La manga

En el reglamento de RCI la mordida se lleva a cabo en una manga con forma de cuña. Esta forma o embocadura permite al perro llenarse de forma natural la boca, uno de los parámetros a los que se da mayor importancia en el trabajo de protección.

Debemos enseñar al perro a apuntar correctamente al ir a morder. Para ello, con el perro sujeto por el guía mediante una correa, el figurante presentará la manga a cierta distancia del perro a diferentes alturas y posiciones; por supuesto cuidando que el ángulo de entrada siempre sea natural y accesible al perro. El guía llevará al perro retenido de la correa hacia el figurante para que pueda fijarse bien en la colocación de la manga (si le dejáramos ir sin control por la velocidad y carga emocional el perro sería menos consciente de su trayectoria de mordida). Cuando el perro haya apuntado a un par de metros de la manga, le dejaremos ir y morder.

Existen mangas diferentes para facilitar el trabajo a diferentes tipos de perros, vamos a ver algunas de las características que pueden variar:

1. *Dureza:* es lo más variable, desde muy blandas hasta tremendamente duras. En competición se usan mangas duras; aun así cam-

bia lo que podemos encontrar en cada prueba pues se opta por diferentes marcas y modelos. Las mangas excesivamente duras, sobre todo si son también gruesas, dificultan la contractuación a aquellos perros que la efectúan aumentando la presión de la boca: el perro ha de poder notar que al apretar la manga esta cede. Por supuesto, el tamaño y potencia de la boca serán los que determinen qué es «demasiado dura» en cada perro. Las mangas muy duras también impiden que los perros con bocas fijas pero no muy fuertes entrenen esta capacidad. En estos dos casos es conveniente usar mangas que cedan a la presión de boca del perro. Por el contrario, los perros con fuerte agresión o presa tenderán a tener bocas más inquietas con mangas blandas. Las mangas blandas están indicadas para dar confianza y entrenar la capacidad de morder de ejemplares jóvenes o que, sin una fuerte agresión, tienen limitaciones en su capacidad de presa.

2. *Grosor:* cuanto más gruesa sea una manga menos seguridad le dará al perro en su agarre pues, al poder cerrar menos la boca, la sensación es la de perder la presa con más facilidad (como a nosotros cuando cogemos algo con la mano y no podemos llegar a cerrar el puño). Esto debe evaluarse para determinar lo que conviene en cada caso (conjuntamente a la dureza): un perro de presa que está demasiado confiado en su agarre puede mejorarlo si le hacemos esforzarse más; en un perro al que queremos aumentar la presión de mordida puede venirle muy bien una manga blanda y gruesa que pueda y deba apretar para mantener la mordida; por el contrario, un perro inseguro en su mordida puede mantenerla mejor en una manga que abarca con la boca y le da sensación de control.

3. *Material de la funda:* la zona de la manga que el perro muerde está recubierta con una funda intercambiable para alargar la vida útil de la manga (cuando tras muchas mordidas se deteriora la funda se cambia por una nueva). Estas fundas normalmente son de arpillera o tejido de mordiente[8], pero existen fundas especiales para corregir determinados problemas. Las más usuales son las de cuero y las que impiden la mordida en puntas y codos. Las de cuero son resbaladizas para la boca del perro, y hacen que si el perro no agarra con mucha firmeza pueda ser «arrojado» fuera de la manga con un movimiento brusco del figurante: esto se puede combinar con diferentes durezas y grosores de manga. Las mordidas

---

[8] Tejido sintético destinado a este uso: es el material exterior de los trajes de ataque integrales que se usan en pruebas de *Ring*.

deben hacerse en la parte central de la manga. Si un perro ha aprendido a morder en las zonas de la punta o del codo podemos corregirlo usando fundas que tienen esas zonas recubiertas de un material duro que impide la mordida, dejando libre solo la zona correcta. Estas mangas son más eficaces cuando la mordida en estas zonas es debida a un mal aprendizaje que cuando son el síntoma de algún otro problema del perro o el trabajo.

Inducción de tranquilidad al perro con la manga cobrada. Perro: «Hello de Parayas». Guía: Jose Antonio Gómez.

El guía

La premisa fundamental para ser el guía de un perro de protección es el control: el guía debe tener una obediencia y manejo de su perro impecable para poder progresar como equipo en esta disciplina.

El guía debe ser capaz de sujetar a su perro de la correa cuando este intente coger al figurante durante las fases que así lo recomienden. Un guía inexperto o físicamente débil puede suplirlo mediante el uso de un poste al que fijar la correa.

La labor del guía es dar apoyo e indicaciones al perro durante su trabajo, ayudando al mismo a confirmar sus acciones correctas. Formas de confirmar que el guía debe conocer para el trabajo de protección son:

- Inducir tranquilidad al perro con la manga cobrada. Para ello le sujetamos impidiendo que deje la manga en el suelo y le acariciamos usando el MUY BIEN suave o el SSH. Si el perro suelta la manga, seguimos tranquilizando para que no aprenda a dejarla caer para continuar el combate, imposibilitando la inducción de tranquilidad por parte del guía.

- Satisfacer la secuencia de caza ayudando al perro a transportar la manga. Esto puede hacerse realizando un pequeño recorrido circular en el lugar de entrenamiento para continuar trabajando o llevando al perro al coche o perrera al terminar la sesión. Durante el transporte el perro no debe mantener tensa la correa; si lo hiciera, el guía lo impedirá con pequeños tirones que no deben tener efecto castigante: serán una molestia que induzca al perro a dejar la conducta de tirar.

- Confirmar la vigilancia acariciando al perro en el tercio posterior mientras la ejecuta correctamente. Si la vigilancia se efectúa ladrando puede hacerse palmeando al perro al ritmo del ladrido, esto facilita al perro mantener y estabilizar un ritmo constante de ladrido.

- Confirmar y facilitar la boca tranquila con caricias largas y el MUY BIEN suave o el SSH mientras el perro está mordido correctamente.

- Dejar que el perro gane correa (acercándose más al figurante) cuando existe una mejora de la agresión o cuando el perro tiene una boca incompleta y muestra deseo de llenarla.

- Con el uso del MUY BIEN en los casos indicados en el apartado «confirmación y liberación».

El perro debe sentir que su guía le apoya y trabaja en equipo con él para dejarse guiar durante la protección, en muchos casos los perros sienten a sus guías como un obstáculo para desarrollar su labor. Para conseguir una relación correcta debemos enseñar al perro a consultar a su guía antes de iniciar acciones de agresión, este es un escalón que debe-

Confirmación del guía de la vigilancia palmeando al perro, este trabajo ayuda a estabilizar la conducta. Perro: «Evaristo Togaricha» RCI III. Guía: Ignacio Alarcón. Figurante: Carlos Alfonso López.

mos construir al principio: pedimos al perro que nos mire a la cara antes de dejarle ir a ladrar al figurante, cuando establece contacto le dejamos ir, dándole el comando correspondiente. Cuando esto se ha conseguido, pasaremos a dejarle ir unas veces y otras seguir trabajando la obediencia, lo que además ayuda a la compresión de la carga emocional que el perro maneja. Esto debe construirse en niveles emocionales de influencia para enturbiar lo menos posible la recepción de información del perro y no tener que entrar en conflicto para dirigir al perro en una dirección distinta a la de la acción emocional. Posteriormente subiremos esta exigencia de consulta y obediencia hasta el nivel de dirección emocional. Este trabajo se explica detenidamente más adelante.

Uno de los principales problemas del trabajo cognitivo-emocional en protección está en perros que dependen demasiado de las indicaciones de su guía y pueden incluso dejar de vigilar al figurante para atenderlas. El perro debe estar atento a las indicaciones de su guía sin perder la atención al figurante. Para conseguirlo sería ideal que el perro apuntase sus oídos hacia el guía en espera de su indicación pero mantuviera su vista fija en el figurante. Esto, por desgracia, es difícil de conseguir, si bien la calidad del perro ayuda mucho a minimizar las desatenciones al figurante. Como en todo trabajo de protección los problemas aparecen mucho más en perros con limitaciones.

Este tipo de trabajo, por otra parte, permite un control excelente del perro durante la protección sin necesidad de que el guía entre en conflicto con el perro, por muy fuerte de carácter que sea este, facilitando el manejo de perros que con otros sistemas están en continua pugna con su guía.

Uso de correas y collares

Si para el figurante la manga y el bastón o látigo son el material básico, para el guía lo serán las diferentes correas y collares.

- *Collar de cuero:* suele usarse fijado a una correa larga, usualmente de unos cinco metros, esto permite dejar pequeños avances al perro y manejarlo a distancia. Su uso principal es sujetar al perro y ayudar a generar carga emocional sobre la conducta de presa al impedirle acceder a ella. Puede sustituirse por un collar de eslabones sin ahogo o por un arnés para facilitar al perro tirar sin causarse molestias en el cuello.

- *Collar de púas:* suele usarse fijado a una correa de un par de metros; sirve para dar al perro correcciones activantes y facilitar la transición de la conducta de presa a la conducta de agresión.

- *Collar eléctrico:* sirve para correcciones y para ayudar en las transiciones entre conductas. Está ampliamente explicado en el capítulo dedicado al collar eléctrico.

Como veíamos al hablar de la presión activa, el collar de púas puede usarse para activar la agresión. Perra: «Duna de Malaespina» RCI I. Guía: Javier Moral. Figurante: Carlos Alfonso López.

COORDENADA COGNITIVA DEL TRABAJO DE PROTECCIÓN DEPORTIVA

El trabajo de protección es un todo para el perro, no una simple unión de acciones, por eso la formación ha de tener un enfoque global, «a vista de pájaro», que permita planificar el conjunto del adiestramiento. Aunque para analizar y explicar determinadas partes de la conducta de protección las desglosemos del conjunto eso no debe hacernos perder de vista este necesario enfoque de totalidad.

Entrenar de esta forma global es preparar al perro para actuar como un sistema experto capaz de solucionar problemas y realizar avances dentro del área especializada del trabajo de protección, por ello debemos estructurar el trabajo buscando este fin y no avances parciales y desconectados entre sí.

Existen dos etapas diferenciadas en cinco fases que harán del perro un especialista consciente de su labor en el trabajo de protección:

— Etapa de formación de conceptos y aprendizaje de procedimientos:

1. Fase de aprendizaje de acciones de obediencia.

2. Fase de moldeo de acciones emocionales e integración de la obediencia en la protección.

3. Fase de prueba de opciones posibles: correctas e incorrectas.

— Etapa de entrenamiento experto:

4. Fomento de las capacidades naturales.

5. Técnicas y experiencia de combate deportivo.

Vamos a desarrollar este esquema.

Etapa de formación de conceptos y aprendizaje de procedimientos

El objeto de esta etapa es informar al perro de lo que es correcto e incorrecto durante el desarrollo del servicio de protección. Las metas las marcan las conductas emocionales pero nosotros hemos de moldearlas e indicarles cuáles son los caminos posibles para llegar a satisfacerlas, así como esos otros que están cerrados. El darle todo este conocimiento en niveles bajos de emoción puede parecer deslucido durante los primeros entrenos, pero pone toda una base de conocimiento para que el perro construya estrategias correctas. Como damos al perro información de las opciones incorrectas cuando más adelante opte por usarlas en la confusión inherente a estados emocionales muy elevados será fácil corregirle, pues no intentamos que aprenda que algo es incorrecto en ese momento sino que le recordamos que lo es y, al hacerlo, le ponemos en la pista de las opciones adecuadas para solucionar esa situación. En muchas ocasiones el perro nada más actuar incorrectamente reaccionará como si hubiera sido corregido: es porque ha recordado que esa opción era incorrecta.

El tradicional trabajo que se inicia fomentando y elevando las conductas de presa y agresión al máximo enturbia la capacidad de aprendizaje del perro[9] en el momento en que le es más necesaria, pues si bien durante la protección usamos conductas mayoritariamente preprogramadas no es menos cierto que también surgen fallos y necesidades de ajuste que a ese nivel emocional se nos cierran. Es por esto que en muchos sistemas se lleva al perro «entre algodones», intentando evitar que durante su primera formación aparezcan conductas incorrectas, cuando ese debería ser el momento de hacerlas aparecer e informarle de que esas son opciones no válidas.

1. **Fase de aprendizaje de acciones de obediencia**

   Lo primero que haremos será enseñar al perro todas aquellas acciones de obediencia que vayamos a solicitar durante el trabajo de protección fuera de este para facilitar su aprendizaje, evitando que tenga que aprender en un estado emocional que enturbie sus capacidades cognitivas. Estas acciones son: andar al paso, sentarse, tumbarse, acudir al lado del guía, rodear los escondites o revires y soltar algo de la boca. Esto permitirá que durante el entreno de protección el perro no empeore la relación con su guía por la necesidad de este de dar fuertes correcciones o castigos para conseguir que aprenda dichas acciones, lo que podría hacer que el perro se mostrase medroso ante el manejo del guía.

2. **Fase de moldeo de acciones emocionales e integración de la obediencia en la protección**

   Algunas acciones como el ladrido, la vigilancia o la mordida no pueden entrenarse fuera del contexto emocional que debe provocarlas. El moldeo de estas acciones asociadas a conductas de presa y agresión debe hacerse con el nivel natural con que dichas conductas (presa y agresión) se muestren en el perro, evitando fomentarlas por encima de dicho nivel natural hasta que toda la primera etapa del adiestramiento de protección esté concluida. Esto lo hacemos para facilitar el mejor aprendizaje posible.

---

[9] El mismo Helmut Raiser, defensor del fomento del instinto, reconoce en su libro *El perro de defensa* que las fuertes cargas emocionales en agresión dejan al perro incapacitado para aprender, haciéndole prácticamente insensible a los estímulos externos.

Manteniendo la emoción al nivel natural del perro que trabajamos recibirá mejor la información que le demos: tanto las confirmaciones como las correcciones. Este trabajo es importante para que el perro tenga una referencia clara de cuál es la forma de actuar correcta antes de entrar en la fase de probar opciones. Recordemos que se entrenan siempre primero las opciones procedimentales claras y positivas.

También las acciones de obediencia aprendidas en el tramo anterior cambian en su expresión y eficacia al solicitarlas en este contexto emocional: algunas como el soltar cambia completamente, pues no tiene nada que ver entregar un juguete a su guía que soltar una presa o a un oponente en el combate. Otras cambian menos como andar al paso, sentarse, etc., pero también se dificulta su ejecución tanto por el nivel emocional del perro como por su disposición atencional a dos focos, el figurante y el guía, en lugar de estar centrado únicamente en este último. Por ello hemos de entrenar de nuevo todas las acciones de obediencia. En este momento usaremos como principal confirmación de la obediencia el permitir al perro iniciar el combate con el figurante, esto le generará una predisposición positiva a trabajar en equipo y dejarse guiar durante todo el desarrollo del trabajo de protección. *El perro no ha de ver en las acciones de obediencia un freno sino una puerta.*

3. Fase de prueba de opciones posibles: correctas e incorrectas

En esta fase el perro ya ejecutará correctamente todo el programa de protección pero necesitará de situaciones muy claras para no equivocarse. Lo que ahora vamos a llevar a cabo es poner al perro en situaciones confusas para que cometa todos los fallos posibles durante el desarrollo del trabajo de protección: tanto aquellos propios de las acciones de obediencia como los de las conductas emocionales.

- Fallos de las acciones de obediencia: abandonar al guía, no acudir a su llamada, no adoptar las posiciones indicadas por este... La corrección adecuada variará de un caso a otro. Si falla por desobediencia aplicaremos castigo jerárquico y posteriormente exigencia de las acciones conocidas. Si el fallo es debido a falta de concentración en el guía podemos usar condicionamientos de castigo positivo, aislamiento, escape o evitación para facilitar esta atención. Las acciones correctamente realizadas se confirmarán de dos maneras: con la felicitación del guía y premiándolas con el acceso a las conductas emocionales de acosar o morder al figurante (premio con actividades favoritas).

- Fallos de las acciones de protección (conductas emocionales): debemos provocar al perro al menos los siguientes fallos durante esta fase:

  — Tardar en soltar/no soltar: esto se consigue aumentando ligeramente la tensión o el movimiento de la manga cuando el perro empieza a soltar. La mejor corrección es mediante la aplicación de un collar eléctrico pero también puede corregirse con collares de púas e incluso de ahogo[10] (aunque esta última opción no es aconsejable). Esta es la primera corrección que debe entrenarse, pues facilita la comprensión posterior de las correcciones por picar.

  — Picar la manga o al figurante: para que el perro pique en esta fase bastará con mover la manga durante la fase de vigilancia. La corrección indicada es la misma que para el comportamiento anterior. En algunos casos picar al figurante está provocado por una agresión muy fuerte o inestable: en estos casos es más eficaz un collar de púas que uno eléctrico.

  — Parar o interrumpir el ladrido cuando llega el guía: esto puede provocarse llegando el guía al lado del perro desde un ángulo que el perro no controle, haciéndolo de forma brusca, moviéndose a su alrededor o incluso rozando al perro al llegar. Aquí la corrección variará según el tipo de perro: la mayoría podrán ser corregidos con unos tirones de un collar de púas hacia el figurante (esto pueden hacerlo el figurante o el guía), algunos podrán ser corregidos retirándolos de la pista al abandonar la vigilancia *(time out)* y otros necesitarán que sea el figurante el que les toque con el bastón o el látigo para mantener la atención sobre él, siempre con cuidado de no hacerlos reactivos al figurante.

Los tres fallos anteriores son los más frecuentes y aparecen en la mayoría de los perros en algún momento de su formación o trayectoria deportiva. El forzar que aparezcan y corregirlos en esta fase inicial no tiene como objetivo que no aparezcan nunca más, pues ante nuevos problemas o al rozar el tope de las capacidades del perro con el que estemos trabajando pueden volver a mostrarse. Lo que buscamos es que tiendan a aparecer menos y que el perro conozca su corrección para que si hemos de corre-

---

[10] Los collares de ahogo tienen un efecto generalmente inhibitorio, mientras que los de púas y eléctricos bien usados son generadores de conducta; por ello, salvo elementos muy puntuales, se recomienda hacer estas correcciones con collares de púas o eléctricos.

Picar la manga durante la fase de vigilancia es una de los fallos más frecuentes incluso en perros de niveles avanzados. En la foto «Evaristo Togaricha», RCI III, picando al llegar al revir, antes de iniciar el ladrido. Guía: Ignacio Alarcón. Figurante: Carlos Alfonso López.

gir en niveles emocionales muy altos no necesitemos un nivel de estímulo negativo enorme para que el perro se entere de la corrección, al estar ya construida, bastará con «recordarla» para que el perro vuelva a actuar adecuadamente sin necesidad de hacer peligrar el conjunto del trabajo.

Existen otros fallos que no aparecen en todos los perros y que solo es necesario entrenar si nuestro perro tiene predisposición a mostrarlos. Esto es fácil de ver: si no somos capaces de provocarlos con facilidad en este nivel emocional es que no existe predisposición a ese fallo concreto.

Cuando el perro maneja las reglas de la protección y sabe dónde, cómo y cuándo actuar para ganar el combate trabajando en equipo con su guía es cuando tiene una base suficiente para iniciar el entrenamiento experto.

Etapa de entrenamiento experto

Cuando el perro sabe todo lo que hay que hacer durante el servicio de protección y cómo hacerlo no hemos concluido aún el adiestramiento. Es más bien el momento donde podemos empezar a tomarlo en serio y mostrar al perro que el combate de protección es duro y difícil.

En esta etapa buscamos que el perro aumente sus capacidades naturales de agresión y presa, dedicando especial atención a aquella de las conductas en la que peor capacidad tenga el perro[11], que encaje su aprendizaje previo como solucionador eficaz de situaciones comprometidas, que mejore las destrezas adquiridas en la fase anterior y que maneje cargas emocionales progresivamente mayores.

Hasta ahora el perro no se ha esforzado mucho por ganar ni se ha visto demasiado comprometido en la pelea. Hay que pasar del gimnasio al ring, mostrarle al perro que puede perder si no pone todos sus recursos en ganar, que su oponente no es un amigo sino un verdadero rival, deportivo pero duro, y que su guía va a seguir trabajando con él pero siendo inflexible en la aplicación de su autoridad.

4. Fomento de las capacidades naturales

A partir de este momento aumentaremos las cargas emocionales durante el combate; para ello usaremos fuertes estímulos de agresión y presa. Progresivamente veremos que el perro se activa de forma endógena cada vez más, debemos tener habilidad para balancear el fomento del instinto con la necesidad del perro de ser él quien active al figurante. Hacer fomento del instinto no es igual a iniciar un baile de saltos y gritos sin sentido, podemos hacerlo generando carga emocional en el perro al hacerle ver que puede perder un combate, al cambiarle elementos de referencia que le dan seguridad (desde el sitio, los tiempos y formas de confirmación hasta aumentando o variando las cargas con el perro mordido...), también mediante técnicas de presión de la motivación. Siempre buscando que sea el perro el que inicie y active el combate.

5. Técnicas y experiencia de combate deportivo

Simultáneamente, daremos al perro experiencias de combate llevando sus capacidades naturales al límite (fomento), pero también llevando al límite sus esquemas de trabajo: cambiar ocasionalmente la manga por el traje o incluso trabajando sin manga las fases de vigilancia (sin que el perro llegue a morder), con más de

---

[11] Esto hay que entenderlo como se dice: aumentar esa capacidad, no estar siempre llevando al perro al límite de esa conducta hasta hacerle inseguro y afectar a su capacidad para la protección negativamente. El perro que tenemos es el que tenemos y no se puede «fomentar» nada más allá de su capacidad. Una vez más: fomentar al perro no es hacerle encajar como sea en nuestro esquema de lo que es un buen perro.

un figurante, con bozal... En este trabajo debemos dar al perro información para que considere un verdadero oponente al figurante. Para ello es básico que vea que el figurante puede ganar, ya sea escapando a la mordida tras una fase de vigilancia, ya sea respondiendo a las contractuaciones del perro con cargas agresivas o mostrando indiferencia a su acoso. Hay infinidad de posibilidades que harán que estas sesiones sean difíciles y divertidas para el perro, para el guía y para el figurante.

¡Ojo! este trabajo de poner las capacidades y conocimientos del perro al límite debe hacerse solo ocasionalmente; tener que «estirar» las reglas al máximo en un momento determinado para solucionar un problema construye expertos, desmontar las reglas por su vulneración sistemática solo puede causar problemas o, en el mejor de los casos, modificar estas reglas. No se trata del más difícil todavía, existen otros reglamentos para esto[12], se trata de hacer avanzar al perro, e igual que un experto humano es requerido ocasionalmente para solucionar problemas que van más allá de lo usual en el desempeño de su labor y estas *excepciones* le hacen crecer en su especialidad. El perro debe entrenar usualmente dentro de las coordenadas habituales del trabajo de protección (por supuesto, a este nivel ya siempre siendo exigentes con él).

COORDENADA EMOCIONAL DEL TRABAJO DE PROTECCIÓN DEPORTIVA

El trabajo de protección se basa en el aprovechamiento y moldeo de las capacidades naturales del perro para aportar una serie de conductas emocionales en contextos emocionales determinados. Por ello el conocimiento y aplicación de las técnicas de trabajo de la emoción alcanzan aquí una máxima importancia, determinando en muchos casos la diferencia entre alcanzar los objetivos que nos hemos propuestos o quedar a medio camino.

Existen dos puntos centrales alrededor de los cuales gira la planificación emocional del trabajo de protección: el trabajo interemocional y la gestión de la emoción.

Trabajo interemocional en la protección deportiva

En el desarrollo del adiestramiento del perro de protección deportiva hemos visto que pueden aparecer una serie de conductas emocionales que son más o menos aprovechables.

---

[12] Como el Ring Francés o el Mondio-Ring, ¡y bien divertidos que son!

Un perro entrenado para RCI puede trabajar mordiendo en traje integral ocasionalmente durante la etapa de entrenamiento experto. Perra: «Merakus Yanka». Guía: Javier Moral. Figurante: Carlos Alfonso López.

Básicamente son dos de estas conductas las que nos permiten desarrollar la práctica totalidad del trabajo de protección: la conducta de presa y la de agresión activa. Las demás conductas estudiadas nos serán útiles en función de que podamos hacer un trabajo interemocional que las derive hacia estas dos[13].

Para ver cómo hacerlo vamos a dimensionar emocionalmente las diferentes conductas que pueden aparecer durante el entrenamiento de protección.

CONDUCTA EMOCIONAL	TONO HEDÓNICO	NIVEL DE ACTIVACIÓN	DISPOSICIÓN ATENCIONAL
Presa	Agradable	Activante	Atención
Agresión activa	Agradable	Activante	Atención
Juego	Agradable	Activante	Atención
Agresión reactiva o defensiva	Desagradable	Activante	Atención
Huida	Desagradable	Activante	Rechazo
Indefensión	Desagradable	Postrante	Rechazo

Viendo esto las secuencias posibles para llegar al binomio presa/agresión activa serían:

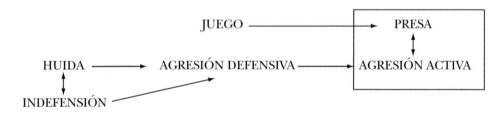

El juego y la agresión defensiva son muy fáciles de derivar a presa y agresión activa respectivamente, pues las expresiones de ambas conductas son casi iguales y sus atributos los mismos en el caso del juego, y solo divergen en el tono hedónico en la agresión defensiva, con lo que la transición es fácil.

---

[13] También pueden ser aprovechadas para parchear las carencias de las conductas de presa y agresión activa, pero este es un trabajo parcial y de resultados usualmente limitados.

Sin embargo, para aprovechar la huida o la indefensión habríamos de hacer al menos dos trabajos interemocionales: la huida solo comparte un atributo con la agresión activa y la indefensión ninguno. Este es un trabajo difícil y si esas son las conductas naturales que aporta el perro ante un conflicto es mejor no utilizar ese perro en concreto para el trabajo de protección[14] o, si ello es posible, no tocar la coordenada de la agresión y construir el adiestramiento exclusivamente sobre la presa si el perro aporta la suficiente[15].

Una vez que tenemos las conductas canalizadas al binomio presa/agresión activa debemos trabajar la canalización y transición de la carga emocional entre estas dos conductas. Si el perro muestra ambas en niveles naturalmente altos es muy sencillo, pues existen varias acciones de transición: morder, ladrar y vigilar callado.

Vamos a analizarlas desde la que tiene más en común a ambas conductas hasta la que tiene menos:

1. *Morder:* es la principal acción para enlazar presa y agresión activa, pues de forma natural aparece en ambas; en la agresión es el principal recurso para atacar a un oponente, y también en la caza es el principal recurso para atrapar y dar muerte a la presa.

2. *Ladrido:* para la mayoría de los perros ladrar es un recurso habitual cuando ven pero no pueden alcanzar algo de interés (comida, juego... la presa). También son mayoría los perros que usan el ladrido como parte de la secuencia de agresión (especialmente de la agresión defensiva) para intimidar o expulsar a su oponente.

3. *Vigilancia muda:* es, de las tres acciones que vamos a ver, la menos común a ambas conductas y la más infrecuente en la de agresión. Aún así aparece en la secuencia de caza, en el acecho de la presa, de forma muy parecida: fijeza en la presa e inmovilidad tensa para saltar hacia ella en el momento adecuado. En la agresión, como decimos, no es tan frecuente, pero casi siempre que aparece es en perros con una fuerte agresión activa: es la atención al mínimo gesto que sirva de excusa para agredir al oponente. Perros con esta característica pasan equivocadamente por tener una conducta de presa. Debemos estudiar al perro que trabajamos más allá de las formas exteriores de la expresión de sus emociones para no cometer este tipo de errores.

---

[14] Otra cosa es que estas conductas sean consecuencia de malos trabajos, en cuyo caso habría que evaluar la profundidad del problema antes de rechazar al perro.

[15] Este trabajo difícilmente nos dará un resultado completo.

Gestión emocional en el trabajo de protección deportiva

Para llevar a cabo una correcta gestión emocional del trabajo de protección hemos de tener en cuenta que, si bien el combate entre perro y figurante es un todo, existen dos terrenos diferentes de combate con diferentes formas de combatir en cada uno:

- Desde que se inicia la vigilancia hasta que muerde.

- Durante la mordida.

Desde el inicio de la vigilancia hasta la mordida

La forma natural de evolución de la vigilancia es la de una emoción que aumenta su intensidad de forma continua y rápida hasta un pico máximo donde empieza un descenso igualmente progresivo y rápido de la emoción.

En perros con más conducta de agresión la emoción asciende hasta cargas emocionales mayores que en los perro con más conducta de presa. El perro con más agresión llega a rozar el rapto emocional antes de iniciar el descenso de la carga emocional, mientras que el de presa inicia el descenso apenas roza la dirección emocional.

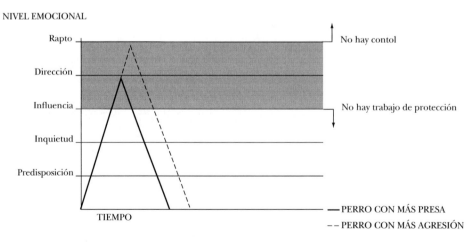

Evolución natural de la fase de vigilancia

Esta forma de vigilancia no nos interesa por irregular y excesivamente corta en su segmento funcional.

Frecuentemente se inicia el adiestramiento de protección confirmando al perro en el punto máximo de emoción de la vigilancia, esto tiene varios problemas:

1. Es muy difícil que el perro mantenga y prolongue un pico máximo de la emoción, es como pretender entrenar a un maratoniano haciendo carreras de cien metros a máxima velocidad y alargando la distancia metro a metro.

2. El alto nivel emocional, como sabemos, enturbia el aprendizaje. Esto es aún más importante en perros que muestran una conducta básicamente de agresión ante el figurante.

3. Es fácil que durante las competiciones el perro no llegue a este nivel emocional, mostrando un empeoramiento de la conducta.

4. La canalización hacia la mordida de presa puede coger al perro demasiado agotado. En perros con poca conducta de presa el excesivo nivel de agresión dificulta la canalización a la presa.

5. Finalmente, es muy difícil saber cuál es el punto máximo de la vigilancia y sucederá frecuentemente que lo reconozcamos solo al haberlo superado y confirmemos lo que es el inicio del decaer de la emoción.

El trabajo más adecuado para alargar y estabilizar la vigilancia (particularmente el ladrido) es confirmarlo cuando el perro la muestra en el nivel de influencia emocional. Aunque en este segmento la vigilancia no tendrá la intensidad que buscamos al final del adiestramiento, nos permitirá un nivel de recepción de información y de gasto psíquico donde sea posible alargar la vigilancia, un mejor aprendizaje y mayor facilidad para canalizar hacia la presa para aquellos perros que no muestran esta capacidad de forma innata.

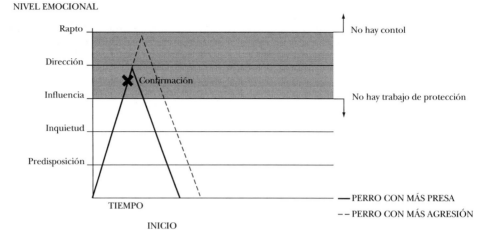

INICIO

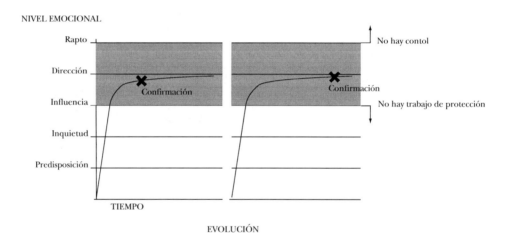

EVOLUCIÓN

Evolución de la vigilancia durante la etapa de formación de conceptos.

Esta primera evolución de la vigilancia se trabajará hasta llegar a la fase de fomento de las capacidades naturales.

Una vez en la fase de fomento de las capacidades naturales subiremos el nivel emocional de la vigilancia hasta la dirección emocional:

Esto llevará al perro a soportar cargas emocionales progresivamente mayores sin llegar al rapto emocional (como vimos en el capítulo dedicado a la gestión emocional); o sea, que si la carga emocional que llevaba al perro hasta el rapto inicialmente era, por ejemplo, de ocho, progresivamente mantendrá la dirección emocional con una carga de ocho, nueve, diez...

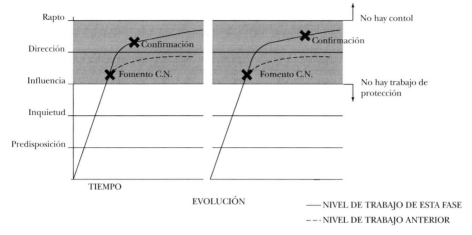

Evolución de la vigilancia en la fase de fomento de las capacidades naturales
Fomento C.N.: Fomento de las capacidades naturales (aumento de la carga emocional).

El trabajo continúa progresando durante la etapa de fomento de capacidades naturales hasta el límite que el perro muestre. Este aumento de la carga emocional es más fácil y rápido de llevar a cabo en perros impacientes que en aquellos pacientes. Sin embargo las primeras fases, que estabilizan la vigilancia y la alargan, son realizadas con más facilidad en perros con tendencia a la estabilidad.

Durante la mordida

Cuando el perro muerde debe hacerlo de forma tranquila, fuerte, completa y mantenida durante el transporte. Esta mordida permite al perro liberar y estabilizar la carga emocional generada en la fase de vigilancia.

Durante las fases de presión del figurante el perro debe saber contractuar a sus cargas.

Debe tener un nivel emocional estable durante la mordida en presa, que subirá puntualmente si el figurante efectúa una carga.

Para progresar en el adiestramiento de protección deben construirse en el perro tanto la fase de tranquilidad en la presa como la de contractuación, el no entrenar una de ellas cierra el acceso a mejoras importantes en la otra.

La tranquilidad en la mordida se consigue sacando al figurante del foco de atención del perro una vez está mordido y dando a la manga movimientos de presa: redondos y suaves. Para sacar al figurante del foco de atención del perro puede bastar que el figurante coloque la manga con el perro mordido en su lateral y evite el contacto visual con el perro pero, al principio de la formación, frecuentemente es necesario entregar la manga al perro (que se tranquiliza al tenerla en su poder) manteniéndola sujeta con una correa de uno o dos metros. Elegir una u otra opción dependerá de la capacidad del perro para tranquilizarse y del figurante para transmitirle tranquilidad. Cuando la mordida se muestra tranquila se entrega la manga al perro de forma lenta. Para confirmar la mordida tranquila siempre entregamos la manga despacio.

El uso de una correa fijada a la manga puede ayudarnos a tranquilizar la mordida del perro durante las etapas iniciales. Perro: «Fox de Cuatro Olivos» con doce meses. Guía: Cándido Manuel Martín. Figurante: Carlos Alfonso López.

Este trabajo progresaría aumentando el tiempo de tranquilidad en la mordida del perro, pero este proceso tiene limitaciones, pues la conducta tranquila en la mordida no mantiene un nivel emocional constante como podría parecer:

En perros preseros el nivel emocional decrece progresivamente durante la fase de tranquilidad, con lo que la boca se afloja. En perros con una conducta predominantemente agresiva el nivel emocional aumenta progresivamente mientras están mordiendo y termina rompiendo en una actuación del perro (sacudir la manga, llenarse la boca, tirar hacia atrás...).

Cualquiera de las opciones anteriores es negativa. En el primer caso, cuando el nivel emocional baja de la influencia, el perro mantiene sujeta la manga como podría traer un objeto por obediencia. Esto es salirse del trabajo de protección y las mejoras que obtengamos a este nivel emocional no van a tener un reflejo significativo en una situación de combate.

En el segundo caso el perro pierde la estabilidad emocional y actúa antes de que el figurante efectúe ninguna carga, lo que termina estropeando la tranquilidad de la boca y hace que el perro se vuelva inconstante en la mordida.

Para evitar estos problemas hay que enseñar al perro que la contractuación es, como su nombre indica, una respuesta ante la carga del figurante y no debe efectuarse fuera de esta situación. Para ello el figurante con el perro mordido en la manga, ya sea puesta en el brazo, ya sea sujeta a una correa[16], efectuará una carga adecuada al nivel del perro (desde mirarle hasta tocarle con el bastón o el látigo) y una vez el perro contractúe (en la forma natural que tenga) le entregará la manga de forma rápida. La entrega de la manga para confirmar la contractuación es siempre veloz. Para este trabajo el figurante debe tener la sensibilidad para someter al perro al nivel de carga necesario en cada momento de la formación y seguir una progresión adecuada.

Con el perro mordido debemos intercalar fases de calma y de contractuación, entregando la manga unas veces en las fases de calma y otras tras haber contractuado (nunca por actuar sin carga previa del figurante). Esto permite alargar las fases de calma con calidad de boca, pues al perro presero con la contractuación le cargamos antes de que baje demasiado su nivel emocional y tras ella se recupera el nivel emocional correcto del inicio de la fase de calma. Al perro con más agresión le hacemos la carga antes de que por sí mismo aumente demasiado el nivel emocional, descargando así el exceso de emoción y evitando que actúe por su cuenta, bajando tras la contractuación el nivel emocional durante la mordida al necesario para efectuar una fase de calma.

---

[16] Si la manga está sujeta a la correa el perro no podrá contractuar llenándose la boca, volviendo a morder, esto ha de tenerse en cuenta durante el trabajo.

EVOLUCIÓN DE LA EMOCIÓN DURANTE LA MORDIDA

PERRO CON MÁS CONDUCTA DE PRESA

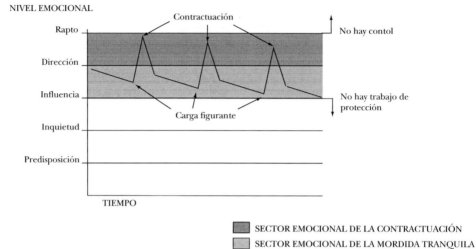

La carga del figurante recarga la emoción que está bajando y mantiene al perro al nivel emocional de la mordida tranquila.

PERRO CON MÁS CONDUCTA DE AGRESIÓN

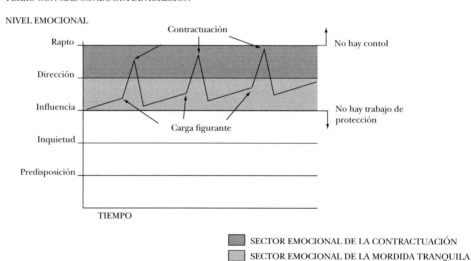

La contractuación descarga la emoción acumulada y mantiene al perro en el nivel emocional de la mordida tranquila.

Es conveniente concatenar trabajos de calma y contractuación, pero con dos precauciones: no hacerlo siempre, pues terminaría por bajar el nivel emocional del perro durante el ataque, ni concatenar tantas fases de calma y contractuación que el perro de presa se agote y aburra y el que muestra agresión activa se desestabilice. Como en casi todo, el punto medio es donde debemos movernos.

El trabajo de protección se mueve en los tramos de influencia emocional a dirección emocional y de dirección emocional hasta rapto emocional sin entrar en él. Si llegamos al rapto emocional no habrá posibilidad de control del perro, mientras que por debajo del nivel de influencia emocional el perro no aplicará correctamente los avances que consiga cuando subamos el nivel emocional, por ello en ese nivel no estamos haciendo trabajo de protección.

9

Corrección de conductas inadecuadas

Al incorporarse el perro a la sociedad humana incorpora también esquemas propios que han de integrarse con los nuestros para hacer viable la convivencia. Esto implica cesiones por ambas partes, las del perro vienen determinadas por la selección que ha ido eliminando aquellos comportamientos incompatibles con el hombre. La más reciente incorporación del perro al núcleo familiar humano como parte de él y en entornos muy limitantes (piso, escasas salidas, etc...) ha traído un aumento crítico de estas cesiones, con un lógico incremento de los problemas de adaptación. Unos por pautas naturales del perro incompatibles con nosotros, otros porque pautas nuestras alteran y desorientan al perro.

Cuando el cariño por nuestros animales nos hace querer conservarlos pese al surgimiento de problemas (antes un perro inadaptado era eliminado o apartado) aparece en el Reino Unido la corrección de conductas inadecuadas o comportamentalismo, que luego se desarrollará en EE UU bajo la triple óptica del conductismo skinneriano, la visión veterinaria y, en menor medida, la etología de Lorenz. Posteriormente en Francia y su área de influencia se producen importantes avances de investigación y desarrollo veterinario y se incorpora, aunque muy toscamente, la coordenada cognitiva al trabajo de corrección de conductas.

La corrección de conducta constituye una rama propia del trabajo con perros; a diferencia del adiestramiento, que enseña y crea conductas, los comportamentalistas normalmente las eliminan.

Pero... ¿qué es «conducta inadecuada» (o «indeseable», o «problema de comportamiento»)? Definimos como «inadecuada» toda pauta de acción constante en su manifestación y antisocial para el entorno humano que muestre el perro.

Es muy importante tener en cuenta esta visión de inadecuada *desde* la óptica humana, pues algunas conductas que son problemáticas y han de ser corregidas no suponen patología alguna para el perro y son perfectamente naturales dentro de sus esquemas (por ejemplo la agresión dominante, la micción por marcaje...), o bien son producto de aprendizajes incorrectos (por ejemplo elección de lugar para hacer sus necesidades inadecuado). Estos casos no por ser conductas normales dejan de ser conflictivos y deben ser corregidos.

Pero, por supuesto, existen problemas de conducta que sí tienen un origen patológico, pudiendo ser estas patologías de origen psicológico (por ejemplo fobias, ansiedad por separación) o de origen fisiológico (por ejemplo agresión por hidrocefalia, incontinencia urinaria por infección bacteriana).

ESQUEMA 1:

Clasificación de los problemas de comportamiento según su origen[1]

a) Normales (No implican una patología en el perro)	1. Derivados de pautas específicas 2. Derivados del aprendizaje
b) Anormales (Implican una patología en el perro)	1. Origen psicológico 2. Origen fisiológico

---

[1] Modificado de Voith.

Tipos de trabajo

La corrección de conducta es una de las áreas más pragmáticas del trabajo con perros, si no sabemos solucionar un problema de poco le servirá al propietario que nuestro diagnóstico sea impecable. Esta característica hace que se hayan desarrollado varios protocolos de actuación para poder trabajar los problemas cuando no responden al sistema idóneo o, por las circunstancias, no puede aplicarse. Siempre debemos empezar intentando el trabajo óptimo pero si falla o no es viable es mejor dar una solución con limitaciones que abandonar al propietario (y al perro, especialmente al perro) a su suerte.

ESQUEMA 2

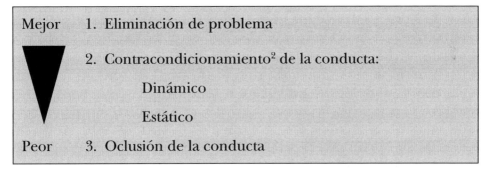

Mejor	1. Eliminación de problema
	2. Contracondicionamiento[2] de la conducta:
	Dinámico
	Estático
Peor	3. Oclusión de la conducta

El desarrollo y explicación de este esquema sería:

1. *Eliminación del problema:* hacer desaparecer el problema del perro es el sistema ideal. Podemos hablar de eliminación del problema cuando desaparece no solo la conducta sino la causa profunda de esta. Por ejemplo un perro que ladraba por ansiedad por separación deja de ladrar porque hemos eliminado la ansiedad y se queda relajado al marcharse el dueño, o un perro que mostraba agresión territorial ya no agrede porque no siente como una invasión la entrada de extraños en su territorio.

2. *Contracondicionamiento de la conducta:* enseñamos al perro a realizar una acción incompatible con la acción antisocial. Se usa normalmente como parte del trabajo para llegar a la eliminación del problema. Si esto no es posible buscaremos que el perro, pese a mantener el problema, lo manifieste de forma no antisocial. En este caso renunciamos, al menos momentáneamente, a corregir el fondo del problema y lo canalizamos en una acción sustitutiva de la

---

[2] También se denomina «condicionamiento inverso».

acción problemática (ver gestión emocional). Por ejemplo, si no conseguimos solucionar la ansiedad de un perro podemos canalizarla hacia morder un objeto determinado, el perro sigue teniendo ansiedad (el problema de fondo) pero ya no ladra (el problema que el propietario percibe como tal). En el caso de la agresión territorial es frecuente no poder cambiar el esquema del perro que le hace ver como una amenaza a los extraños, pero podemos enseñarle a ladrarles en lugar de morderles.

Dinámico: la acción sustitutiva implica movimiento en el perro. Se utiliza para contracondicionar conductas que requieren salida o gasto de actividad en el perro.

Estático: la acción sustitutiva implica inmovilidad en el perro (en cualquier posición). Se utiliza para contracondicionar conductas que requieren extinción de actividad y/o inducción de tranquilidad en el perro.

3. *Oclusión de conducta:* impedimos la aparición de la conducta externa, generalmente castigando su expresión. Cuando ni podemos corregir el problema de fondo, ni darle una forma de expresión aceptable aún nos queda un protocolo de trabajo: aplicar castigo al perro cuando muestra la conducta incorrecta. Puede no parecer muy justo castigar a un perro que ladra porque tiene ansiedad usando un collar antiladrido, parece cruel, pero siempre es una opción mejor que el sacrificio o el abandono. El principal problema de la oclusión de conducta es que bloqueamos la salida de conducta, pero si existe un problema de fondo puede manifestarse (y suele hacerlo) de alguna otra manera: ese perro con ansiedad puede dejar de ladrar pero empezar a romper cosas o perder sus hábitos higiénicos. Debemos sopesar bien lo que hacemos antes de embarcarnos, y al propietario con nosotros, en un protocolo de oclusión de conducta, pues en algunas patologías, particularmente en agresiones y fobias, no es viable este trabajo.

DATOS DIAGNÓSTICOS

Es imprescindible recoger una cantidad importante de datos para determinar la naturaleza del problema. La forma de hacerlo es mediante una entrevista con el propietario y por la observación del animal y su relación con el dueño. Según aumenta la experiencia del profesional disminuye la cantidad de datos necesarios para realizar un diagnóstico correcto; aun así la confección de una ficha con los datos mínimos es de gran ayuda para la diagnosis. El modelo propuesto es el siguiente:

Ficha diagnóstica del animal

- **Raza:** aunque no existen estudios rigurosos la lógica práctica nos muestra que existen problemas más y menos frecuentes en determinadas razas (un problema de dominancia es más frecuente en rottweiler que en labradores, lo que no quiere decir que toda agresión en rottweiler responda a este problema ni que ningún labrador lo padezca). Conocer la raza nos facilitará encuadrar el problema y diseñar el protocolo de trabajo.

- **Edad:** existen problemas que surgen más en determinados momentos de la vida del animal, por lo que es importante conocer su edad.

- **Sexo:** hay patologías asociadas a cada uno de los sexos, no olvidemos que la influencia de las hormonas en la conducta es determinante.

- **Duración de la conducta:** en muchos casos el problema ha empezado mucho antes de que se nos consulte, con lo que su expresión puede haber sufrido cambios. Es importante determinar el momento en que realmente aparece la conducta antisocial no cuando el propietario la acusa como tal, por ello debemos indagar comportamientos asociados al problema que el propietario haya podido no tener en cuenta.

- **Descripción exacta de la conducta:** los propietarios suelen estar afectados emocionalmente por el problema y lo que cuentan es lo que perciben, no la realidad estricta. Debemos entender esto pero insistir en que describan y no cuenten; por supuesto, sin presionar más a unas personas que ya están bastante preocupadas.

- **Situaciones en que se manifiesta la conducta:** si conseguimos establecer un patrón de relación entre una o unas situaciones concretas y la aparición de la conducta será mucho más fácil el diagnóstico.

- **Actitud del propietario ante la conducta; «soluciones» aplicadas y su efecto:** Nunca sucede que el propietario no haya intentado él mismo o aconsejado por personas cercanas solucionar el problema. Esto puede haber empeorado o al menos distorsionado el problema original, sin conocer lo que se ha hecho puede ser imposible identificar la patología original.

- **Condiciones de vida del perro:** son básicas para diagnosticar. El tipo de vida del perro determina su conducta, algo que puede parecer una ansiedad por separación puede ser simple necesidad de gasto energético en una raza activa. Algunos datos relevantes son:

  — Apartamento o chalet.

  — Si ha vivido en más sitios: los cambios de domicilio son muy estresantes en los perros, además el cambio de domicilio puede suponer una importante modificación de todo el entorno del perro.

  — Número de salidas, duración y actividad en ellas: el ejercicio, ¿es suficiente?, ¿se relaciona con otros perros?, ¿persigue gatos?...

  — Tipo de alimentación: la cantidad y tipo de proteína influye en la conducta agresiva, el hambre modifica la conducta y las dietas inadecuadas pueden ser causa de patologías que influyan en la conducta (por ejemplo diabetes).

  — Existencia previa o simultánea de problemas físicos o tratamientos farmacológicos: ambos parámetros pueden cambiar por completo la conducta del perro.

  — Número de personas que viven en la casa y descripción de su relación con el perro: ¿actúa con todos igual?, ¿protege a alguno?, ¿muestra miedo o celos hacia alguien?...

  — Número de animales (si los hay) que viven en la casa, descripción de su relación con el perro y momento en que fueron incorporados al hogar.

Etcétera.

Técnica de entrevista al propietario

El propietario de un animal con problemas de conducta suele sentirse culpable de la conducta de su animal por dos motivos: creencia de haber llevado a cabo una crianza inadecuada y/o creencia de que «debería» haber sabido corregir el problema.

Esto, unido a una sensación de ridículo social por recurrir a un profesional en comportamiento canino, hace que el perro llegue a nosotros cuando la conducta lleva ya un periodo largo manifestándose y con el dueño reticente a contar determinadas acciones o situaciones que pueden hacerle parecer «culpable» del problema de su animal.

Debemos entender que quien recurre a nosotros está gravemente preocupado por la situación de su perro y si sabemos eliminar estas reticencias colaborará de forma activa y entusiasta con nosotros. Sin esta colaboración suele ser imposible obtener resultados completos.

Intentaremos que la entrevista[3] sea distendida, y en vez de presentar la ficha como una sucesión de preguntas, intentaremos que estas aparezcan de forma fluida y casual en la conversación. Aun cuando las actitudes del propietario sean realmente las causantes del problema nos guardaremos de decirlo directamente e intentaremos que las cambie, explicándole que la nueva pauta es una forma «mejor» de relacionarse con su animal.

Será importante que nos relate los episodios conflictivos de la forma más exacta posible; para ello, si utiliza expresiones humanizantes como «perro enfadado», «perro contento», etc., le pediremos que describa exactamente qué acciones y expresiones del perro entiende como «enfadado», «contento»...

Normalmente en el transcurso de la entrevista nos haremos una idea de cuál es el problema. Si es así indagaremos en otras conductas asociadas al problema supuesto. Por ejemplo, si el perro muerde a miembros de la familia y pensamos que es por ser dominante preguntaremos si gruñe al acercarse a la comida, si se deja arrebatar objetos, etc.

Recordar que para un diagnóstico exacto y un tratamiento eficaz es imprescindible conocer el entorno y contexto en que se manifiesta la conducta, una descripción exacta de estos e información sobre el estado fisiológico del animal.

ANÁLISIS DE LOS NIVELES DE UN PROBLEMA DE CONDUCTA

En corrección de conductas es fundamental poder diagnosticar correctamente para diseñar el tratamiento pertinente, pues una misma conducta puede ser debida a múltiples problemas.

---

[3] Realizar la entrevista en la casa del perro nos permitirá evaluar mejor el problema y ubicarlo mientras hablamos con el propietario. Ver al perro en su entorno e interactuando con su dueño será de una ayuda inestimable para el diagnóstico y tratamiento de múltiples patologías.

Una vez encuadrada una conducta en base a su clasificación funcional (Esquema 5), la descripción de dicha conducta y su entorno, debemos desglosarla para catalogarla como normal o anormal (Esquema 1) y realizar un tratamiento global del problema (en todos sus niveles simultáneamente). Esto nos permitirá descubrir si es una patología simple, la mezcla de varias (muy frecuente) o un itinerario patológico.

Para ello debemos explorar todos sus niveles:

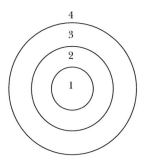

1. Causa principal del origen del problema

La manifestación externa de un problema frecuentemente no es en sí misma el problema sino un síntoma, una muestra de lo que a nivel profundo sucede. Hemos de, con los datos recogidos antes, encuadrar ese síntoma en la patología correspondiente. Es un error correr a tratar el síntoma de forma aislada de la patología que lo origina. Si un perro orina por toda la casa y le castigamos por ello sin saber que la causa de su conducta es un problema físico de incontinencia crearemos al perro severos problemas emocionales, aparte, por supuesto, de no solucionar el problema de micción.

2. Causas secundarias del problema

La conducta del perro puede estar potenciada o fijada por otras causas añadidas a la original, un perro dominante puede además encontrarse un dueño medroso que haga que su dominancia sea más fuerte. En muchos casos problemas que no son originalmente muy graves llegan a serlo por causas secundarias. Ser capaz de determinar y manejar las causas secundarias del problema y los factores externos a este (punto siguiente) con influencia sobre él son lo que establece la diferencia entre un buen y un excelente profesional de la corrección de conducta.

3. Factores externos al problema que influyen en su manifestación

La conducta del perro no está formada por compartimentos estancos, es un continuo donde todo influye en todo en mayor o menor grado. Hay factores que pese a no estar directamente relacionados con el problema que manifiesta el perro influirán notablemente en su evolución, para bien o para mal. Los problemas pueden ser los mismos en muchos casos, pero estos factores serán distintos casi siempre. Saber encontrarlos permite una personalización de los tratamientos que multiplicarán su eficacia. Además, en la mayoría se puede trabajar sobre ellos sin generar conflictos de ningún tipo.

Un perro agresivo puede serlo más justo después de que haya pasado otro perro rival, o justo antes si pasa a la misma hora todos los días y el perro conecta una expectativa de enfrentamiento. Un perro que orina por marcaje en un sitio determinado puede ser ayudado en el tratamiento poniendo una alfombra de alambre en el sitio donde lo hace para que le sea incómodo pisar... los factores de influencia son múltiples en cada caso. Añade buscarlos a tu protocolo de diagnóstico y tus resultados mejorarán espectacularmente. Limitándote a rellenar una cuadrícula solo resolverás los casos cuadriculados.

4. Manifestación del problema

Es la apariencia externa, lo que el dueño percibe: si es dominancia dirá «el perro es agresivo en casa», si tiene ansiedad por separación «no puede quedarse solo porque ladra (o rompe, o defeca...)». La manifestación del problema no debe tratarse como la totalidad del problema, pero en los casos en que ha de pasar un tiempo antes de que el tratamiento del problema de origen tenga reflejo en la conducta podemos tener preparadas algunas medidas sintomáticas que no afecten al tratamiento principal. Estas medidas deben distribuirse al propietario de la siguiente forma: un grupo, pero no todas, al iniciar el tratamiento para que el dueño note (aunque sea ficticia) mejora y se implique en el trabajo dejando a un lado las reticencias que pudiera tener. Las demás medidas sintomáticas debemos reservarlas para momentos de decaimiento de la confianza del propietario en la terapia, ya sea porque es muy prolongada o por empeoramientos ocasionales del perro.

Por ejemplo, un caso de ansiedad por separación donde el perro rompe cosas al dejarle solo, el dueño está desesperado y aunque el pronóstico es bueno se plantea deshacerse del perro. Sabemos que en un par de semanas la conducta mejorará pero el propietario no parece que pueda aguantar esas dos semanas. Podemos decirle que agote al perro antes de dejarle solo, esto a la larga no sería una solución (tendríamos un perro entrenado en lugar de un perro cansado) pero puede permitir que aguante esas dos semanas. Si durante el tratamiento por algún motivo empeora ocasionalmente podemos hacer que se le ponga un bozal, que tampoco soluciona nada realmente pero es una forma de que el dueño «aguante el tirón» hasta que llegue la mejora real. Por supuesto, esto solo es eficaz si finalmente tenemos resultados.

Nosotros nos encontramos con un problema establecido (4) y debemos intentar «pelar la cebolla» de los distintos niveles, pues las diferentes capas pueden alterar nuestra percepción del problema.

Una vez que sabemos cuál es la causa principal (1), las secundarias, si las hay, (2), y los factores de influencia (3), debemos trabajar sobre todos ellos.

Lo más rápido y fácil de variar son los factores con influencia sobre el aprendizaje, siempre y cuando tengan relación con situaciones que controlamos.

El trabajo sobre los factores de influencia no debe limitarse a hacer desaparecer aquellos factores que potencian la mala conducta del perro, sino también y especialmente facilitar otros que potencien la conducta deseada.

Simultáneamente trataremos las causas del problema con especial atención a la causa de origen del problema, que si no se soluciona puede generar de nuevo su aparición. Si la causa original es fisiológica, nuestro veterinario debe dar al perro tratamiento adecuado. Aun así es muy frecuente que de forma secundaria haya un problema de aprendizaje si el animal lleva cierto tiempo con el problema.

Áreas de modificación de la conducta

ESQUEMA 3

1. Modificación del entorno

2. Modificación fisiológica del perro:

        Nivel de actividad

        Quirúrgica

        Medicamentosa

        Efecto García

        Aprendizaje bajo drogas

3. Modificación del comportamiento:

    Recursos:

        Gestión emocional y trabajos interemocionales

        Generación de expectativas

        Jerarquía de la percepción: fondo y figura

    Técnicas:

        Contracondicionamiento:

            Dinámico

            Estático

        Desensibilización[1]

        Inundación de estímulos[2] o *flooding* (peligro de sensibilización)

        Inundación controlada[3]

        Uso de conductas afines

---

[1] Esta técnica implica un riesgo de recuperación espontánea.
[2] Ídem.
[3] Ídem.

Modificación del entorno

El entorno del perro puede ser adaptado de forma que dificulte o impida la aparición de la conducta incorrecta.

Evitar que el perro realice la conducta antisocial puede ser conveniente por tres razones:

1. Para aplicar una técnica.

2. Evitar aprendizaje y/o fijación de la conducta por repeticiones exitosas.

3. Para tranquilizar al propietario.

Para impedir que el perro lleve a cabo la conducta fuera de las sesiones terapéuticas controladas podemos modificar su entorno de dos maneras:

- Impedir que el perro se encuentre en la situación en que muestra la conducta antisocial. Muchas veces no es posible.

  Ejemplo: Si el perro muerde cuando le quitamos un objeto no dejaremos objetos que pueda coger a su alcance mientras dure el tratamiento.

- Impedir que el perro realice la conducta antisocial aislándole de los elementos sobre los que actúa dicha conducta.

  Ejemplo: si el perro destroza la casa cuando nos vamos, le podemos dejar con bozal o en una jaula mientras dura el tratamiento.

Modificación fisiológica del perro

Actuamos sobre la fisiología del perro para provocar respuestas físicas que sean convenientes para mejorar el problema de conducta que estemos tratando. Podemos hacerlo de varias maneras:

Nivel de actividad

La forma más sencilla y de uso más habitual. Se aumenta o disminuye el nivel de actividad del perro según facilite el resto del tratamiento una cosa u otra. Pongamos dos ejemplos:

- A perros de trabajo deportivo habitualmente se les guarda antes de trabajar en perreras o jaulas de avión para que al salir a pista se muestren más activos y dinámicos.

- Un perro destructivo, si está extenuado por tres horas de paseo y carreras, es muy posible que se duerma antes de romper nada, al dejarlo solo.

Quirúrgica

Se extirpa o inutiliza el órgano causante del problema. La más habitual es la castración, que elimina la creación endógena de testosterona disminuyendo o eliminando comportamientos típicamente masculinos (agresividad dominante, marcaje, etc...).

Medicamentosa

Se administran medicamentos adecuados para tratar el problema de fondo, atenuar la conducta o hacerla desaparecer. Siempre debe hacerse bajo vigilancia de un veterinario. Existen drogas que inhiben el aprendizaje y otras que producen un fenómeno que permite al perro aprender a realizar conductas pero que solo son después realizadas bajo el efecto de esas drogas. Hay fármacos que producen desinhibición de la conducta y puede ser peligroso en el caso de animales agresivos[4].

Un caso aparte de intervención fisiológica es el *«Efecto García»* que hace que un perro que ingiere un alimento que contiene alguna sustancia que provoca náuseas muestre rechazo a este alimento.

Técnicas de modificación del comportamiento

1. *Contracondicionamiento:* está explicado anteriormente, tanto el dinámico como el estático.

2. *Desensibilización:* se usa sobre todo para corregir miedos y ansiedades. Implica exponer repetidamente al animal a un estímulo muy débil, causante de la conducta inadecuada, sin llegar nunca a provocar la respuesta emocional. Gradualmente se cambia o aumenta el estímulo presentado hasta convertirlo en el estímulo original. El

---

[4] Por ejemplo, el diazepam y, en general las benzodiazepinas, pueden precipitar episodios agresivos severos en determinadas formas de agresión.

cambio debe ser muy progresivo para no provocar nunca miedo o ansiedad. Mejor demasiado despacio que un poco deprisa.

3. *Inundación de estímulos:* supone exponer al animal a un estímulo causante de respuesta inadecuada (generalmente fobias), produciendo dicha respuesta y no eliminar el estímulo hasta que el animal cesa de responder con miedo al mismo. Al final de la sesión el animal está experimentando el estímulo causante de miedo sin sufrir este. El peligro de la inundación de estímulos es que si retiramos al perro (o el estímulo cesa) antes de que cese el miedo el animal puede sufrir un proceso de sensibilización que aumentaría la respuesta miedosa.

4. *Inundación controlada:* su uso, como la desensibilización, es básicamente para corregir miedos y ansiedades. Se expone al perro al estímulo causante de la respuesta inadecuada de modo que esta se elicite en un grado manejable, de forma que el animal se pueda controlar, pudiéndose actuar sobre dicha respuesta (contracondicionándola, aplicando otros estímulos como distracción, etc.) de forma eficaz. Se diferencia de la desensibilización en que se expone al perro a grados de estímulo que llegan a provocar la respuesta inadecuada, en vez de usar estímulos que se acercan, pero se hallan por debajo del umbral que provoca la respuesta. Es la técnica más eficaz para habituar a un animal a un estímulo causante de miedo por la posibilidad de simultanear otras técnicas de modificación de conducta.

5. *Uso de conductas afines:* las acciones del perro influyen unas en otras en base a su cercanía o similitud. Por esto es posible facilitar la solución de un problema de conducta trabajando sobre acciones cercanas o similares a las problemáticas.

Siempre que extingamos un comportamiento mediante estas técnicas se deben aplicar regularmente para evitar la recuperación espontánea de la conducta, que implica la reaparición de la conducta cuando después de mucho tiempo reaparece el estímulo original.

La conducta ansiosa en el perro

La ansiedad es una respuesta natural de desasosiego e inquietud ante situaciones incómodas, sorprendentes o inmanejables, funciona de estímulo interno para buscar influir sobre la situación para modificarla o entenderla.

Hablamos de ansiedad patológica cuando esta se mantiene o aumenta de forma endógena sin que las condiciones del entorno lo propicien, volviéndose inmanejable por el perro. Este tipo de ansiedad, presente en patologías como las fobias, la ansiedad por separación y muchas formas de gestión del miedo, hace entrar al perro en una espiral de autoestimulación que le impide alcanzar un estado de tranquilidad y homeostasis. Este tipo de ansiedad requiere ser tratada, pudiendo llegar a generar depresión o empeoramiento de las conductas a las que se asocie. El esquema de la ansiedad patológica es:

ESQUEMA 4:

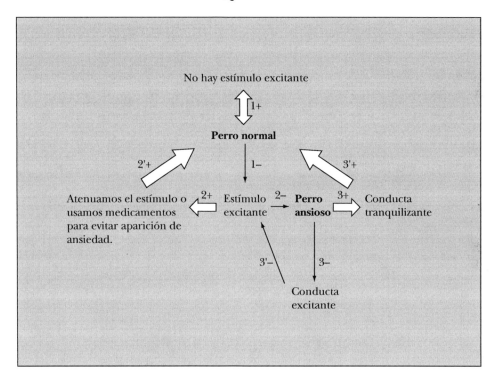

Las flechas finas y números negativos muestran el camino de la conducta ansiosa. Si nos fijamos vemos que los pasos 2-, 3- y 3´- forman un círculo, es el llamado efecto *feed-back* en que la conducta ansiosa se autoalimenta y, por tanto, se mantiene e incluso se fomenta.

Las flechas gruesas y números positivos muestran nuestras vías de actuación para normalizar al perro. Normalmente los perros con conductas ansiosas y fobias muestran procesos de *feed-back* evidentes.

Los llamados perros sensibles son los que, acusando el estímulo más de lo normal (tramo 1-, 2-), no muestran *feed-back* y se recuperan solos en un tiempo determinado (tramo 3+, 3'+); estos perros no suelen acudir a comportamentalistas.

La interrupción de los procesos de *feed-back* es fundamental en el trabajo con perros fóbicos o con ansiedad por separación.

Existe también un proceso de alimentación externa *(feed-forward)* constituido por los pequeños estímulos que excitan la actividad general del perro (ruidos, olores, etc.) y pueden reactivar la conducta ansiosa, reiniciando el ciclo de autoalimentación.

PROBLEMAS DE COMPORTAMIENTO

No es posible desarrollar un análisis profundo de todas las patologías de comportamiento que podemos encontrar, intentaremos dar una visión general deteniéndonos en aquellas más frecuentes o relevantes.

Miedos y fobias

Una fobia es una reacción de miedo desproporcionada ante un estímulo o conjunto de estímulos determinados. No se debe confundir la fobia con la timidez, que es una predisposición miedosa del perro ante situaciones desconocidas y amenazantes. La timidez es un recurso natural de supervivencia de los cánidos que reaparece frecuentemente en el perro pese a la selección realizada por el hombre para hacerla desaparecer. Al contrario que la fobia, la timidez no tiene un origen externo, siendo una particularidad del carácter. Sin embargo, es cierto que los perros tímidos son más susceptibles a mostrar procesos fóbicos que aquellos que no lo son.

Un animal fóbico normalmente reacciona ante el estímulo que teme intentando huir, aplastándose contra el suelo (a veces con micción o micción y defecación) o agrediendo si se imposibilita la huida.

Las principales fobias son el miedo a personas, el miedo a salir a la calle, a otros perros y a ruidos; también aparecen fobias al agua, a oquedades...

El origen de las fobias está en malas experiencias en edades tempranas o experiencias traumáticas a cualquier edad relacionadas con el objeto de la fobia y en alteraciones del fondo emocional en la etapa de so-

Clasificación funcional de los problemas de comportamiento[5]

ESQUEMA 5

1. Miedos y fobias:
   - Fobia al ruido
   - Miedo a personas
   - Otras fobias
2. Ansiedad por separación:
3. Control de la conducta higiénica:
   - Educación
   - Marcaje
   - Micción de saludo, sumisión
   - Micción por excitación
   - Defecación por miedo
   - Ansiedad por separación (ver punto anterior)
4. Hiperactividad:
   - Potenciación
   - Hiperkinesias.
5. Agresividad:
   - Intraespecífica
     — Dentro del grupo social (suele ser ritual)
       – Dominante
         - Hacia perros
           Entre machos
           Entre hembras

- Hacia personas
– Posesión de recursos
— Fuera del grupo social (suele ser final)
– Territorial
- Hacia perros
- Hacia personas
— Maternal
   - Extraespecífica
— Predatoria
— Reactiva
   – Desviada
   – Miedo
   – Dolor
   – Aprendida
   – Consecuente con alteraciones fisiológicas
      - Hidrocefalia
      - Agresión compulsiva
6. Estereotipias:
   - Sin causa orgánica
   - Con causa orgánica
7. Depresión reactiva:
8. Trastornos psicosomáticos:

---

[5] Modificado de Voith.

cialización. Estas alteraciones pueden ser por privación de estímulos, sobreprotección, desprotección o malas experiencias generales (no directamente asociadas al objeto de la fobia).

En un animal fóbico existe una fuerte divergencia entre cómo es (de peligroso) el estímulo y cómo es percibido. Para determinar nuestra actuación tomaremos como elemento de trabajo el segundo parámentro.

El trabajo en un perro fóbico se inicia buscando una conducta tranquilizante que podamos imponer ante la respuesta fóbica, pues mientras se mantenga dicha respuesta no será posible atenuar el miedo por el fuerte proceso de *feed-back* que se genera. Para este trabajo hay que tener en cuenta dos cosas: *aunque percibamos el estímulo como neutro para el perro no lo es,* pues de forma endógena le hace sentirse mal y, por tanto, realmente le causa perjuicio, aunque solo sea a nivel emocional; además *el perro «cree» que su respuesta puede solucionar el problema* o, al menos, impedir que empeore.

Cuando el perro muestra la conducta fóbica al máximo nivel no es posible acostumbrarle al estímulo mientras las estructuras físicas responsables de dicha conducta no se agoten (inundación de estímulos), esto es lento y muchas veces imposible de llevar a cabo. Por ello, debemos imponer una conducta tranquilizante.

Esto se ve con claridad con un ejemplo:

Un perro con fobia a las personas al acercarnos a él en un espacio cerrado (por ejemplo una habitación) tenderá a esconderse en un rincón o debajo de algo, ladrando y agrediendo en muchos casos al intentar acercarse un extraño.

Si la opción que se toma es la de permanecer neutros (sentados en la habitación) u ofrecerle golosinas es muy difícil y lento que abandone su conducta y en muchos casos no es posible. Aunque intentemos no ser amenazadores el perro percibe que lo somos y que es su actitud agresiva o huidiza la que nos impide acercarnos y persistirá en ella pues logra su objetivo.

Por el contrario, podemos atar al perro con una correa larga a un collar de cuero y cada vez que se muestra agresivo o huidizo le acercamos un poco a nosotros y le impedimos usar escondites, volviendo después de desplazarle a aflojar la correa[1] mientras permanecemos neutros (sin di-

---

[1] La correa debe estar floja (formando un arco hacia el suelo) excepto al acercar al perro. Nunca se acerca tanto que el estímulo causante de la fobia entre en su distancia crítica. Esta técnica solo es eficaz en fobias y agresiones de origen fóbico; en otros tipos de agresión puede precipitar el ataque del perro.

rigirnos a él ni realizar movimientos bruscos o amenazadores) para que vea que pese a no estar «protegiéndose» de nosotros con su conducta fóbica no sucede nada. La conducta tranquilizante impuesta le «obliga» a recibir la información real de ausencia de peligrosidad de la persona, pues no hay por su parte nada que lo «mantenga a raya» (cosa que antes creía que hacía escondiéndose o agrediendo).

Además de la conducta tranquilizante adecuada, útil sobre todo en fases iniciales, crisis y tomas de contacto, hay otros dos trabajos fundamentales para corregir una fobia: preparar y canalizar una conducta emocional alternativa a la fóbica (por ejemplo en un perro con miedo a los ruidos puede enseñársele a esconderse tras su dueño al oír una detonación en lugar de huir hacia casa) y preparar una inundación controlada buscado un contracondicionamiento adecuado para ello (por ejemplo JUNTO, para progresar en el acercamiento al objeto del miedo).

Por tanto, el trabajo está dividido en tres:

- Buscar una conducta tranquilizante incompatible con la acción fóbica. Debe ser realmente tranquilizante, no solo de sujeción para que tenga efecto. Este primer punto en muchas ocasiones es prescindible para la terapia pero necesario para el manejo del perro.

- Trabajar una inundación controlada con un contracondicionamiento —suele ser dinámico— que nos permita controlar la conducta del perro mientras este muestra cierto grado de miedo.

- Preparar una conducta alternativa para que dé salida al miedo de forma no inadecuada en situaciones que superan el umbral del trabajo anterior. Este suele ser un contracondicionamiento dinámico.

Obviamente cada trabajo se hace en el tramo emocional correspondiente según lo visto en «gestión emocional». Se procurará que el perro no esté expuesto a los estímulos más que en las sesiones de trabajo. Si es inevitable que aparezcan (tormentas, salidas a la calle...) utilizaremos la conducta tranquilizante y podemos ayudarnos por ansiolíticos prescritos por nuestro veterinario o, si el caso es leve, un ansiolítico natural como la valeriana.

Es frecuente caer en el error de acariciar e intentar calmar al animal asustado hablándole con suavidad; si se hace esto el perro al ver premiada su conducta la fija. Otro error común es castigar al perro o enfadarnos con él por su conducta, esto es muy negativo también pues el perro ve que efectivamente cuando aparece el objeto de su fobia sucede algo malo (nuestro castigo), aumentándole la ansiedad.

La conducta social del perro hace que la indiferencia por nuestra parte le tranquilice: si realmente pasa algo ¿por qué el resto de la manada no se altera? Solo hemos de premiarle cuando se muestre desinteresado del estímulo o, al menos, no muestre miedo, el premio debe facilitar que se desconcentre del estímulo original.

Durante la inundación controlada podemos introducir pequeños castigos (intentando siempre evitarlo), no por mostrar miedo sino por no realizar la acción de contracondicionamiento y teniendo en mente que el perro lo reciba así. Si el castigo se conecta al estímulo fóbico en vez de al ejercicio de contracondicionamiento debemos interrumpirlo y reevaluar la terapia y/o el nivel de castigo.

En estos tratamientos se utilizan las siguientes técnicas:

- Modificación del entorno: no exponiendo al animal al estímulo fuera de las sesiones terapéuticas y haciendo aparecer el estímulo en las graduaciones convenientes durante éstas.

- Modificación fisiológica: usando ansiolíticos o valeriana; también puede ser conveniente cansar al perro antes de algunas sesiones.

- Modificación del comportamiento: usando varios contracondicionamientos, la inundación controlada y la conducta tranquilizante impuesta.

Ansiedad por separación

Los perros son sociables y es normal que muestren desagrado ante la separación de su amo. Cuando este desagrado rompe el límite de lo normal el perro puede destrozar la casa, ladrar sin cesar, perder sus buenos usos higiénicos o incluso morder a sus dueños cuando estos se van de casa o inician la secuencia de irse[2].

---

[2] Los perros que son agresivos hacia sus dueños al marcharse de casa pueden tener un problema de agresividad aprendida o de dominancia, además de la ansiedad por separación. La corriente franco-belga de corrección de conductas considera que no pueden aparecer simultáneamente un problema de dominancia y uno de ansiedad por separación, pues la primera es una conducta adulta y la segunda es típicamente inmadura, con lo que son incompatibles. Sin embargo en todos los cánidos sociales en libertad han aparecido simuláneamente fuertes conductas dominantes y actitudes sumisas en un número signifi-

Los perros que muestran ansiedad por separación normalmente acompañan a su dueño a todas partes, han tenido compañía humana continua, pueden haber sido abandonados, suelen ser muy dependientes; se refugian en el regazo del dueño frecuentemente, se excitan cuando se prepara para salir y exageran sus saludos al volver este a casa.

Es frecuente que perros que no pueden permanecer solos en casa cinco minutos sin destrozarlo todo, lo hagan en el coche de forma habitual siendo su comportamiento perfecto. La razón es que en el coche efectuamos pautas variables de salida, abundando las de corta duración, efectuamos un proceso natural de habituación a estar solo en el coche.

Cuando le dejamos solo en casa suele ser de forma brusca (ocho horas), lo que genera ansiedad. Tanto es así que existe el llamado «síndrome del lunes» que hace que perros normales pero sensibles, tras un periodo de unos días con el dueño presente de forma continua (vacaciones, fin de semana...) aumenten su conducta ansiosa al volver a la situación normal durante un par de días.

Pautas de tratamiento

Antes de irnos:

- No despedirnos del perro, pues generamos una expectativa de relación que frustramos bruscamente al marchar.

- Ignorar al perro un rato antes de irnos (bastan quince minutos).

- Poner juguetes interactivos[3] en los lugares donde rompe la conducta. Si son fijos (de circuito cerrado) usaremos uno por cada dos/tres piezas de la casa. Si son de resolución de problemas bastará con uno.

- Agotar al perro antes de realizar salidas largas.

---

cativo de animales jóvenes. Siendo el perro neoténico debe ser tomada en consideración la posibilidad de que la escuela franco-belga esté equivocada en este punto.

[3] Existen dos tipos básicos de juguetes interactivos: los de resolución de problemas, donde el perro debe llevar a cabo alguna acción ingeniosa para conseguir un premio y los de circuito cerrado, que activan la secuencia de caza impidiendo que se cierre y manteniendo al animal enfrascado en intentar cerrarla. Los primeros son más frecuentes en perros, usualmente son juguetes duros y grandes que el perro no puede coger con la boca y que tienen dentro comida apetitosa que solo puede ser conseguida moviendo y girando el juguete de determinada manera. Los de circuito cerrado son más populares para gatos, lo normal es que representen una presa que está fijada por un muelle o goma a un punto fijo con lo que, tras cazarlo, se le escapa al gato, iniciando de nuevo la secuencia de caza. Los gatos también tienen un amplio surtido de juguetes de resolución de problemas.

- Ponerle la comida al irnos.

Cuando volvemos:

- No hacer caso a sus saludos, contracondicionándolos si es muy pesado.

- Retirar los juguetes interactivos.

En casa:

- Uso de clomipramina u otro fármaco ansiolítico[4] (en casos muy suaves puede usarse valeriana).

- Simular salidas preparándonos como si nos fuéramos (abrigo, llaves...)

- Alargar las expectativas de vuelta hasta hacerlas languidecer (¡ojo!, mal hecho puede empeorar el problema). Para ello podemos realizar un programa de ausencias preparadas tipo:

Minutos		Minutos	
Día 1	2, 1	Día 6	5
Día 2	3, 5	Día 7	5
Día 3	1	Día 8	5, 10, 2
Día 4	3, 10, 5	Día 9	15, 5, 10
Día 5	descanso	Día 10	10, 2

Minutos		Minutos	
Día 11	20, 5	Día 16	30
Día 12	2, 20, 10	Día 17	10, 5
Día 13	15, 5, 25	Día 18	5, 10
Día 14	5	Día 19	30
Día 15	2, 15, 10	Día 20	5

[4] Excepto fluoxetina, que tiene un efecto activante no deseable en esta patología (salvo que derive en depresión).

- No dejar que nos siga a todas partes, contracondicionándolo si es necesario.

- Enseñar al perro a permanecer quieto tumbado hasta que se relaje y mantenerle así frecuentemente durante las reuniones familiares (fuera del núcleo de acción social).

- No premiar con cariño, juego o comida actitudes dependientes como apoyarse en nuestro regazo.

- En general, buscar que el perro vea en la casa un elemento de seguridad, no solo en nosotros.

El uso de «parques infantiles» para cachorros, donde estos permanecen ajenos a la familia y aprenden a quedarse tranquilos sin atención continua, puede evitar muchos casos de ansiedad por separación y es siempre recomendable para quien incorpora un cachorro a la familia.

En casos recalcitrantes podemos usar una terapia de jaula:

Durante dos semanas habituamos al perro a permanecer en una jaula de avión[5] mientras estamos en casa, hacemos caso omiso de sus quejas, ignorándolas (si le castigamos, como el perro solicita atención, no premio, estamos reforzando sus gimoteos). Un ejemplo de programa de estancias en jaula variable sería:

	Minutos			Minutos
Día 1	10		Día 9	descanso
Día 2	30, 30		Día 10	120, 120
Día 3	10		Día 11	60, 60
Día 4	30, 60		Día 12	90, 90
Día 5	60, 60		Día 13	30, 90
Día 6	30, 10		Día 14	120, 120
Día 7	60, 120		Día 15	90, 90
Día 8	60, 60			

---

[5] En el tema dedicado al cachorro se explica con detalle la forma de enseñar a un perro a permanecer tranquilo en una jaula de avión.

Procuraremos sacarle de la jaula siempre en un momento en que esté tranquilo y callado, aun cuando solo sea por cansancio o casualidad.

Luego, otras dos semanas repetimos el programa dejándole los días que tiene dos estancias en la jaula una de ellas solo en casa (en la jaula).

Siguen otras dos semanas en las que el perro está *siempre* en la jaula y solo la deja para salir a la calle o comer.

Tras estas, otras dos en que, con ansiolíticos o valeriana, le dejamos suelto en casa en salidas que oscilan entre 5 y 45 minutos.

Finalmente le incorporamos a la vida familiar siguiendo las pautas vistas anteriormente.

Control de la conducta higiénica

El perro tiende a ser limpio, si nuestro proceso de educación en las salidas ha fallado es viable acostumbrar al perro a estar en una jaula y sacarlo solo para hacer sus necesidades, al menos seis veces al día durante dos semanas para paulatinamente bajar a tres el número de salidas. Cuando el perro haya fijado la conducta podremos dejarle libre de nuevo por la casa.

En ocasiones los dueños comentan que su cachorro aguanta durante los paseos sin hacer sus necesidades y nada más volver a la casa lo hace todo. Esto sucede porque el perro, que no ha bajado durante el periodo de vacunación a pasear, no tenía más posibilidad que hacer sus necesidades en la casa y ha aprendido un lugar en esta como sitio correcto. Cuando salen a la calle y tienen ganas de hacer algo se aguantan hasta poder acceder al lugar aprendido: su casa. Es fácil de solucionar, pues el perro muestra una correcta disposición a hacer sus cosas en lugares concretos, solo debemos cambiar los de su elección.

Sacaremos el perro al paseo cuando creamos que tiene ganas de orinar y/o defecar, normalmente los cachorros lo hacen al poco de haber comido. Al cabo del rato volvemos hacia casa. El perro que se estaba aguantando se dispone a llegar para poder aliviarse, pero cuando estamos en la puerta de la casa nos damos la vuelta y volvemos al paseo, al rato repetimos esta mecánica: el perro no podrá aguantar la predisposición que le genera estar a punto de llegar a casa y hará sus necesidades, momento que aprovecharemos para confirmarle. Cuando el perro ya haga sus necesidades indistintamente en casa y durante el paseo[6] le ce-

---

[6] Por supuesto en lugares indicados para ello o tomando las medidas oportunas si no sucede en estos lugares.

rraremos el acceso a las zonas de la casa donde las hacía para que opte únicamente por el momento y lugar que hemos decidido. Nunca debe impedirse el acceso a estas zonas mientras el perro aún no hace nada en el paseo pues intentará seguir haciéndolo donde siempre lo hacía (aún no está construida la alternativa) y terminará evacuando en el lugar más cercano al que le hemos cerrado por el mismo efecto del que hemos hablado antes.

Sobra decir que castigar al perro solo es útil si le cogemos *in fraganti* y el castigo adecuado es cortar el acto levantando al perro y dando una voz. Restregar el hocico del perro en sus deposiciones es antihigiénico, antieficaz y mezquino.

Hay, sin embargo, una serie de casos que requieren tratamiento especial:

- *Marcaje:* las cantidades de orina son pequeñas y el animal es macho. Puede ser temporal si aparece entre los 12 y los 18 meses de edad del animal. El castigo es eficaz si cogemos al perro en el acto. Si la conducta es permanente y el castigo no funciona, la castración suele eliminar el problema.

- *Micción por sumisión-salutación:* al entrar el dueño en casa, el perro como parte de la secuencia de saludo emite orina. Es independiente del sexo del animal. Cualquier castigo está contraindicado y agrava la situación. El halago refuerza el comportamiento y también la agrava. Se debe contracondicionar enseñando al perro a sentarse, *no* a echarse[7], al llegar el dueño; se le hace permanecer sentado hasta que disminuya su excitación.

- *Micción por excitación:* el perro orina sin muestra de sumisión al ser excitado (juego, ruido, etc...) el tratamiento es el mismo que en el caso anterior, pero el perro puede permanecer también echado.

- *Defecación por miedo:* o va asociado a una fobia y se debe tratar como tal o el dueño aplica castigos exagerados sobre el perro. Nunca tratar con castigo, pues se agrava la situación.

- *Ansiedad por separación:* perros educados orinan y/o defecan en ausencia de los amos. El tratamiento es el indicado en el apartado de «ansiedad por separación».

---

[7] El tumbado es una acción que implica sumisión, por lo que potencia el problema.

Hiperactividad

Es una conducta anormalmente activa del perro, frecuentemente acompañada por actitudes ansiosas. Suele ser por dos motivos diferentes:

- *Potenciación:* en perros activos que buscan el juego con sus dueños de forma vehemente es frecuente que estos, bien porque les divierte la conducta de su perro, bien porque es la única forma de calmarle, hayan potenciado su excesivo nivel de actividad. Algunos perros tratados así se vuelven realmente incómodos y exigentes durante la convivencia, haciendo necesario tratarles. La mejor forma es derivar su actividad hacia algún tipo de adiestramiento donde pueda combinar gasto energético con la exigencia de control de su conducta. Si el propietario rechaza esta opción puede intentarse un proceso de extinción de la conducta que será más arduo cuanto más reforzada haya sido esta. Al iniciar un proceso de extinción hay que indicar al propietario que será largo e incómodo, pues el perro inicialmente aumentará sus demandas de actividad. Una vez extinta la conducta fácilmente reaparecerá si el dueño vuelve a ceder a las demandas del perro o si su nivel de actividad está por debajo de su necesidad de gasto energético

- *Hiperkinesia:* es un problema fisiológico que solo el tratamiento veterinario puede mejorar. De cualquier manera su aparición es muy extraña y ante un caso de hiperactividad debemos suponer primero, por exagerado o confuso que sea el comportamiento del perro, que es un problema de potenciación.

Agresividad

La agresividad es uno de los problemas más comunes y graves que pueden presentársele al comportamentalista. La mayoría de las formas de agresividad tienen su origen en conductas específicas del perro. Muchas agresividades tienen cura pero otras muchas son difíciles o arriesgadas en su tratamiento, en algunos casos no encontraremos una solución satisfactoria.

Lo más importante es diagnosticar correctamente el tipo de agresividad al que nos enfrentamos, pues hay muchos tipos cuyos tratamientos son incompatibles.

La agresividad es el problema de conducta que más frecuentemente se interrumpe en su tratamiento: puede pasar que los propietarios no resistan la carga emocional del problema, que durante la terapia el perro agreda a alguien muy querido por el propietario y este no sea capaz de seguir buscando mejoras, e incluso que el perro sea denunciado por una persona que haya sufrido una agresión.

Vamos a exponer los tipos de agresividad más comunes y su tratamiento.

Agresividad dominante entre machos

Para evitar el surgimiento o no aumentar la gravedad de este tipo de problemas es importante respetar las reglas de jerarquía, dando prevalencia en el acceso a recursos (incluidas nuestras caricias) al perro que se muestre dominante no relegándole «por bruto» y acariciar a «ese otro pobrecito».

Cuando ya existe un problema la mejor solución es facilitar el acceso a la posición dominante del perro que esté más dotado para ocuparla. Suele ayudar mucho la castración (real o química) del sumiso.

Otra posibilidad, si nuestra autoridad es suficiente, es prohibir que se peleen, si bien cuando no estemos presentes el problema seguirá apareciendo. Es aconsejable no dejar a los perros juntos durante las ausencias del propietario.

Agresividad dominante entre hembras

El problema y tratamiento es similar al de los machos pero con varias peculiaridades: ni la castración ni los progestágenos sintéticos son efectivos salvo que la agresión se muestre solo durante el estro. El trabajo, aun exitoso, debe ser sometido a revisión con frecuencia, pues la jerarquía en las hembras es más variable y el avance que hoy consigamos puede perderse con facilidad. La conducta que muestren delante del propietario puede ser incluso dócil entre ellas (en los machos, por controlados que estén, se nota la tensión entre ellos), esto no debe engañarnos: se recomienda mantenerlas siempre separadas en ausencia del propietario.

Agresividad dominante hacia personas

Este problema deriva de la sociedad jerárquica del perro, puede estar escalando posiciones en la familia o tener ya fijada una posición por encima de alguno de sus miembros.

Los perros que están ascendiendo puestos suelen mostrar un mayor número de accesos agresivos y una mayor espectacularidad en estos. El motivo es que necesita convencernos (y convencerse a sí mismo) de su superioridad y aprovecha cualquier oportunidad para mostrarse dominante.

Los perros que ya están establecidos como dominantes no tienen que demostrar nada y el número de accesos agresivos es menor, son menos espectaculares pero más peligrosos. Las agresiones de este tipo de perros suelen ocurrir cuando no respetamos sus privilegios de dominante, por ejemplo queriendo echarles del sofá para sentarnos. Como son perros más seguros y consideran que somos nosotros los infractores de las normas sociales la agresión es más fuerte y menos ritualizada.

Los perros que ya tienen el estatus de dominante son más difíciles de corregir que aquellos que están ascendiendo posiciones por los siguientes motivos:

— El problema está consolidado y no en formación.

— Los dueños han aprendido a evitar situaciones de conflicto con el perro y cuesta sacarles de sus coordenadas, donde se hallan relativamente seguros.

— Cuando el perro empieza a dudar de su posición jerárquica aumentan las situaciones de conflicto y la expresión de la agresión es más espectacular (el perro pasa al otro caso: luchar por la dominancia), lo que el dueño considera un empeoramiento del que además culpa al proceso de corrección de conductas, siendo posible que lo abandone. Para evitar esto siempre que vaya a surgir algún problema o algo que el dueño pueda percibir como tal durante el desarrollo de cualquier terapia, debemos avisarle con antelación para que esté preparado y sepa que conocemos y controlamos la situación. Si le decimos a posteriori que sabíamos que el problema iba a surgir creerá que estamos intentando justificar un mal trabajo y perderá la confianza en nuestra capacidad.

El perro dominante no es una fiera, es amigable excepto en situaciones de conflicto que suelen relacionarse con recursos de supervivencia, comida, agua, refugio y acceso a una persona favorita.

Normalmente la dominancia aparece progresivamente pero los dueños no le dan importancia hasta que resulta grave. La solución a este problema depende de la capacidad del propietario, la solidez de carácter del perro y el nivel de agresividad que muestre.

Se debe colocar al perro en un nivel social inferior al de los miembros humanos de la casa. Es conveniente tener en cuenta lo que vimos al principio del libro de cómo conseguir autoridad sobre el perro. Pero además tenemos una pauta terapéutica propia para estos casos:

— Cansar al perro.

— Iniciar acciones de dominancia indirecta: son aquellas propias de los dominantes que podemos llevar a cabo sin entrar en conflicto con el perro. El objeto es que infiera de nuestras acciones que somos dominantes o, al menos, que él no lo es. La aplicación de dominancia indirecta es sorprendentemente eficaz y fácil, por ello debe ser la base del trabajo con el propietario.

  • Adiestramiento en obediencia: la ventaja del adiestramiento de obediencia sobre otras medidas es que puede graduarse como un dial; de hecho, aplicado con dureza es dominancia directa. Podemos desde ofrecerle comida al perro para que la realice, hasta exigírsela en condiciones difíciles. Por ello es un aliado insustituible que nos será eficaz en todos los momentos del proceso de terapia.

  • Pasar antes que él por las puertas, los dominantes pasan antes que los sumisos y eso haremos nosotros.

  • Tirarle del hocico (puede hacerse con bozal); esto es solo una tensión hacia delante, no debemos convertirlo en un enfrentamiento.

  • Acariciarle presionando la cabeza: ejercer presión es una señal de dominancia que debemos medir, pues hecho con torpeza o exceso puede ser considerado por el perro como dominancia directa e iniciar una confrontación.

  • Nada es gratis, pedirle que ejecute algún ejercicio antes de conseguir algo; particularmente el *tumbado* y *quieto* delante de la comida.

Las acciones de dominancia indirecta no deben sobrepasar el umbral de tolerancia del perro. Es importante ser progresivo. Existe la idea de que la única forma de recuperar el control es el enfrentamiento directo con el perro de forma inmediata al problema. Esta es una técnica de dominancia directa que no todo el mundo puede aplicar y que no a todos los perros puede aplicárseles. Recomendarlo indiscriminadamente puede causar una tragedia. Recordemos que si el perro ha ganado puestos progresivamente, igualmente podemos actuar nosotros, que se supone que somos más listos.

— Reducir la cantidad de proteína de la dieta.

— Técnicas de dominancia directa: siempre aplicadas por un profesional o con un profesional en el momento de la aplicación. Muchas veces se aplican después de las acciones de dominancia indirecta. Siempre debemos agotar al perro antes. Son aquellas acciones que nos hacen entrar en conflicto jerárquico con el perro. Por supuesto, hemos de preparar la situación para que este no gane el enfrentamiento. Todas pueden hacerse con bozal.

- *Dominance Down,* la más conocida. Mantendremos al perro tumbado boca arriba sujetando su cabeza por los carrillos hasta que se relaje, se lama la nariz y cese en todo su actitud de resistencia.

- Levantar al perro por el pellejo de cuello y grupa. Si se hace eficazmente resulta muy impresionante para el perro.

- Arrastrar al perro cogido del pellejo del cuello. Esta conducta simula la de la madre al transportar los cachorros y supone una fuerte autoridad por parte del que lleva al perro de este modo. De hecho, aparece frecuentemente en las disputas por la dominancia.

- Apretar el hocico del perro y llevarle un trecho con él cogido. Es la evolución de la conducta análoga de dominancia indirecta.

- Trabajo de obediencia exigido con dureza.

Si con estas técnicas no obtenemos resultados o por la naturaleza del perro o del propietario no son aplicables también es posible obtener mejoría con la castración (química o quirúrgica), aunque la experiencia nos indica que cuando el perro lleva tiempo mostrando la conducta agresiva esta puede haber sido fijada por aprendizaje y seguir mostrándose, recordemos que el perro no es un animal cuya conducta venga rígidamente fijada sino que es modificable por la experiencia.

Agresión dominante aprendida

Hay varios casos posibles con tratamientos diferenciados:

Perros fuertemente dominantes que continúan siéndolo tras una castración o tratamiento de progestágenos; el tratamiento es el mismo que el indicado para la agresión dominante (punto anterior).

Perros con agresión por miedo que aprenden a actuar como dominantes; el tratamiento se indica en el apartado dedicado a los itinerarios patológicos.

Perros cuya agresión se origina en otra patología pero cuya contínua manifestación exitosa les enseña a actuar de forma dominante. Trataremos ambas patologías con el protocolo que se explica en el apartado de itinerarios patológicos.

Perros sin patologías de fondo ni carácter especialmente dominante pero que han aprendido a dar señales de dominancia; se puede actuar como haríamos en un caso de agresión dominante, pero suele ser igualmente eficaz combinar un adiestramiento de obediencia con alguna medida de dominancia indirecta («nada es gratis», por ejemplo).

Agresividad por posesión de recursos

Así como el acceso a los recursos depende del eje dominancia/sumisión, la posesión de un recurso, principalmente la comida, puede hacer que el subordinado rechace al dominante que se acerca a él mientras come sin detrimento de la actitud de sumisión general en su relación. En este caso puede contracondicionarse con ejercicios de obediencia, bien estáticos (QUIETO, TUMBADO), bien dinámicos (AQUÍ). Es una forma inusual y la presentación de agresividad en cercanía de la comida debe antes considerarse un problema de dominancia que ninguna otra cosa.

Agresividad territorial

La defensa del territorio es un comportamiento frecuente en individuos de algunas razas cuya selección por parte del hombre ha primado esta característica. Puede aparecer en ejemplares muy jóvenes pero suele darse una relación proporcional entre la edad a la que se manifiesta la conducta y lo consistente y segura que sea. Los ejemplares muy jóvenes suelen mostrarse ladradores y exagerados en su manifestación de querer echar al intruso, los perros mayores suelen ser menos vistosos en su acción pero más efectivos y rápidos en la agresión.

El propietario en muchas ocasiones ha reforzado la conducta consciente, halagos al perro al mostrarla, o inconscientemente intentando tranquilizarle con caricias que han premiado la conducta y creado en el perro una sensación de formar un equipo contra extraños.

Castigar la conducta tampoco es la solución final, pues si bien corta el síntoma en el momento, a la larga el perro asocia el castigo con la entrada de extraños en su terreno, lo que no ayudará a mejorar la relación con ellos.

La mejor opción es darle la posibilidad de que conozca a los individuos ajenos a la manada fuera del territorio a guardar[8] y los acepte en este ámbito, combinado con ejercicios de contracondicionamiento dinámico[9], principalmente el JUNTO que nos permitirá hacer acercamientos progresivos hacia los individuos objeto de la agresión. Es aconsejable cansar al perro antes de llevar acabo las primeras de estas sesiones. Si apareciese la conducta agresiva solo le castigaremos si abandona el JUNTO para que asocie el castigo a desobedecernos en dicha acción y no al individuo objeto de la agresión. Con estos elementos ya podemos desarrollar el trabajo descrito en gestión emocional.

Agresividad maternal

Una perra puede actuar de forma agresiva cuando está con sus crías, particularmente con extraños. Esto empeora en situaciones muy estresantes: muchas personas alrededor de ella viendo y tocando los cachorros, manipulación desmañada de estos... Se puede contracondicionar o castigar, pero no suele ser necesario.

Predación

La conducta predadora no se clasifica normalmente como agresiva; sin embargo, la mayoría de agresiones a niños pequeños, a bicicletas, corredores y perros pequeños o gatos pertenecen a esta categoría. Esto es porque en el perro los objetos con movimiento errático y preferentemente pequeños, desencadenan predación (acecho, persecución y mordedura), al ser esta la forma normal de moverse de los elementos mencionados antes son tomados por presas y «cazados» por el perro. La mejor solución es la aplicación de un collar eléctrico por parte de un profesional capacitado. Es importante tener en cuenta cómo debe hacerse, pues una aplicación incorrecta puede llevar la agresión al máximo causando una situación dramática. Si el collar se aplica cuando el perro está a punto de dar alcance a su presa, o ya lo ha hecho, el collar puede cambiar la conducta de presa a conducta agresiva. Para conseguir el

---

[8] Tengamos en cuenta que al estudiar las características específicas del perro vimos lo rápido que puede hacer suyo un territorio, particularmente uno pequeño.

[9] Si contracondicionamos de forma estática podemos, incoscientemente, estar haciendo con el perro una presión pasiva de las ganas de agredir. Si rompe el ejercicio puede efectuar una agresión mucho más severa por la compresión de la agresión.

efecto deseado, eliminar el componente lúdico de la conducta de caza y la generación de expectativas de caza al ver al elemento que desea apresar, debemos castigar como se indica en el capítulo dedicado al collar eléctrico durante la fase de acecho o al inicio de la fase de persecución. Aún mejor si castigamos la intención de iniciar la caza. Según se vaya construyendo el trabajo será eficaz progresivamente más cerca de la presa, pero nunca debemos ponerlo a prueba en una situación donde puedan coincidir el estímulo eléctrico y el apresamiento.

Agresividad desviada

La frustración de una conducta fuertemente motivada genera agresión. Si la carga motivacional de esta conducta se canaliza en agresión tendremos una conducta agresiva fuertemente motivada que puede descargarse hacia un blanco que no sea el objetivo original. Esto puede suceder cuando el perro quiere agredir, por ejemplo, a otro perro, se lo impedimos sujetándolo con la correa y al pasar alguien cerca desvía esa agresión y le muerde. Debe evaluarse si existe una mala gestión de la motivación que facilite que se derive a conducta agresiva, de ser así haremos un trabajo de gestión emocional donde preparemos conductas no antisociales para canalizar y descargar la emoción, dándole además al perro la capacidad de ir soportando cargas emocionales progresivamente mayores sin perder el control. Si la agresión es desviada frecuentemente hacia un mismo blanco o categoría de blancos el perro puede aprender a activarla contra esos blancos sin necesidad de otros estímulos de carga. En ese caso se tratará como un itinerario patológico. siendo la agresión original la patología origen y la desviada la patología aparente. Un caso particular es cuando la agresión se desvía hacia el propietario u otros miembros de la familia, si sucede con una cierta frecuencia debemos explorar la relación jerárquica del perro con la persona agredida, pues el desvío de la agresión hacia elementos dominantes es posible pero infrecuente, lo usual dentro del núcleo social es desviar la agresión hacia elementos sumisos (como pasa con las personas que pierden más fácilmente los nervios con los subordinados que con los jefes). Si encontramos desarreglos sociales procederemos como se indica en el apartado dedicado a la dominancia.

Agresividad consecuente a castigos

Si el castigo es adecuado en momento e intensidad es probable que sea un problema de dominancia donde el perro no acepta ser exigido por quien no es superior jerárquicamente a él. El problema a tratar será la dominancia.

Otra posibilidad es que los castigos aplicados sean excesivos en intensidad o duración y activen en el perro, mecanismos de autodefensa, lo preceptivo es enseñar al propietario la forma correcta de castigar y/o corregir a su perro pues en muchos casos no existe intención abusiva sino sencilla desinformación. Hacer que el dueño deje de manejar a su perro evita que el problema se muestre pero no lo corrige y en algún momento necesitará poder hacerlo de nuevo. La terapia correcta es la reeducación de la relación a través de un adiestramiento de obediencia suave y muy apoyado en recompensas de todos los tipos, donde el propietario haga trabajar a su perro en positivo y le muestre los efectos beneficiosos de hacerle caso. Durante este proceso usaremos el *time out* o aislamiento como forma de castigo, progresivamente incorporaremos castigos jerárquicos suaves como el NO con la inflexión de voz adecuada.

Agresividad por miedo

La agresión ante situaciones de miedo, bien como primera reacción o más frecuentemente cuando se le impide la huida de la causa del temor, es relativamente frecuente en perros. Cuando aparece algún episodio aislado de agresión por miedo es innecesario tratarlo e incorrecto castigarlo. Si la agresión por miedo es parte del cuadro sintomático de una fobia el tratamiento será el indicado para la fobia. Solo si el perro aprende que obtiene beneficios con su conducta agresiva y la extrapola a otros contextos habremos de tratarla según se indica en el trabajo de itinerarios patológicos.

Agresividad por dolor

Como el punto anterior, la respuesta agresiva ante el dolor es una reacción relativamente frecuente y que no es necesario tratar cuando sucede en un momento puntual. Por supuesto, si la causa del dolor persiste, esta es la que ha de ser tratada. Como en la agresión por miedo el perro puede aprender a descontextualizar la agresión por dolor. Si esto sucede actuaremos como se indica en itinerarios patológicos en caso de que se mantenga la causa del dolor y como se indica en agresión aprendida si ya no existe ningún dolor en el perro.

Agresividad aprendida

Cuando el perro muestra agresividad por cualquier motivo y consigue beneficios al hacerlo puede aprender a extrapolar el uso de la agresión a otros contextos. En muchos casos las agresiones aprendidas mantienen la causa original de la agresión solapada a la forma de expresión final de la agresión. En este caso (por ejemplo la falsa dominancia o la falsa territorialidad) debemos tratar ambas patologías en conjunto, tal y como se indica en itinerarios patológicos. Obviar una de las patologías (normalmente la de origen de la agresión que no es tan fácilmente reconocible) puede hacer que utilicemos medidas terapéuticas incompatibles con la patología que no hemos tenido en cuenta o, en el mejor de los casos, insuficientes para llegar a una solución.

Cuando el motivo original de la agresión ha desaparecido y el perro se muestra agresivo solo como consecuencia del aprendizaje debemos tratar esta agresión de modo equivalente al de su expresión: como dominante si es hacia el propietario, como territorial si aparece hacia extraños que entran en el área defendida por el perro... En perros que muestran agresión aprendida es importante asegurarnos que los propietarios no potencian o confirman de forma inconsciente las conductas agresivas de su perro. Buscaremos estos refuerzos ocultos para poder enseñar al propietario a evitarlos e incluso aprovechar estas situaciones en su beneficio. Antes de actuar debemos asegurarnos de que realmente el problema original no está oculto.

Agresividad resultante de alteraciones fisiológicas

Varias enfermedades pueden causar agresividad en el perro. Normalmente son fácilmente identificables por otros síntomas que aparecen con simultaneidad. Pero existen dos casos en que no hay otros síntomas aparentes y pueden ser tratados incorrectamente:

Hidrocefalia leve

La mayoría de los casos de hidrocefalia tienen un diagnóstico fácil, pero algunos muy leves pueden no ser reconocidos. Puesto que pueden causar conductas agresivas evidentes, esto es lo que el propietario aprecia como problema y el motivo de su consulta.

La hidrocefalia normalmente puede identificarse en radiografías pero los casos muy leves pueden tener que ser reconocidos a través de una tomografía axial computarizada (TAC), esta es una prueba cara y no accesible en todas las clínicas. Antes de recomendarla debemos tener sospechas de que la hidrocefalia es el problema, los siguientes síntomas son indicativos de que así sea:

— Aparece en cachorros entre los tres y seis meses. Este es un síntoma especialmente revelador, pues muy pocas formas de agresión
aparecen a edades tan tempranas.

— El perro tiene problemas de aprendizaje. Esto, fácilmente apre-
ciable por el especialista, en muchos casos no es notado por los
propietarios que pueden ser primerizos y no conocer la evolución normal del aprendizaje en un perro. Por ello, para evaluarlo
no es suficiente con preguntar, debemos indagarlo e incluso puede ser necesario testar al animal.

— El perro tiene hábitos higiénicos inadecuados (como consecuencia del punto anterior), es frecuente que perros que sufren hidrocefalia se muestren incapaces de aprender una conducta higiénica correcta. Es un síntoma relevante y por suerte muy común
y fácil de evaluar pues, al contrario que el punto anterior, los
propietarios lo reconocen con facilidad.

— La agresividad aparece al manipular al animal o acercarse a él. Por
la hidrocefalia el perro puede tener dolor y al manejarle intensifi-
carse la sensación de incomodidad con la consecuente respuesta
agresiva. Con pocas experiencias de este tipo desarrollará una prevención agresiva hacia quienes se acerquen a tocarle. Esto puede
confundirse con la defensa de sitios favoritos del dominante, pero si
indagamos la progresión de la conducta encontraremos en el manejo físico del perro las acciones agresivas iniciales que han mode-
lado la respuesta de agresión. En el diagnóstico de agresividades no
debemos conformarnos con la apariencia que muestra la conducta,
siempre debemos profundizar hasta donde sea posible.

— La agresividad originalmente es igual de fuerte hacia toda la familia y con la experiencia va enfocándose más sobre unos que sobre otros. Esto sucede en base a la previsión que hace el perro de
la conducta que cada miembro de la casa tiene con él: quienes
más le manejan serán objetivos preferentes, aquellos indiferentes
hacia el perro, al no causarle molestias, tienden a ser ignorados.
Esta evolución es muy importante para el diagnóstico diferencial
con la agresión dominante, pues es la inversa a la de un perro dominante que empieza por los miembros más «débiles» de la familia y, según asciende posiciones, va incluyendo cada vez a más
personas.

— El perro es de una raza braquicéfala y de tamaño pequeño, y puede mostrar estrabismo.

— El perro es de una de las razas con predisposición a sufrir hidrocefalia congénita[10]:

Bichón maltés	Yorkshire Terrier
Bulldog Inglés	Chihuahua
Lhasa Apso	Pomerania
Caniche Toy	Cairn Terrier
Boston Terrier	Pug o Carlino
Pequinés	

La hidrocefalia es un tipo de agresividad relativamente frecuente y solo la puede tratar un veterinario. De cualquier forma, la conducta del animal nunca será normal, de lo que deben ser informados los propietarios.

Agresión compulsiva

Esta patología es polémica, pues no todos los especialistas en corrección de conducta reconocen su existencia. Es un tipo de agresión nerviosa que, aunque puede aparecer en todos los perros, es endémica de los cocker spaniel de colores sólidos y de los golden retriever (en EE UU es la raza que más acusa el problema). En algunos manuales veterinarios se describe como agresividad por lapsus mental.

Hay evidencia experimental que apoya su existencia como categoría propia dentro de las agresiones, pero son experimentos no totalmente concluyentes. El conocimiento empírico también parece favorecer esta tesis. En todo caso su cuadro sintomático es suficientemente característico como para establecer un diagnóstico diferencial claro.

El EEG[11] de los animales muestra un patrón característico y probablemente sea una forma primaria de epilepsia psicomotora.

Esta forma de agresión suele presentar las siguientes características:

— Cambios bruscos de la personalidad.

---

[10] Tomado de Kornegay: *The nervous system.*
[11] Electroencefalograma.

— Agresiones cuando el animal es despertado de golpe (a veces por timbres o ruidos fuertes).

— Muestras de miedo y/o agotamiento tras los episodios agresivos.

— Mayor frecuencia de crisis por las tardes. Esta característica de aumento vespertino del problema es frecuente.

— El animal tiende a esconderse en lugares de difícil acceso, agrediendo al intentar cogerle.

— Muestra posesión de objetos. Agrede al intentar arrebatárselos.

— Durante los paseos el animal es normal e incluso dócil.

— El comportamiento aparece entre los nueve meses y dos años.

En los perros nerviosos esta conducta se agrava, pues al estar relacionada con estados muy altos de excitación los accesos son más frecuentes y violentos.

La conducta no presenta un cuadro de síntomas puro normalmente; siempre que el perro ve que su conducta le aporta ventajas aprende a beneficiarse de ella aumentando su grado de dominancia con la familia. Casi siempre nos encontraremos un cuadro mixto entre esta patología y la dominacia.

Dependiendo de cuánta parte de la conducta sea dominante y cuánta producto de la enfermedad desarrollaremos nuestro plan de actuación.

La parte de dominancia se tratará *siempre* sin excitar al perro, lo que dispararía el mecanismo de la enfermedad. Para ello aplicaremos dominancia indirecta el tiempo necesario antes de pasar a dominancia directa, que llevaremos a cabo de forma relajada y al menos las primeras veces con el animal cansado. Es imprescindible eliminar la parte de dominancia, pues el perro, si le damos opción, mantendrá los derechos adquiridos a costa de su enfermedad.

Para el tratamiento de la enfermedad en sí y simultáneamente al punto anterior nuestro veterinario aplicará drogas antiepilépticas y diseñaremos un esquema con las situaciones que disparan la conducta enferma, indicando a los propietarios que intenten evitarlas (tapar los escondites del perro, no despertarlo de golpe, retirar cuando no nos ve los juguetes por los que muestra posesión, etc...) y mantengan una vida tranquila para el perro. Si la enfermedad es grave o en la casa viven niños pequeños y continuamente excitan al perro debe plantearse la opción de la eutanasia. La castración es ineficaz.

Estereotipias

Las estereotipias son conductas o secuencias parciales de conductas llevadas a cabo de forma repetitiva sin un sentido o finalidad aparente. Una conducta que se repite pero que responde a un fin evidente no es una estereotipia. Por ejemplo, un perro que se persiga el rabo para quitarse una rama que se le ha enredado no muestra una estereotipia. En las estereotipias aparecen conductas de ansiedad patológica evidentes.

Las estereotipias más frecuentes son: ladrido repetido y monótono, persecución de la cola, acicalamiento[12] excesivo, dar vueltas sobre sí, rascado en el suelo... pero casi todas las secuencias de conducta pueden estereotiparse.

Las estereotipias pueden dividirse en dos categorías fundamentales.

Estereotipias sin causa orgánica

Puede ser muy difícil saber cuándo una estereotipia no tiene causa orgánica. Síntomas relevantes para saberlo son que el perro interrumpa la conducta con facilidad por influencia del ambiente y que se dé asociada a situaciones o contextos emocionales concretos (al llegar a un sitio nuevo, al generar ansiedad...). Las estereotipias sin causa orgánica pueden ser debidas a:

Potenciación: el propietario ha podido reforzar inconscientemente la conducta. En este caso debemos identificar los refuerzos para eliminarlos. También contracondicionaremos la conducta estereotipada cuando aparezca. Los procesos de extinción suelen ser insuficientes porque la autoalimentación de la conducta ansiosa mantiene los refuerzos endógenos. Solo cuando empieza a remitir el problema y está construido el contracondicionamiento podremos castigar la aparición de la conducta estereotipada sin generar secuelas negativas.

Necesidad de ejercicio: aparte de seguir el protocolo anterior para eliminar la conducta ya fijada, debemos aumentar la cantidad de ejercicio hasta cubrir las necesidades del perro.

Entorno pobre en estímulos: cuando confinamos a un perro proactivo e inteligente en un ambiente pobre en estímulos estamos haciéndole a su mente lo que en el punto anterior hacíamos a su cuerpo. La necesidad de mantener una actividad mental mínima es tan real como la necesidad de

---

[12] *Grooming.*

gasto energético. Contracondicionaremos la conducta si esta es muy persistente, pero la base del trabajo será darle al perro labores a desarrollar. Si el propietario tiene tiempo, acudir a un club de adiestramiento con su perro será de gran ayuda; si esto no es posible el uso y variación de juguetes interactivos puede ser una alternativa. De cualquier manera, deben tomarse este punto y el anterior como indicación de lo importante de cubrir las necesidades del perro que *obligamos* a vivir como nosotros deseamos. Debe elegirse la raza teniendo en cuenta que podamos darle un desarrollo físico y mental adecuado. Si no podemos cubrir estos mínimos deberíamos plantearnos si es conveniente que tengamos perro.

Ansiedad: toda conducta estereotipada genera una ansiedad que facilita su fijación y mantenimiento, otra cosa es que el origen de la estereotipia sea la salida a una carga de ansiedad. En este caso, aparte de trabajar como en los precedentes, para acabar con el comportamiento establecido debemos descubrir la situación que genera ansiedad en el perro para trabajar sobre ella y eliminar el problema de origen (itinerario patológico).

Estereotipias con causa orgánica

Existen múltiples causas físicas de aparentes estereotipias, en algunas el diagnóstico es relativamente fácil: perseguirse la cola por problemas de cauda equina, acicalamiento excesivo por dermatitis[13]... Estos problemas no son estrictamente estereotipias, pues la conducta sí tiene una finalidad aunque no podamos percibirla a primera vista.

Sin embargo existen otros problemas físicos que sí generan estereotipias y que son de difícil diagnóstico: alteraciones del mecanismo de algunos neurotransmisores[14], del metabolismo de los opiáceos... En muchos de estos casos la única posibilidad de diagnóstico es probar los diferentes tratamientos y evaluar las respuestas del perro a cada uno de ellos.

Depresión reactiva

Es una afección básicamente emocional que consiste en reaccionar ante un entorno que el perro no sabe gestionar, entrando en un estado apático, indiferente al entorno y sin interactuar con él. El perro suele

---

[13] Atención a la diagnosis: la dermatitis puede ser consecuencia de la conducta estereotipada y no su causa.

[14] Se sabe que en determinadas conductas existen alteraciones del ciclo de la serotonina, pero existe una fuerte polémica sobre si estas alteraciones son la causa de la conducta o una de sus consecuencias.

permanecer postrado y pierde interés por comer y beber. También es frecuente que al realizar cualquier conducta muestra niveles de ansiedad superiores a lo normal. Es una conducta muy similar, tanto en apariencia como estructuralmente, a la indefensión, pero de intensidad emocional menor, mayor duración y generalmente debida a estímulos internos o endógenos, mientras que la indefensión se asocia a través de estímulos externos o exógenos. Las situaciones repetidas y/o continuadas de indefensión pueden derivar en una depresión.

La depresión reactiva puede aparecer tras situaciones de pérdida (abandono, muerte de otro perro de la casa, desaparición de un miembro de la familia...), como consecuencia de un *shock* (atropellos, fuertes caidas...) o como reacción a situaciones inmanejables (adiestramiento violento, incoherencia en el adiestramiento —castigar una conducta antes premiada— o inintegibilidad de castigos o trabajos de escape).

Normalmente el perro se recupera solo en menos de dos semanas (de 8 a 10 días, según el doctor Pageat); si no sucede así es necesario tratar la depresión, que podría agravarse hasta llegar a la muerte del perro.

El tratamiento recomendado combina el uso de antidepresivos tricíclicos o fluoxetina con trabajos de adiestramiento conocidos y positivos para el perro; si no conoce ninguno se pueden enseñar acciones básicas; particularmente el JUNTO (contracondiciona el estado de postración del perro) que premiaremos mucho. Trataremos de que el perro consiga experiencias exitosas y esto le haga buscar una interacción cada vez mayor con su entorno.

También es posible llevar al perro a un ambiente nuevo e iniciar una reeducación de la relación actuando como si acabáramos de introducir al perro en la familia (¡ojo!, este trabajo mal realizado puede empeorar al perro).

Trastornos psicosomáticos

Los perros pueden aprender a manifestar enfermedades inexistentes para evitar situaciones desagradables. Es relativamente frecuente en perros sometidos a adiestramientos basados en estímulos negativos fingir cojeras u otros síntomas similares para evitar el trabajo. Estos aprendizajes se efectúan cuando el perro realmente sufre el síntoma y por ello se le permite abandonar el trabajo. Todos los perros que son sometidos a adiestramiento deberían disfrutar con ello y no desear escapar a las sesiones.

Una vez identificado el problema es de fácil solución: bastará con exigir al perro que trabaje y no consentir que decida cuándo se terminan las sesiones. Por supuesto, hemos de asegurarnos de que el perro realmente está fingiendo. Si un determinado problema solo parece surgir durante el adiestramiento, lo que lo hace sospechoso, puede suceder que sea el tipo de actividad física durante el adiestramiento lo que favorece su aparición.

Otra cosa es la capacidad de los perros ante estímulos aversivos asociados a enfermedades sufridas, de volver a tener y sufrir realmente estos síntomas. En este caso no existe voluntariedad del perro en la situación y debemos analizar y deshacer estas nefastas asociaciones. En ratones este tipo de trastorno llega a ser tan fuerte que se les puede inducir el asma por asociación.

ITINERARIOS PATOLÓGICOS

Existen patologías que según sean las reacciones del entorno del perro pueden variar su forma externa hasta el punto de manifestarse al cabo de un tiempo con un cuadro sintomático propio de otra patología.

Cuando esto sucede suele pasar que se diagnostique y trate exclusivamente la patología que se muestra. Esto puede llevar a dos problemas:

1. La patología subyacente no se soluciona y puede manifestarse de otra forma.

2. El tratamiento de la patología subyacente es incompatible con el tratamiento de la patología aparente, y empeora con el tratamiento de esta.

También es erróneo tratar en exclusiva la patología subyacente, pues el aprendizaje y las experiencias exitosas suelen haber consolidado la patología aparente, o al menos su expresión.

Para realizar un tratamiento eficaz debemos tratar la patología aparente de forma sintomática pero evitando trabajos incompatibles con la subyacente, que será tratada modificando los esquemas internos inadecuados que la generan.

Los itinerarios patológicos más frecuentes son dos tipos de agresión que algunos autores juntaban hace tiempo bajo la denominación timidez-agresiva. Hoy día se describen como falsa dominancia cuando la agresión se muestra hacia la familia y falsa territorialidad cuando es hacia extraños.

Falsa dominancia

La patología de origen es una agresión por miedo que, debido a las consecuentes reacciones de miedo y prevención en el manejo por parte de los dueños, va «convenciendo» al perro de adoptar una posición dominante en la casa. Los falsos dominantes suelen mostrar mayor número de accesos agresivos y con mayor virulencia que los dominantes verdaderos. Esto se debe a la inestabilidad del carácter miedoso original.

En estos casos se debe tratar la patología aparente (dominancia) con técnicas de dominancia indirecta, pues si usamos dominancia directa, al entrar en conflicto, el perro tendría miedo y activaría la agresión por miedo en lugar de someterse y aceptar nuestra autoridad. Para la patología subyacente (agresión por miedo) actuaríamos determinando el estímulo o situación generadora de miedo y, hecho esto, siguiendo las pautas de trabajo con fobias.

Falsa territorialidad

Igualmente, la patología original es la agresión por miedo, en este caso a personas o perros ajenos al entorno familiar. En principio el perro siente miedo e inseguridad al acercarse un extraño. Motorizado por este miedo el perro muestra agresión hacia él; cuando este retrocede y se asusta el perro afirma esta conducta y termina mostrando una agresión aparentemente territorial. Como en la falsa dominancia, y por los mismos motivos, la agresividad de los falsos territoriales suele superar a la de los verdaderos territoriales (al fin y al cabo el territorial auténtico quiere expulsar al intruso pero el falso actúa por autodefensa).

En el tratamiento desterraremos castigos positivos por agredir, pues aumentarían el problema, y nos centraremos en trabajos de contracondicionamiento y gestión emocional.

Debemos informar a los propietarios de que las técnicas que aplicamos no siempre eliminan la conducta inadecuada, en muchos casos la hace infrecuente o débil hasta tal punto que pasa desapercibida. En otros casos los resultados no son tan buenos. Hay perros en que aconsejar al propietario la eutanasia es la única postura ética posible. Debemos ser consecuentes y defender nuestro punto de vista pues muchos clientes para evitarse la sensación culpable de sacrificar a su animal, físicamente sano, comprometen no solo su seguridad sino la de sus convecinos. Ayudar al propietario es tan importante como ayudar al animal. En última instancia el propietario nos contrata para solucionar el problema que le crea el animal. Una actitud responsable es un instrumento de trabajo imprescindible para el comportamentalista. También informaremos al dueño de que todo proceso de aprendizaje llevado a cabo fuera de las primeras etapas de la vida del animal tiende a debilitarse en la vejez, lo que muchas veces es compensado por las limitaciones físicas del perro viejo (un perro fuguista no va a salir corriendo a los 17 años, con cataratas y reumatismo).

BIBLIOGRAFÍA

Por el carácter práctico del presente libro hemos intentado que la bibliografía de apoyo estuviese editada en castellano; sin embargo ha sido inevitable incluir algunos títulos de los que no conocemos ninguna traducción a nuestro idioma y que resultan relevantes para completar los conocimientos que presentamos. También la hemos reducido a aquellos títulos cuya lectura general sea aprovechable, omitiendo otros que solo aportaban información ocasional sobre el asunto de referencia, aun cuando fuera relevante. Todos hemos pasado por la experiencia de comprar carísimos libros que aparecían incluidos en alguna lista bibliográfica solo para descubrir que apenas había un par de páginas dedicadas al tema de nuestro interés.

La bibliografía, dado que no todos los títulos eran suficientemente indicativos, se ha dividido en tres áreas: *etología y psicología, adiestramiento* y *corrección de conducta en animales*. Esto facilita la elección de lecturas según el deseo concreto de cada lector.

ETOLOGÍA Y PSICOLOGÍA:

Introducción a la psicología cognitiva, Manuel de Vega. Editorial: Alianza Psicología. 1998 Ed. utilizada.

Cognición y aprendizaje. Fundamentos psicológicos, Aníbal Puente Ferreras. Editorial: Pirámide Psicología. 1998.

Etología, psicología comparada y comportamiento animal, Fernando Colmenares. Editorial: Síntesis Psicología. 1996.

Planificación cognitiva. Bases psicológicas de la conducta inteligente, J. P. Das, Binod C. Kar y Rauno K. Parrila. Editorial: Paidós. 1998.

El ordenador y la mente. Introducción a la ciencia cognitiva, P. N. Jhonson-Laird. Editorial: Paidós.

La comunicación animal. Un enfoque zoosemiótico, Carles Riba. Editorial: Anthropos. 1990.

La mente y el comportamiento animal: Ensayos en etología cognitiva, José Luis Díaz. Editorial: Fondo de Cultura Económica. 1994.

Actos de significado: Más allá de la revolución cognitiva, Jerome Bruner. Editorial: Alianza Psicología y Educación. 1998.

Teorías actuales del aprendizaje animal, A. Dickinson. Editorial: Debate. Edición utilizada 1994.

Motivación y emoción, Silverio Palafox, Jaume Vila. Editorial: Alhambra. 1990.

Atención y percepción, J. L. Luis Trespalacios y Pío Tudela. Editorial: Alhambra. 1992.

Psicología de la motivación, Isaac Garrido Gutiérrez. Editorial: Síntesis Psicología. 1996.

Psicología de la atención, Julia García Sevilla. Editorial: Síntesis Psicología. 1997.

Psicología del aprendizaje, Pilar Ferrándiz López. Editorial: Síntesis Psicología. 1997.

Obediencia a la autoridad, un punto de vista experimental, Stanley Milgram. Editorial: Desclée de Brouwer. 1984.

Inteligencia emocional, Daniel Goleman. Editorial: Kairós. 1996.

Trastornos por ansiedad generalizada, F. J. Otero. Editorial: Ergón. 1994.

El desarrollo cognitivo, John H. Flavell. Editorial: Visor Aprendizaje. 2000.

Principios de aprendizaje y conducta, Michael Domjan y Bárbara Burkhard. Editorial: Debate. 1993.

Lenguaje y especies, Derek Bickerton. Editorial: Alianza Universidad. 1994.

Etología, psicología comparada y comportamiento animal, Fernando Colmenares. Editorial: Síntesis Psicología. 1996.

El animal y su universo. Estudio dinámico del comportamiento, Raymon Campan. Editorial: Fondo de Cultura Económica. 1990.

Etología. Bases biológicas de la conducta animal y humana, Fernando Peláez del Hierro y Joaquim Veà Baró. Editorial: Pirámide Psicología. 1997.

Etología. Introducción al estudio comparado del comportamiento, Irenäus Eibl-Eibesfeldt. Editorial: Omega. 1979.

Manual de terapia racional emotiva, Albert Ellis, Russell Grieger y colaboradores. Editorial: Desclée de Brouwer. 1981.

Los animales de compañía en nuestra vida, Nuevas perspectivas, Aaron H. Katcher y Alan M. Beck. Editorial: Fundación Purina. 1993.

Animales de compañía y salud mental, Ocean Cusack. Editorial: Fundación Purina. 1991.

Diccionario etológico, Armin Heymer. Editorial: Omega. 1982.

El lobo (Canis Lupus) en España. Situación, problemática y apuntes sobre su ecología, Juan Carlos Blanco, Luis Cuesta y Santiago Reig. Editorial: ICONA. 1990.

El lobo ibérico. Biología, ecología y comportamiento, Ramón Grande del Brío. Editorial: Amarú. 2000.

ADIESTRAMIENTO:

Harnessing thought, Bruce Jhonston. Editorial: Lennard. 1995.

The skilful mind of the guide dog, Bruce Jhonston. Editorial: Lennard. 1990.

El perro de defensa, Helmut Raiser. Editorial: Paul Parey.

Introducción al adiestramiento con el clicker, Karen Pryor. Editorial: KNS. 1996.

¡No lo mates... enséñale! Karen Pryor. Editorial: KNS. 1999.

Manual de adiestramiento del perro, Arsenio Menchero. Editorial: Aedos. 1997.

L'art du ring, Daniel Dewondue.

Cómo adiestrar a su perro, Marianne Schmidt y Walter Koch. Editorial: Cúpula. 1989.

Psicología del aprendizaje y adiestramiento del perro, Antonio Paramio. Editorial: Díaz de Santos. 2003.

CORRECCIÓN DE CONDUCTAS:

Etología clínica-veterinaria del perro y del gato, Xavier Manteca. Editorial: Multimédica. 1996.

Patología del comportamiento del perro, Patrick Pageat. Editorial: Pulso. 2000.

Manual de problemas de conducta del perro y del gato, G. Landsberg, W. Hunthausen y L. Ackerman. Editorial: Acribia. 1997.

Medicina y terapéutica canina, E. A. Chandler, J. B. Sutton y D. J. Thompson. Editorial: Acribia. 1986.

ÍNDICE ANALÍTICO

Distancia,
crítica, 18, 186, 192, 200
de atención social, 16, 84, 185
de seguridad, 18
individual, 18, 186
Dolor, agresividad por, 263
Dominance Down, 81, 256
Dominancia, 20, 80, 246, 259, 264, 269
directa, 256, 264
falsa, 269
indirecta, 255, 264
sumisión, 257
relaciones de, 19
Dominante(s), 20, 78, 80, 95, 112, 118, 124, 169
Drogas antiepiléticas, 264
Dureza, 123
Elasticidad, 122, 123, 191
Emoción(es), 3, 9
básicas, 10
destino, 70, 71
origen, 70, 71
Encadenamiento, principio de, 39
aproximaciones sucesivas, 39
Enseñanza de límites, 165
Entorno, modificación del 237, 246
Entrega de la manga, 223
Entrenamiento experto, 208, 212
Epilepsia psicomotora, 263
Equilibrio emocional, 182
Escalón, 140, 150, 155, 174, 204
concepto de, 75
Escape, 34, 36, 158, 210
evitación, 166, 169
Especie,
características, 15
altricial, 15
jerárquico, 19
social, 15
territorial, 19
precociales, 15
Esperanza, 113
Esquemas, 96, 115, 116, 213, 227
de trabajo, 154
mentales, 31
Estabilidad, 111
Estado(s),
de ánimo, 68, 195
de inercia, 105
emocionales, 208
intensos, 170, 208
negativos, 37, 170
internos, 113

mentales, 28
Estático, 230
Estereotipias, 243, 265
con causa orgánica, 266
sin causa orgánica, 265
Estimulación,
continua, 159
precisión, 159
velocidad, 159
momentánea, 159
precisión, 159
tiempo de presentación, 159
velocidad, 159
vibración, 159
Estímulos, 162, 200, 242, 265
aversivo, 37
controlada, 241
discriminantes, 39
dicriminativo, 39, 175
externos, 89
inundación de, 237, 240
negativos, 36, 38, 83, 123, 158
positivo, 35
punitivo, 38
secundarios, 124
Estrategia, cambio de, 44
Estrés, 36, 111, 113, 124, 161, 165, 182, 195
Estro, 253
Estructuras mentales, 5
Etapa infantil, 115
Etología, 13, 271
clásica, 4
cognitiva, 4
Evaluación del concepto, 54
Evitación, 34, 37, 158, 164, 200
Escape, 165
Exceso de autoridad, 93
Excitación, micción por, 251
Exigencia, 92, 93, 170, 175, 210
en adiestramiento, 20, 21, 22
mantenida, 23, 113
nivel de, 23, 138
relación con el guía, 23
respuesta a la, 24
Expectativa(s), 104, 110, 173, 237, 248
de combate, 186
generación de, 40, 42
negativa, 83
Exploración, 119
Explorar el entorno, 125
Extinción, 33, 164, 252, 265
Falsa dominancia, 269
Falsa territorialidad, 269

Made in the USA